創見文化，智慧的銳眼
www.book4u.com.tw　www.silkbook.com

活得有意義且享有財富自由的生存勝經

即將失傳的
生存力

勝出的
91鐵律

亞洲第一創業實戰導師 洪豪澤 著

Viability

國家圖書館出版品預行編目資料

即將失傳的生存力：勝出的91鐵律 / 洪豪澤 著.
-- 初版. -- 新北市：創見文化，2014.12 面；
公分 (成功良品 ; 77)
ISBN 978-986-271-547-5 (平裝)

1.成功法　　2.生活指導

177.2　　　　　　　　　　　103018776

成功良品 77

即將失傳的生存力

創見文化 · 智慧的銳眼

本書採減碳印製流程
並使用優質中性紙
（Acid & Alkali Free）
最符環保需求。

作者／洪豪澤
總策劃／王鼎琪
總編輯／歐綾纖
文字編輯／蔡靜怡　　　　　　　　　　美術編輯／蔡億盈

郵撥帳號／50017206 采舍國際有限公司（郵撥購買，請另付一成郵資）
台灣出版中心／新北市中和區中山路2段366巷10號10樓
電話／（02）2248-7896　　　　　　傳真／（02）2248-7758
ISBN／978-986-271-547-5
出版日期／2014年12月

全球華文市場總代理／采舍國際有限公司
地址／新北市中和區中山路2段366巷10號3樓
電話／（02）8245-8786　　　　　　傳真／（02）8245-8718

全系列書系特約展示
新絲路網路書店
地址／新北市中和區中山路2段366巷10號10樓
電話／（02）8245-9896
網址／www.silkbook.com

創見文化 facebook https://www.facebook.com/successbooks

本書於兩岸之行銷（營銷）活動悉由采舍國際公司圖書行銷部規畫執行。

線上總代理 ■ 全球華文聯合出版平台　www.book4u.com.tw
主題討論區 ■ http://www.silkbook.com/bookclub　　● 新絲路讀書會
紙本書平台 ■ http://www.silkbook.com　　　　　　● 新絲路網路書店
電子書平台 ■ http://www.book4u.com.tw　　　　　● 華文電子書中心

B **華文自資出版平台**
www.book4u.com.tw
elsa@mail.book4u.com.tw
ying0952@mail.book4u.com.tw
全球最大的華文自費出版集團
專業客製化自助出版‧發行通路全國最強！

打不倒的生存學

生存力有一個更通俗的說法叫做「活下來」，或者「活得很好」，或者「活得非常精彩」，但不管你是「活下來」「活得很好」或是「活得非常精彩」，或者你現在的角色是公司行號的一般員工、白領還是老闆；是家庭主婦還是正墜入情網的少女；甚至是身為大企業的高階主管或貴為董事長；還是正在追逐夢想的青年男女；又或者是在感情、婚姻、事業、生活、健康、人生任何階段，感覺有任何不順遂；對人生感覺失望、絕望或者有任何跨不過去的屏障……不管你的人生現在處於任何年齡或階段，你都要先能「活下來」！

首先，生命要先能存在著，然後要能夠過得了今年，能過得了這個月，過得了這個禮拜，甚至要過得了今天，或者能過得了現在！只要過得了現在，就有未來，或許有人會說這樣會不會很短視近利？

小時候我家發生了變故，瞬間錢沒了，頓時生活朝不保夕；後來我首次創業失敗的時候，辦公室連房租都繳不出來，所有偶爾美好的夢想彷彿只是支撐我走下去的「嗎啡」，而真正能讓你走下去的，還是踏實地走

出每一步，路就自然走出來了！所以我給目前碰到短暫困境的朋友建議，無論如何先把第一步走好，把每一天先過好，自然而然就會有柳暗花明的時候！

學習生存力不是一種消極的做法，反而是能夠追求活下去，然後活得好，活出精彩的第一步！本書每一個字，每一個故事與圖表或照片，都是如此真實與貼切，更是讀者可以在白天當生存發展具體的指導手冊，在夜裡作為自我勉勵的知己，更可以當作片刻不離手的生活生命說明書，非常適合饋贈給家人、配偶、你的上司、老闆、兄弟姊妹、情人、員工、團隊夥伴、創業夥伴、父母、甚至是初次見面的朋友。同時也非常適合當作生日禮物、結婚禮物、員工早會集體閱讀、讀書會首選、店面及公司刊物、學生圖書必讀、創業者的救命活命還魂丹、創業第二代的傳家寶……總之應該說：就是人活得有意義且財富自由的生存法寶！

本書緣起

每個人都有自己的夢想與目標，我的夢想就是能夠不斷地讀好書、寫好書，做好的訓練，結好緣，結識頂尖的人脈，組建慈善基金會延續愛，帶著心愛的家人到世界各地旅遊也賺進了世界的財富。要完成這些夢想的同時，您也需要一群與您目標一致，共同鞭策互相激勵的戰友，在為他人完成目標夢想時，你自己的也隨之而來。認識洪老師十多年，我很榮幸能夠催生這本書的誕生，看著本書從零到有，定內容，為每段生存法則寫出小結與設計練習題，取書名，到最後的設計完成等，我只有一個念頭，任何人在看到這本書中的精華或任一個段落，能夠改變自己的生活朝向更多的美好，那麼一切就值得了。而我的夢想也可隨之向前邁進一大步，很感謝洪老師能夠將本書的版稅貢獻在慈善的力量上，讓我們「脫穎而出」慈善工作團隊，可以把善款注入在財團法人永約文化事業基金會中，幫助更多人。

作者洪老師有四個難得的特性：

1.堅持性：

一個人堅持一份工作，並且在這份工作上持續超過20年的續航性，

可以明白這位老師對成功的堅持，所謂滾石不生苔，若要在行業中有地位，堅持崗位超過15年以上可以成為權威、國際大師，而洪老師複製業務團隊的培訓系統，為企業設計自動化的運營模式，可以讓員工或團隊按時按量準確達標，甚至超標。

2.紀律性：

我認識洪老師超過十年的時間，訓練團隊時，不管時節氣候，七點早會，五點結件業績的檢討，從來沒有失誤過；對於優秀組員的嘉獎或對於失誤組員的懲戒，分明的賞罰制度，是管理企業與團隊最重要的榮譽機制。

3.熱忱性：

對於學員與企業主的需求，洪老師永遠懷抱高度的熱忱，細心地盤問出障礙點，討論出突破點，並且給予有效的戰略與策略，帶著大家突破自己的紀錄，完成自己認為的不可能。

4.成長性：

洪老師不僅是位熱愛學習的人，也特別重視團隊共同學習成長的重要性，不僅追求自我求新，更帶著團隊向世界權威請益，過去這段時間，洪老師向數十位各領域第一的多國籍大師學習，他的訓練系統，結合西方的科學與數據，融入中國的人情與市場需求，從多元性市場趨勢的應變來設計訓練的課程，是洪老師的優勢。

鼎琪從事高效能訓練超過十多年，目前著作八本書，有幸世界飛了三十八個國家，協助過海內外企業與個人在發揮自己與發掘他人天才、放大目標與願景的快速學習力與整合力訓練中，與洪老師的訓練系統共同合作，我們已突破多項的合作紀錄，且正在吸引更多的合作找上我們，持續完成我們的夢想！

青少年與企業領袖CEO高效能訓練師

英國牛津Oxford Brookes 飯店管理研究所畢

王鼎琪Cindie Wang

第一篇　我的零到一到無限

My 0 comes to 1 and ∞

第二篇 好還要更好還要持續的非常好

From「Good」to「Better」to「Best」and to
「Forever best」

第四篇 系統為王 4

System is the king.

第一篇

我的零
到一到無限

My 0 comes to 1 and ∞

Viability

生存法則 *01*
別急著裝修辦公室，創業最應該想的是賺錢而不是花錢

我們是否常在上下班通勤的途中，經過熱鬧的街道，看到很多餐廳、花店、麵包店等各行各業，可能工作忙了一天在回家的途中發現一家新開的餐廳、新開的花店，裝修得非常漂亮，或者正在裝修當中，然後掛著一個紅色的布條，寫著「即將開業」，過了沒多久開業了，生意興隆、座無虛席。於是我們也嚐個鮮去光顧了一下，甚至辦了張會員卡，或者是得到積點卡，然後過了三個月之後這家店又開始裝修。答案很簡單，就是換了老闆，有時候是繼續本來的麵包店、花店或咖啡廳，有時候則是換了行業。

這種情況我想在世界各地，在每個城市，這樣的情景比比皆是。這代表什麼呢？這代表很多的店面，很多的地方，很多的公司，很多的行業，可能剛開始想要開這家店或這家公司的老闆對自己的事業很有信心，但是為什麼沒多久時間就換人了呢？然後又開始重新裝修了呢？因為開公司、創業、開店最難的不是裝修它，最難的應該是如何把東西賣出去。講到這裡可能大家會覺得很奇怪，可是開一家店、成立一家公司一開始本來就是要裝潢，本來就要添購辦公家具啊？！

把東西賣出去才是重點

回想起在我幾次的創業過程當中，有好幾次的經驗都是我根本沒有一間像樣的辦公室，沒有正式的辦公桌，甚至有好幾次是公司還沒有申請下來之前或者是公司牌照剛剛申請下來，還沒有很確定的辦公地點，有時候只是「靠行」，也就是在別人的公司裡面，用別人的地址來登記公司，分租一張辦公桌的位子。記得很多年前，我從臺灣到上海創業的時候，公司還沒有完全申請好，我帶了兩三個人，每天早上就在公園裡開會，在公園裡談公司的未來、談目標，談今天要做的最重要的事。早上在公園開完會，就各自開始去推銷代理的產品，也就是想辦法先去賺錢、先去收錢，然後才去想花錢的事。

我認識很多人在初創業時，或者是想要去做一件事的時候，他們總是先想著怎麼去花錢，比如怎麼去裝修辦公室，買一張很氣派的老闆椅啊，要用什麼顏色的壁紙啊，比如他想的是怎麼去裝潢咖啡廳的座位，裝修成什麼風格……其實這些都不是最重要的，但是為什麼人們在一開始的時候，總是先想到這些呢？沒有錯，答案是這些其實是最輕鬆的，最簡單的，因為這些事只要捨得花錢就能辦得到。你相不相信只要你願意的話，在網路上搜尋一些裝修公司，然後一通一通打電話去，告訴對方你有100萬預算要裝潢，相不相信他們都會在5點下班前派人來，非常慎重地做了一份簡報、預算及設備的清單，你可以清閒地坐在老闆椅上聽他們的簡報。每個人的態度都一定非常好，都很有熱忱的服務精神，因為他們來這裡的目的就是為了要賺你的錢，要跟你做生意，幫你裝修辦公室，而你可能感覺到這是你在做任何事情的時候所必須要做的第一步。但是其實你心裡很清楚，你最應該做的並不是這個，因為花錢的事最輕鬆，只要你付得

起錢，他一定願意在你規定的時間內做出令你滿意的簡報，說你喜歡聽的話，但是在做任何事情的時候，你應該想到的並不是先從最輕鬆的事情切入，而是應該從最難的事情開始。

從最難的事情開始

最難的事是什麼呢？可能是去開發市場，可能是收錢，其實你心裡也明白應該這樣做，但是很多人選擇逃避，讓自己先做花錢的事，先做輕鬆的事，辦公室裝修好了，店面裝修好了，開始等著錢會自動送上門、等著事情會自動變好，天上會掉下好運，客人會不斷地上門光顧。

我之前幾次的創業失敗，之所以能重新出發，能越做越好，都是因為一開始的時候，我並不想著花錢，我腦中盤算的是如何去賺錢，如何去收錢。或許你會問我店面或辦公室還沒裝修好，我怎麼有辦法去收錢呢？其實在你剛開始裝修店面的時候或者剛租下一個店面的時候，與其請人裝修還不如先找兩個銷售人員在門口發傳單，搜集大客戶名單，甚至可以開始預售會員卡，做一些你知道應該要做的，但你又想晚點再做的事，因為那些事難度比較高。

很多人都不想從最難的事著手，一想到最難的事，頭就發昏。很多學生也是如此，最簡單的事就是吃零食，看電影、逛街、上網玩遊戲，這些事情都是很簡單的，因為花錢就可以辦得到。比較難的事是什麼呢？是做功課、念書、考試，是應付那一道一道困難的題目。如果你先把最困難的事解決掉，可以給自己一個很棒的獎勵，然後去做輕鬆愉快的事，去做花錢的事，這對你而言就是一種享受。但是如果你不願意先把困難的做好，而是先挑簡單花錢的事去做，最後可能你將面臨的是你解決都解決不了的

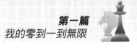

事。比如你店面裝修好之後，成本開始增加，不斷地上升到最後不了了之，只能把店面收掉。這就是為什麼我們常常經過熱鬧的街道，總會發現很多的店面、很多的辦公室不斷地在裝修的最重要的原因。

所以，告訴自己，先從最難的著手，不要從簡單的著手，先從賺錢的著手，而不是從花錢著手。裝修辦公室、買辦公椅、裝修店面這些事很多人都能做到的事，而去賺錢、去投資獲利、去市場開發這些是大部分人認為困難的事。唯有把困難的事先做好，那麼困難的事才會變成簡單的事，簡單的事就會變成享受的事。

　　　　從最難的下手，練就往後輕鬆的日子。請試著列出賺錢的十件事，與花錢的十件事，然後從賺錢的十件事開始做起。

生存法則 02
不要怕別人賺你的錢，
就怕你不會賺錢

　　二十幾年前，記得我在做銷售員的時候，我的老闆曾經和我分享一段他的經驗，他說：以前他把東西賣出去，就想著自己能賺多少？公司能賺多少？然後每次他想到他的上級主管會因為他的銷售產生業績而獲利的時候，就非常的氣憤，因為他不喜歡他的主管，而他也認為公司給他提供的資源不夠多，因此萌生了不想幹了的念頭。後來他慢慢想通了，覺得不管別人賺多少，最重要的是自己能賺多少，自己能不能活下去。當時我聽到老闆這樣的分享並沒有特別強烈的感受，慢慢地我終於比較有感覺，或許是生活的經驗，或許是失敗的歷練，因更多小成功、中成功、大成功所累積出來的好與壞，我漸漸感受到大部分的人都會怕別人來賺自己的錢。

　　當你做一件事的時候，你會往上看，你會想著到底別人能從你這裡獲取多少利潤，你去買衣服的時候會盤算著這家店會賺你多少錢，你在工作的時候會想著上司並不喜歡自己，卻還要為他賣命，有時候你會想我這麼努力的工作，為什麼我的另一半仍然不體諒我呢？我辛苦賺錢讓她有錢可以花，為什麼她不能對我體貼一點呢？而我開班授課的時候，有些學員會覺得報名參加課程，老師從中可以賺到很多錢。不知你是否也和我一樣曾計較過，家裡有好幾個兄弟姐妹，他們都沒有給父母親錢，而我卻要給父母親錢，為什麼其他兄弟姐妹賺的錢可以自己存起來，而我賺的錢卻要拿

出來養家呢？為什麼這麼不公平呢？或者有時你跟廠商進貨，會想他賺你多少錢，……這是我們在日常生活當中，在職場辦公室裡或者是當我們本身是老闆，我們經常會有的一些想法。

最重要的是你能夠賺多少錢

後來我才慢慢知道，原來更多的成功人士或者是更多的有錢人以及生活過得更好的人、對社會更有貢獻、更有成就的人，他們總是不怕別人賺他們的錢，反而喜歡別人賺他們的錢，喜歡給別人更多的報酬，喜歡讓人感覺到好像跟他們在一起有更多賺錢的機會。

所以你不要想著別人會賺你多少錢，不要想著由於你的努力你的上司會得到多少的好處，也不要想著好像別人因為你的付出而得到獲利。你在買書的時候你會想著出版社賺多少錢，作者賺多少錢，你會這樣想嗎？或者你去參加課程，你去上課，或者你在學校念書的時候，如果你繳學費的時候想著老師賺你多少學費，當你這樣想的時候你的心裡會越來越不平衡，然後你就不想去做，因為你害怕別人賺你的錢，而不想去多做什麼事、或用心把事情做得更完善。其實最重要的是你能夠賺多少錢，當你可以賺到錢的時候，別人能不能賺到你的錢反而已經不重要了。你管他賺多少幹什麼，你應該管的是自己能夠賺多少，不是嗎？

我曾經聽過一個談判的案例：甲方跟某個廠商購買了一大批產品，廠商本來開了一個價格，假設這個價格是100萬，後來由於甲方跟廠商不斷談判價格，經過幾個禮拜不停地溝通與洽談之後最後談到八五折，以85萬成交。由於是甲方擬定合約，甲方在合約上面還是寫了100萬，廠商覺得很奇怪，還主動問甲方說是不是把合約數字寫錯了，甲方說沒有，還是

100萬，願意付給廠商100萬。廠商說：「既然你願意給我100萬，為什麼這幾個禮拜還不斷地跟我談論價格，最後談到85萬，而現在又願意給100萬了呢？」甲方告訴廠商說：「其實當時跟你談到85萬是因為想瞭解你對於產品及售價看法如何，而現在給你100萬是我認為你該賺的本來就應該讓你賺，但是我有個要求就是一定要把產品的品質做好。」這個例子說明了，該賺的本來就要給別人賺，甚至讓別人多賺，讓別人願意做得更好，更願意付出心力，願意把品質做到盡善盡美，那你不是賺到了。

當你怕別人賺你的錢的時候，你會三心二意，你會裹足不前，你會優柔寡斷，你會心情不好，你會感覺不對。但是如果假設你告訴自己，你願意讓別人賺更多的錢，因為沒有人不喜歡佔便宜，反而你會得到更多，所以你讓別人佔點便宜有什麼關係呢？有時我會邀請在全世界非常受尊敬的大師、暢銷書作者、有影響力的人到我的課堂上授課。當我們付完講師的講課費用之後，我會發動學員送這位老師禮物，發動每個人都送禮物及更有價值的東西，甚至包紅包，超過本來應該要給這名講師的報酬。我們這樣做，大師們可以感受到我們的誠意，也就是說我們不但不殺價，而且還多給。

如果從現在開始你告訴自己當你碰到值得的人，值得的事的時候，你不但不殺價，而且還多給，那麼你也會得到更多。可能有人會說，這樣成本不是更大了嗎，花費更凶了嗎？不用擔心，因為我剛提到的是有價值的事、有價值的人。當你碰到貴人，碰到有價值的事，你這樣去做的時候，不但不會花錢，甚至對你而言已經轉變成一種投資。所以你要想的是怎麼運用更有價值的東西去賺更多的錢。相形之下，你多給的、所付出的都是小錢。如果你多給別人10萬，說不定可以賺100萬，所以你要思考的是怎麼樣去賺到中間這90萬的一些方法，一些策略，一些行動方案，一些計

畫。千萬不要怕別人賺你的錢，想辦法讓別人賺錢，想辦法讓更多人願意跟你合作的同時，反而會讓你得到更多本來你得不到的附加價值，因此創造出更好的產品，更好的商業模式，創造更好的方式讓你賺到更多的錢。你會發現花出去的都是小錢，賺回來的才是大錢。花一兩次，卻可以賺無數次。

改變觀念，不要怕別人賺你的錢，只要有價值，只要值得，想辦法不僅讓別人賺你的錢，還讓他多賺。不要因為別人賺得多而嫉妒，也不要別人賺的比你多而產生怨恨。當你把焦點放在更有價值的事，如何賺更多錢的時候，你就不會擔心別人賺你的錢了，不是嗎？

練習
POINT

錢能解決的事都是便宜的事。請你現在列出生活當中有哪五項事情值得讓你多付一些錢出去，然後令你得到更多價值與資源的人、事、物嗎？

生存法則 *03*

需要幫助的人很多，
值得幫助的人很少

　　記得多年前有一次，我在中國東北的一個城市講課的時候，現場聽課的學員情緒反應非常的激動，現場約有1000人。當時我做了很多活動，講授了許多精彩內容、行動方案與學習之後如何改善的一些步驟，學員們異常興奮，聽得津津有味，甚至每幾分鐘就傳出熱烈的鼓掌及歡呼。

　　那是十幾年前，我開始講授教學的時間並不是很長，看到效果非常好，我很興奮地告訴另外一位和我同行的朋友，我說太好了，感覺他們學到好多，他們一定可以改變他們的公司，改變他們的家庭，甚至改變他們的命運，讓自己的人生更精彩，更與眾不同。當時我的朋友潑了我一桶冷水，他告訴我說：「洪老師，你太單純了。他們聽課的當下是很興奮，但是過不了多久他們就冷卻了，甚至一個禮拜之後，根本忘了你是誰，再過一個月，根本不記得自己曾經有寫下什麼樣的行動計畫，他們也會忘記得到哪些知識，學到哪些東西。」我訝異地說：「會嗎，他們當時信誓旦旦地說自己一定會去執行我所教的方案啊，他們回去一定會做得很好，一定會改變。」我的朋友說：「那只是當時他們跟你說的，但是過不了多久，他們就會回到他們原本的生活，本來的狀態了，他們只是聽了很衝動，回去之後他們往往是一動也不會動的。」

　　說實在的，當時的我不怎麼相信。過了數年，十幾甚至二十年之後，我才發現，接觸一樣的教育，得到一樣的知識，上一樣的學校，一樣的制

度，在一樣的國家，甚至一樣的個性，搞不好有些人甚至還是一樣的父母，或者從同一個胚胎出來的雙胞胎，但是經過一段時間之後，日久見人心。原來大部分的人，他們都只是一時衝動，並沒有辦法持續下去。其實真正值得幫助的人非常的少，但是在這個世界上，很多人是很需要幫助的。比如說我見過家境非常貧苦的，或者需要幫忙的朋友，我們可能暫時可以給他們一些金錢上的救助，捐出一些善款給他們，但是中國有句古話說：「救急不救窮。」這是很有道理的，窮或許不是自己的原因，也不是永遠的，只是一時的。我以前聽過一句話說：「人一時窮，不可恥，一輩子窮，才可恥。」為什麼有些人會一輩子窮呢，可能他遇到機會也不掌握，個性可能非常消極，他也許有很多很多的致命傷。當然他可能也有非常多的優點，只是這些致命傷把這些優點都擊落、瓦解掉了。

有時有人問我：「洪老師既然你這麼想幫助別人，為什麼你不免費開課呢？」我以前真的想過這樣的問題，我真的可以免費開課，免費教別人很多的東西，而不是收很高的學費。但經過實驗證明，我發現那些沒有付出任何代價來學習的人，他們的學習狀態，以及他們在日後的使用和運用上，成效都非常不好。反而那些付出高昂學費的人，經過過濾篩選，他們的學習狀態是最好的，他們所能夠加以運用的，反而是更多的，他們所獲得的也是最多的。

也有人跟我說：「洪老師我們沒有付學費，但是我保證我一定比付很多學費的人學得更好、更認真，更努力，好嗎？」我也曾經嘗試過讓這些事情發生，但是最後結果總是發現，為什麼有些人會不斷地失敗，不斷地負債，會不斷地爬不起來。那些人老是會窮困潦倒，甚至禍延子孫，這些都是有原因的。因為個性，因為很多的致命傷，就算有很多的優點及才華都沒有辦法讓自己的生活過得更好，讓生命更加豐富，讓家庭幸福，或者是可以幫助更多人，有美好的人生。

讓自己成為值得被別人幫助的人

在這個世界上只有少數人值得幫助，而大多數的人只是需要幫助。我們沒有辦法去幫助每一個人，我們的能力有限，時間太少，生命太短，所以在有限的生命與有限能力中，我們應該要幫助值得幫助的人。

那麼，怎麼樣才能讓自己成為值得被別人幫助的人呢？不管你的狀況如何，不管你的生命現在處於什麼樣的階段，不管你現在的年紀、性別，相信每個人都需要貴人相助。而貴人相助有個很重要的道理，就是為什麼貴人願意幫助你呢？其實是貴人通常狀況比你好，經濟條件比你好。除了你的父母之外，沒有人是有義務要幫助你的，除非你讓自己先貴起來，而怎麼樣才能讓自己貴起來呢？

現在我要讓你做個練習──寫下你會讓人拚命想要幫助你的原因是什麼？你要把自己變成一個什麼樣的人，才能讓別人看到你會想拚命拉你一把呢？現在請開啟輕音樂，拿出本子，或者寫在這本書的另外一邊。寫下你要怎麼樣做才能讓貴人願意幫助你的100個方法跟理由。

我相信只要你不斷強化這件事，就會有很多貴人來幫助你。有貴人幫助你，你就可以借力使力不費力，四兩撥千金。能夠讓自己的人生跳上另外一個舞臺及臺階，開始行動吧？馬上先寫下來，再繼續看下去。

練習 POINT

成功的關鍵中貴人相助佔你成功比重的40%。

請一一寫下你覺得貴人看到你就想幫忙你的理由，寫出10個原因讓人看到你就想拚命幫助你。

知道的人，賺不知道的人的錢；先知道的人，賺晚知道的人的錢；多知道的人，賺後知道的人的錢。

　　我記得以前有人問過我一個問題：「你覺得在這個世界上，有沒有人跟你學歷差不多、狀況差不多、身高差不多，但是他的收入卻比你多10倍、100倍、1000倍，甚至10000倍。這個地球上，有沒有這樣的人呢？」

　　答案連想都不用想，一定有，世界這麼大，有將近七十億人口，一定有比我有錢N倍的人，只是我不知道而已。但問題是為什麼大家狀況差不多，得到的結果卻是不一樣呢？——多年前我曾經被問過這樣的問題，也想了很多。多年之後，我再想想，如果讓現在的我去告訴多年前的自己，應該怎麼去下決定、怎麼去做、怎麼和人溝通、怎麼談客戶、怎麼講課、怎麼去做行銷和業務，應該怎麼當老闆呢……如果現在的我可以告訴多年前的我這些事，我覺得當時的我一定賺翻了。

　　事實上現在的我並沒有辦法回到多年前，去告訴那個時候的我，當時應該做什麼樣的決定，當時應該買什麼房地產、投資某一支股票、應該去結識某一個人。所以現在的我和當時的我最大的差別就是，現在的我知道很多當時的我不知道的事。在這個世界上，如果我們能夠多知道一點、先知道一點、早知道一點，那麼現在的自己一定會更好、更成功、更富有、更健康、家庭更幸福、生活更美滿。

我曾經看過一部很棒的電影《新難兄難弟》，令我回味許久。這部電影描述男主角透過時光隧道回到過去，他回到的那條街，叫做春風街。那個時候的香港，春風街上住著李嘉誠，當時的李嘉誠還很貧窮。看這部電影的時候，我心裡在想，如果當時我就認識那個時候的李嘉誠，如果當時我就買他公司的股票，那麼現在不就賺大錢了嗎？我聯想到很多，如果當時我就去認識那個時候的人，也就是現在很成功的某個名人、企業家。如果那個時候我就去買即將成立的屈臣氏，我去投資它一點，那我就變成連鎖集團的大亨了。如果我知道那時候所有的一切現在會發生的事。那麼我就可以不費吹灰之力得到所有的財富，得到所有的人脈。這部電影最後，印象最深刻的還不是春風街裡面那個回到過去的主角，而是八個很重要的字：「我為人人，人人為我」。裡面所談的是開放的胸懷，廣闊的胸襟，海納百川的格局，所談的是人品，是人格。因為人沒有辦法真正回到過去，所以為人處事，是你真正能夠改變的，而你要怎麼樣為人處事呢？怎樣跟別人做生意，怎樣去選擇現在的工作，如何維護自己的家庭和健康呢？

想像一下，如果你可以穿過時光隧道，可以跟未來的自己做溝通，你會給自己哪三個建議呢？現在就可以把它寫下來，第一點是什麼，第二點是什麼？第三點是什麼？

中國大陸最早的網路購物開創者，如果當時沒有到美國矽谷考察市場，就不知道原來做網路購物可以成為未來時代的潮流，請問他又如何成為網路購物平臺的天王呢？如果有人要賣給你明天的報紙，請問你買不買呢，一張報紙才多少錢，如果下禮拜的報紙售價500萬，你買不買呢？或許你會說，我一定會買，假設報紙上面寫著，六合彩的中獎號碼是多少，假設報紙上面寫著會發生什麼樣的事，哪裡的房地產會漲，哪一支股票會

漲，你就去投資不就大發了嗎？報紙雖值不了多少錢，但是資訊卻價值幾千萬，價值幾個億，雖然人沒有辦法回到過去，沒有辦法買到過去的報紙，但是如果你能掌握到與別人不一樣的資訊，那麼你就可以得到跟別人完全不同的人生。

投資你的未來，比別人更早一步去做

有句話說，比你更成功的人，他可能比你看到更遠的三個月後。比你大成功的人，可能比你看到更遠的三十年、二十年、十年，至少也有三個月，我們不用想辦法去看那麼遠，因為能看那麼遠的人就是偉人了，能看那麼遠的人，就是超級億萬大富豪了。但是我們要活下來，至少要問問自己，能不能眼光放未來，力量用現在，眼光遠、觀念新、行動快，比別人更早一步去做。

有很多報名參加我課程的人，我問他們：為什麼要報名參加我的課程呢？因為我的課程收費並不低，可以說是很昂貴的，三天可能要幾十萬台幣。學員們告訴我說，上老師的課可以得到很多的資訊，每次都有很多很新的資訊。沒錯，其實課程本身，講課的是我，但學員所買的並不是我，學員買的是我背後幾十年的研究，跑過這麼多的國家，擔任這麼多公司的企業顧問，曾向幾萬人，上百萬人面對面的演講，最後所歸納出來的經驗和精髓，學員們所購買的可能是我整理了幾十年的資訊，去參觀過世界五百強，去過美國NASA，認識了眾多億萬富翁，百億富豪，各行各業各先進國家的傑出人士，透過與他們合作，跟他們溝通，跟他們學習所吸收汲取的智慧結晶，所以他們購買的是資訊，而不是我。他們上的也不是我的課，而是我最後所整理出來的核心資訊。

　　人沒有辦法回到過去找到那條春風街，也沒有辦法找到幾十年前的李嘉誠，但是人可以做到的是大量學習，去購買別人所知道的資訊。我們去學校求學，不也是如此呢？而當我們出社會，當我們創業，當我們在工作的時候，想要得到別人所不知道的資訊，最好的方法就是透過這些學習的課程，如果想不斷的大量學習，就去跟最好的、最頂尖的，能夠帶給你最多、最適合你、最符合你現況的人學習，去參加他的課程，這是最便宜、最划算，也是投資報酬率最高的投資。

練習
POINT

　　學習是需要付點代價的，但不學習所要付出的代價會更大。如果有機會能告訴十年後未來的你，你想告訴自己哪5件事？如果需要花錢學習，我們知道要學就要學最頂尖的，那麼你願意花多少錢投資自己的未來呢？

一生中最幸福的事，
就是找到自己的熱情與天才

在我寫這本書的同時，社會上發生了一件令人震驚的消息，幾位知名藝人因為吸毒被抓。我在網上看到他們的新聞報導，越看越難過。我相信很多人認為他們有錢、有名，又有社會地位，有這麼多歌迷和粉絲，有名有利的，如果我們這些小老百姓擁有他們那樣生活，一定不會去做這樣的事，他們怎麼不懂得珍惜呢？

很多富二代，有優渥的家境、很好的背景、不錯的外形和長相，擁有眾人所羨慕的一切，但是他們卻好像不珍惜自己所擁有的。換個角度想，就如圍城理論一樣，裡面的人想出來，外面的人想進去。說不定這些名人最大的願望就是想自由一點，不要那麼有名，說不定這些有錢人的富二代，認為父輩太成功，讓他們太有壓力，還不如當個平民百姓的孩子。

珍惜現在所擁有的真的是一件很重要的事。我記得當年在臺灣沒有錢的時候，騎著一輛破爛的摩托車去擺地攤、去發海報、去挖下水道，在五星級飯店裡當服務生，當時我有一個很大的願望，就是早上騎摩托車出門時，摩托車能夠順利發動，排氣管不要掉下來，只要機車一天沒有故障，我就覺得是快樂的一天。當時摩托車可以發動的快樂，好像比後來開賓士車開BMW車，感覺更讓人興奮！當時我常常告訴自己，騎摩托車其實也沒什麼不好，有人開跑車有很棒的音響，吹自然風。我和他一樣，騎摩托

車也可以吹自然風，我戴上耳機聽著音樂，音響也很不錯。像這樣常常告訴自己現在所擁有的其實是最好的，就能夠讓自己更快樂、更舒服一點。

假設有一件自己非常想去做的一件事，渴望到半夜可以不睡覺跳起來做，能夠做到廢寢忘食，不用睡覺，喜歡到24小時可以不眠不休的去做，這件事不只是自己喜歡做的事，並且還符合自己的天分，那麼這件事情做起來就非常快樂，非常持久。最重要的是根本也沒有時間做別的事了，更別說吸毒了。

有些學員會問我：有些名作家，寫作也是他的天才，也是他的興趣，他又有天分，又喜歡做，但是他說必須要先吸毒才會有靈感，說真的，一個人如果對自己熱愛的事情，應該連吃飯都顧不來，怎麼會有時間去吸毒呢？我們可以看到很多的畫家留著長頭髮，很多藝術家不修邊幅，連鬍子都不刮，你還記得網路上愛迪生的外形形象，你還記得愛因斯坦都不剪頭髮的嗎？他們會去吸毒嗎？他們可能連吸毒的時間都沒有，因為他們太忙了，忙什麼呢？忙著發揮自己的熱情和天才。所以一個人若能找到自己可以廢寢忘食的事，永遠也不會有時間空下來，因為他們太想要去做那個讓他們廢寢忘食的事。但這樣還不夠，那個讓他廢寢忘食的事還必須是他們的天分。比如說有些人喜歡唱歌，但是唱得並不好聽，他自己又很喜歡唱，去KTV的時候搶著當麥霸，但是別人並不喜歡聽他唱。所以他真正喜歡的也不見得是他真正能做的。有些人很喜歡跳舞，但這不見得是他的天分，有的人喜歡做某些事，但是這並不是上天賦予他的天賦。中國大陸最近熱播的節目——「最強大腦」，有位參賽者叫做周偉，他因小時候生病的關係導致智能不足，一直都被別人認為是傻瓜、是笨蛋，看起來好像別人所說的精神有問題的人，但沒想到，他卻是個數學的天才，他沒有上過學，卻能答對很複雜的各種開根號等數學運算結果，甚至比電腦的計算

還要快。這個部分就是他的天才，人才放對位置就是天才。

熱情＋效益＋力量

有熱情 沒天才	有熱情 有天才
沒熱情 有天才	沒熱情 沒天才

如果一個人可以找到他的熱情，他喜歡做，又很興奮做一輩子都不會膩的事，不只是喜歡做，而且是上天賦予他的天分，並且小的時候就能夠知道這件事能做一輩子，那麼這個人可能活到老都還是興奮的。

但是有些人喜歡做的事可能是打麻將，可以三天三夜廢寢忘食，所以他告訴我說，那麼我喜歡做的事是打麻將嗎？所以我就可以天天打麻將囉。筆者所說的是可以變成一個正當的事業，可以賺錢養家糊口的事，會變成一輩子對自己有幫助且對社會有益處的事，會變成對人類有貢獻的事，可以改變你下半生命運的事，可以讓你找到熱情天分成為大富翁的事。所以我開了一個課程名字叫做《熱情・效益・力量》的課。「熱情」所講的就是找到自己的熱情與天才。「效益」所講的是必須要結合能夠讓你賺到錢的方法。「力量」所講的是人除了必須要有執行力，還要有持續力。所以這輩子如果能夠找到你的熱情，又能夠賺到錢，又能夠持續地執行下去。那麼不但你能存活下去，而且可以活得非常的精彩，活得非常幸福。

一個年輕人如果可以早早就找到自己的熱情與天才，就可以活得更美好。就像老虎・伍茲，三歲的時候就開始打高爾夫球，就像麥克・喬丹，

不知道自己的熱情與天才是打籃球，中途跑去打棒球，後來又回到籃球場，不僅成績頂尖，還被喻為「籃球之神」。所以從小，或者是任何時候，找到自己的天才，又能夠結合自己的興趣，也就是熱情；轉換成賺錢的方法，也就是效益，又能夠持續不斷的去做，這樣的人生是不是更美好、更快樂呢？我很幸運地在年輕的時候就找到了自己的熱情、興趣所在，能夠去演講，去幫助更多的人，去做銷售業務，系統化去整理很多東西，能教別人將生活過得更好，所以我到很多地方開班授課，從臺灣到大陸的各大城市，甚至是到泰國、日本、新加坡，到美國各地方去協助更多的人，把他們公司的很多人才擺對位置，讓他們的小孩提早發現自己的熱情與天才，這也是我比較幸運的地方。但有些人不見得這麼幸運，有些人一輩子都找不到自己的熱情與天才，或者是找到了之後沒有辦法結合到能賺錢的地方，或者是沒有辦法持續下去，沒有辦法去執行。發揮自己的熱情、效益及力量。

練習 POINT　生命與工作的持續力來自你是否用上自己的天才力。你是不是很想知道自己的天賦在哪裡？如何發揮你的熱情與持續不斷的衝勁呢？想辦法找到我或是可以幫助你的人事物上吧！

價值觀定終身

為什麼有時候你不知道你的孩子在想什麼呢？

為什麼有時候你不知道你的爸媽在想什麼呢？

為什麼有時候你不知道你的另一半在想什麼呢？

為什麼有時候你不知道你的好朋友在想什麼呢？

為什麼有時候你不知道你的員工在想什麼呢？

為什麼有時候你不知道客戶在想什麼呢？

為什麼有時候你不知道別人到底在想什麼呢？

其實，別人在想什麼我們不見得知道。但是如果我們知道別人要什麼的話，那麼我們就可以根據他所要的，先滿足他所要的，對方可能就會反過來滿足我們所想要的。

什麼是別人想要的呢？價值觀就是密碼！價值觀就是打開保險箱的密碼。價值觀就是打開任何人內心一扇扇門的密碼。價值觀就是打開寶藏之地那個厚重又無法開啟之門的密碼。

以下將價值觀列表如下——

價值觀

充滿愛	誠實	健康	完美	知識
地位	品質	遺產	信念	服務
變化	責任	平衡	能力	公正
有趣	創造力／創新	勇氣	貢獻	成長
投入	家庭	金錢／財富	獨立	表揚
貢獻	智慧	簡單	忠誠	信用
差異化	激情	正直	團隊合作	效率
文明	專業	安全感	卓越	自由

認識人，瞭解人，你將無所不能！

如果你能認識人，瞭解人，你就會滿足對方想要的，那麼對方也會給你你所想要的。這個人不僅是別人，也包括你自己，其實人最主要要瞭解自己的價值觀。價值觀又稱為做事情的優先順序。為什麼有些人會廢寢忘食地工作？因為那時他認為工作是最重要的。為什麼有些人會廢寢忘食地打麻將呢？因為那時他認為打麻將對他而言是最重要的。所以價值觀就是做事情的優先順序，是排列組合。

如果我們可以知道自己的價值觀是什麼的話，就可以知道自己的行動準則，自己做事情的優先順序是什麼。假設我們可以知道別人做事情的優先順序，行動準則，知道為什麼他要先那樣做而不先這樣做。身為主管、老闆，在洽商的時候，在和大客戶溝通，或者業務人員在拜訪客戶的時候，或行銷企劃人員在寫文案的時候，能夠預先找出對方在思考事情的優先順序、排列組合，那麼就能比較快速找到對方的需求，知道對方所要的。

為什麼有些人在進行親子教育，或者在教育孩子的時候，孩子就出現叛逆，而無法溝通。因為孩子可能要先玩玩具再去寫功課，在他的價值觀排列組合裡面，他覺得玩玩具方面得到最大的滿足後，就願意去寫功課了。可是有些人認為先寫完功課，再去玩玩具才順理成章、理所當然。你不要看這麼小的小孩，搞不好他的價值觀，他做事情的優先順序是先寫功課，你是否碰過這樣的孩子呢？在我輔導的案例裡面就有這樣的孩子。

我的學員裡面有些人在做人事招募時，也曾碰過先瞭解別人的價值觀，得到好的人才這樣的例子。比如說有些人剛進公司的時候最想知道的是一個月薪水是多少，自己到底能賺多少錢；而有些人卻不是如此，他想

知道能不能學到東西，在這份工作中是否能有所成長；有些人則看重晉升的問題，到底他能不能得到升官的機會；有些人重視的是配車；有些人重視的是福利；有些人會說沒有那麼多錢也沒關係，只要不加班，每天能準時下班就好；還有些人是因為崇拜公司老闆或公司某一個人而去的。所以只要你能夠知道對方的價值觀優先順序排列組合的話，就能夠對症下藥。

最重要的還是先瞭解自己想要什麼，現在請拿出紙和筆，寫下目前自己最重視最在乎的五件事，比如說：事業、家庭、感情、賺錢、慈善、學習成長等等，寫下你最在意的幾件事。就好像保險箱密碼是123456，而你按的順序是654321，當然就打不開。你就激不起自己想要去行動、去做事的動力。一樣的道理，如果別人的密碼是654321而你按照123456，那麼你也沒辦法打開他的心門。

價值觀決定一個人一生做事情的優先順序是什麼。就算你現在知道自己的價值觀是什麼，由於時代的變遷，社會的狀況，自己的財務，自己的家庭與健康，自己各方面的改變，價值觀會隨時變動。你說怎麼那麼複雜、那麼麻煩，是的，人就是這麼麻煩。

近來有科學家發現人能辨識的味道竟然有一兆多種，也就是說人的味覺能辨識一兆多種不同的氣味、味道。連一個小小的味覺就可以辨識一兆這麼多不同的氣味，人是不是最複雜的呢？比鋼筋水泥造出來的大樓更複雜，比先進的手機、電腦更複雜。想必是幾倍呢？複雜無以計數的倍數。所以認識人，瞭解人，你將無所不能。

瞭解自己想要什麼，而自己想要什麼又會隨時變動。有句話說：「女人心，海底針。」其實人心就是海底針，摸不透摸不著。不要覺得麻煩，連自己的心情也是不斷地，天天的，每時每分每秒不斷地變化莫測。不斷瞭解自己的價值觀，隨之寫下自己想要的優先順序，就像得到一把密碼的

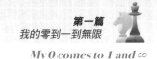

鑰匙一樣，可以隨時打開自己的心房，鞭策自己的行動，或者是知道自己想要做什麼、不想要做什麼。

　　同樣的，用這樣的方式去瞭解你的老闆，你的上司，你的員工，你的另一半，你的孩子，你的客戶，你的朋友。隨時去瞭解他想要的優先順序排行是什麼，並且不斷地瞭解，因為這是會變動的哦。那麼我們就可以認識人，瞭解人，認識自己，瞭解自己，能夠讓自己在各方面都表現得更好，生活得更精彩，更快樂。

練習 POINT

　　價值觀是一切的源頭。請試著列出你的價值觀排序前五名，同時，把你的合作夥伴或是即將要合作的對象，你的另一半，你關注的人，一起請他列出對他而前五名最重要的價值觀，經過比對你將更認識他們！

生存法則 *07*

快樂有時候比「正確」重要

　　人活著，讓自己快樂真的好重要。有時候去做快樂的事可能是不對的，當然我們這裡所說的是不違反道德底線，不違反法律的事。記得以前，在我創業的那段日子裡，偶爾心情會很煩悶，會想要獨自一人去看電影，或者到海邊走走，或去一個可以吃大餐的地方，經過一整天的疲憊之後，坐下來吃自己喜歡吃的東西。有時候會想忙裡偷閒去吃頓大餐，可能當時最應該做的事不是吃大餐，而是去做工作上的事。但我還是給自己設定偷懶時間，這個時間可能是一個小時，在不影響工作的情況下去放鬆，去做自己喜歡做的事，比如我喜歡按摩。這個時候雖然有更多更重要的事要做，但是我覺得這樣會讓自己快樂，只要自己快樂就能把正確的事做好。如果自己不快樂，只是做正確的事，那麼正確的事也可能因情緒問題而會變成錯誤的事。

　　小時候因家裡負債很需要錢，每個月我都將賺來的錢全部交給家裡去還債務。因為我是做業務的，有時候每個月可以賺三萬，有時只賺兩萬，偶爾還可以賺十幾萬，但是幾年過去後，我非常不快樂，越做越痛苦，甚至一點都不想去工作。因為不管我是賺一萬、三萬、五萬，還是多少，結果都是一樣的，所以嚴重的倦怠，以至於不想工作，但是不做又不行，心裡非常的痛苦。那時候偶爾去看一場電影、去吃一頓大餐好像都很罪惡似

的，雖然當時我在公司是個優秀的業務主管，年紀輕輕就帶了很多人，但是沒人知道我心裡的痛苦、心裡的苦悶。那個時候，臺灣很流行「吃到飽」，也很流行蒙古烤肉，我好想吃一下蒙古烤肉。記得價格好像是299元，有蒙古烤肉、有沙拉吧、有可以自己調製的醬汁、有蔬菜水果……炒得非常香的蒙古烤肉配上燒餅、熱湯，好好吃，好滿足。可是我去吃的時候心裡總有罪惡感，因為家裡正缺錢，我怎麼還去吃299元一頓的蒙古烤肉大餐呢？這樣做會不會太不應該了，會不會太對不起家人了。那時也好想去吃海鮮，因為我喜歡吃蝦，當時臺灣有個很有名的餐廳，現在都還在，我就找兩個人一起去吃麻油蝦，份量很大，我們三個人點一份，配上一碗白米飯，就可以讓我很興奮、很滿足、很快樂。一份麻油蝦，叫上兩三個人去吃，一口蝦可以吃一碗米飯，淋上麻油汁又可以吃一碗飯。那時候最滿足的就是偶爾去吃麻油蝦，再叫一個來自宜蘭的空心菜，以及阿里山上的高麗菜。甚至當時我有一個心願就是可以一次叫不同口味的蝦，胡椒蝦、燒酒蝦、麻油蝦、三杯蝦，如果可以一次吃到多種口味的蝦不知道該有多好。因為沒有錢，只能點一份還要找人來分享，吃完後還有強烈的罪惡感，所以，有好長一段時間不敢去吃這麼奢侈昂貴的蒙古烤肉或麻油蝦，因為愧疚沒全部把錢交回家裡。就這樣持續痛苦了好幾年。

讓自己快樂才有源源不絕的動力

　　直到有一天，我感覺自己快要崩潰了，由於沒有管道發洩，連帶地沒有動力去工作，所以不管三七二十一，我那天中午去吃了一頓蒙古烤肉大餐，盡情地享用沙拉，盡情享受自己調製的醬料、水果、飲料，盡情地品嚐每一種食物。隔天還去吃一份麻油蝦，還點了一份土雞湯，雖然沒辦法

吃完，最後打包了，但心裡卻是滿滿的幸福快樂，代價是花了一千多元台幣，那天我忽然明白一件事，並做了一個決定：以後不論賺多少錢，自己都要留下幾千塊，甚至十分之一的錢，去吃一餐好吃的，去買一件好衣服。雖然我也曾反省自己這樣做是不是很不對，但是沒有動力沒有做一些讓自己快樂的事，就算你做的事是正確的，也不會持久。沒有動力的人是容易崩潰的，想一想，你想做什麼事呢？你首先想要做的事不見得是最對的，但是讓自己快樂比做正確的事更重要。

近來很流行一句話：「來一場說走就走的旅行。」我曾看過電視節目很不屑地評論這句話說：「有工作啊，有孩子，有家庭，有事業啊，怎麼可能說走就走呢？」其實，我知道這句話背後的含義。只要你能把事情安排好，只要你不會做出無法彌補的事，讓自己後悔的事，或者是影響到未來的事。說走就走的旅行不一定要走一個月啊，也可以是一天啊，不一定說是走很遠，也可以是附近啊。說走就走的旅行，只要你事先把事情安排好，讓自己快樂很重要，這樣就不會跑去吸毒。讓自己快樂就不會自殺，讓自己快樂就不會覺得自己的工作沒有意義，迷惘活著到底是為了什麼。

試著寫下讓自己快樂的方法，過段時間讓自己放鬆一下，享受一下快樂，感受一下孤獨，獨自品嚐憂傷。讓自己感受到快樂之後，所能爆發出來的能量和所能做出的事會讓你生存，活得更好更精彩。

不管是在感情上、事業上、家庭裡面都是如此。如果你是家庭主婦，做一些讓自己快樂的事，讓自己去做一下本來覺得太瘋狂，太誇張的事。比如偶爾在地球上消失一天，什麼事也不做，躺在沙灘上或在圖書館看一天的書，像回到學生時代一樣，或者去KTV唱一天的歌。讓自己瘋狂一下，原本是滴酒不沾的，竟然喝起三杯五杯，讓自己醉了一個晚上。雖然頭有點痛，第二天起來還是好漢一條。只要不傷害自己、不傷害別人、不

違法、不觸犯道德底線，去瘋狂的快樂一下，再回到正常的軌道，有什麼不好呢？去吧，現在就去做讓自己快樂的事，寫下自己要做什麼。記得，要回到正常的軌道，回到正確的你應該做的事上面。那個不去Pub的人，去吧，快樂比正確更能讓你產生正能量。

　　做快樂的事讓自己與他人快樂，因為快樂可以讓萬事萬物萬人產生好能量。想一想，做哪些事之後可以讓你的工作或生活及目標可以實現得更完好，請列出10件事。

生存法則 08
情緒調整比巔峰狀態重要

　　古有名言：「身先足以率人，律己足以服人，傾財足以聚人，量寬足以得人，得人心者得天下也！」這段話第一句身先足以率人的意思是，做人做事一定要身先士卒，一定要帶頭做，一定要一輩子從早做到晚，做到成別人的標杆，成為團隊的標杆，成為員工的標杆，成為眾人的標杆。記得以前我從業務員做到團隊的領導者，後來開公司創業當老闆，我不斷地被這幾句話禁錮著，並沒有真正瞭解這句話背後真正的含義。總是很早就到公司，半夜凌晨才回到家，每天累得絲毫不敢放鬆，覺得如果我沒有這樣做，好像就是對不起團隊、對不起員工，對不起成為領導者的風範，而且還會逼別人，逼團隊，逼員工，把別人逼死。怎麼逼死別人的呢？每天從一大早到凌晨我都讓他們加班工作，不准回家，沒有做好就大聲地斥責，甚至摔東西、破口大罵，逼到團隊走了很多人，死傷慘重。多年來，帶過很多很多的人，同時也陣亡過很多很多的人。有時業績起來了，團隊變多了，沒多久人就死光了，業績就變少了，如此周而復始地循環。

　　有一天有個人跟我說：「洪總，並不是每個人都跟你一樣，曾經挖過下水道，做過服務生，發過海報，賣過血，家裡負債幾千萬，並非每個人都和你一樣。所以你不要用逼自己的方法去逼別人，這樣你痛苦別人也痛苦不是嗎？」我突然恍悟，想通了很多事情。這種力求完美，力求120分

的表現，這種人有七分力讓他幹十分活，美其名說是潛能激發，讓自己和別人都保持巔峰狀態，但是人真的沒有辦法永遠都保持巔峰。身為領導者，身為領袖的人，有時也要允許自己和別人一樣偶爾有放縱一下的機會。雖然有很多的老師依然提倡著要隨時保持巔峰狀態，像我以前一樣，但是人每天都有太多的負面想法，加上人性有很多的弱點及缺陷，所以永遠保持巔峰狀態其實是不可能的。

別讓負面情緒拖累你

一個人之所以比別人過得更成功更快樂更幸福，不見得是這個人一直持續保持著巔峰狀態所致，而是他能夠快速克服負面情緒，不斷的調整自己不高興、生氣、想發火、消極悲觀，不想做事、懶惰的想法，只要能夠迅速調整就好了。

我想要說的是先讓自己比別人更快速度過負面的情緒，是比較重要的。人跟人比的並不是誰能保持巔峰狀態，而是誰能快速調整情緒，誰能快速從情傷裡面走出來。關於分手，有些人要療傷一個月，有些人要一年，甚至有些人一輩子都走不出情傷；有些人做生意失敗破產，一輩子都爬不起來，不是他沒有才華，也不是他不能保持巔峰狀態，而是他沒辦法度過低潮。所以度過低潮的能力比製造高潮的能力更重要。

我剛從臺灣到大陸發展的前幾天，我被別人騙走了好幾千萬，瞬間感覺失去好多，但我只有難受一下子而已。為什麼？因為我告訴自己：去賺錢比去討錢速度更快。反正以後我會賺更多錢，哪會在乎這麼一點點小錢呢？如此轉念一想，傻傻的個性沒有去訴訟提告，也沒有去討錢，這筆錢就這麼算了（不是因為這樣就可以找我借錢，然後借錢不還，而是我學到

不要貪利，只要一貪利就會連本都拿不回來）。當時有創業的經驗，失敗之後，我沒有及時體察產品對消費者的價值，所以在銷售產品的時候，給消費者造成一些損失，賠了很多錢，連之前賺來的都賠光了，還差點吃上官司。

過了一段時間，回頭想想當時所發生的事也不見得就是壞事，其實任何事的發生都有其原因及目的，都有助於我們成長。如果當時我一直走不出來，一直想著糾結於──為什麼我這麼倒楣，又不是我的錯，怎麼會出現這樣的問題？我又沒有去騙別人，沒有害人，怎麼上帝對我那麼不公平呢？……如果我的大腦一直充斥著這樣的聲音的話，持續想個一年、三年、五年，不往前看，不重新出發，那麼一輩子可能都會活在悔恨當中，一事無成，人生越來越灰暗。但是一個轉念：往前看；一個轉念：拋開過去；一個轉念：過去種種譬如昨日死。

沒有必要去要求自己是完美的，只要要求自己往前走，當你不小心和別人擦撞的時候，趕快請保險公司處理，不要跟別人爭個誰對誰錯，一定要對方賠多少錢。假設對方要你賠錢，如果還可以接受，現場給一給就算了，趕快走。因為你所能賺的錢比在這裡執著好幾個小時更多。不要浪費時間，因為時間的價值大於金錢。

難免有時你會有負面的想法，會有低潮，會有低谷的時候，趕快告訴自己：得意時乘勝追擊，失意的時候要加倍努力。這個時候就是上帝考驗你是否能度過低潮，人比人真的不是誰比誰有多好，而是在不好的時候誰能快速回到軌道上來。曾經我看到過一個好像是科技小說：講述了地球在N多年前不只有兩點幾秒是偏離運行軌道的，但是很短的時間地球又回到本來的軌道上來。如果一直偏離下去會撞上太陽，人類就不復存在了。我也不知道是真是假，但是印象很深刻，給了我一個啟發：人也會偶爾偏離

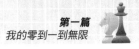

軌道，只要不是無法彌補的錯，趕快回到軌道上來，也就沒事了。

　　現在的你是否在事業上、感情上，在各個方面犯了一些錯誤，或者正在犯錯呢？不要懊惱，不要沉迷下去，趕快回到軌道上來，讓自己快速度過低潮，你會發現下一個高潮就在前面迎接著你。

練習 POINT

　　沮喪是最奢侈的浪費，情緒調整的速度決定你的成功速度。

　　請寫下對你最有效的度過低潮方法是什麼？請列出10個。

學習語言最難的就是學習文化

　　你有沒有想過把英文學好呢？報名英文補習班也繳了錢，過了幾天就不去了，或者買了一大堆英文書，下定決心一定要把英文學好，每天要花多少時間學英文，每天背多少單字。

　　你是否曾經買過一雙很炫的跑鞋，一套漂亮的運動服，告訴自己每天要早起運動跑步呢？你是否曾辦過一張健身卡，花了好幾萬元，告訴自己堅持運動下去呢？你是不是曾經想過想學日文，有沒有做過出國留學的美夢呢？有沒有想把電腦學好，報了名，學沒幾天又沒去上了呢？你有沒有下了很多決定最後都沒有做到的經驗呢？其實學習一件事，或者一個人到一個新的地方去發展，或者一個新產品要進入一個新市場。最難最難的並不是學習本身，而是學習背後的文化。例如一個人學習英文，難的不是語言，而是用語言表達出來背後的文化。就好像有些俚語，你可以背得滾瓜爛熟但是卻不知道什麼時候使用。

　　由於工作的關係，我經常到世界各地去演講，剛開始我非常懊惱，希望可以很流利地用當地語言去講，所以積極想學好英文，不管花多大心力，終究只能學到表面。就算會寫，單字也會的很多，但還是沒辦法和外國人流利地溝通。像我的行業，不只是要會講，還要用英文對著外國人演講，有段時間我花了很大的心力去學習英文，就算最後可以用英文演講

也是之前寫好的兩段講稿，練到最後，我乾脆找人翻譯，去美國英文演講就讓人翻譯成當地語言；去泰國演講就找泰國人翻譯；去日本演講就翻譯成日文；去韓國演講就翻譯成韓文；去法國演講就翻譯成法文，回到臺灣演講還要用合於臺灣文化的用語、當地俚語……聽起來好像要發展全球市場，甚至是一個新地區，如果那個地區的語言你不會的話，是不是就做不到了呢？我想強調的是，你可以拼命去學語言，卻沒辦法學習語言背後的文化，所以後來我放棄學習這麼多語言。搞懂這件事情之後，我鬆了一口氣。後來，我到這麼多國家去演講，就直接找翻譯了。

我們常聽說很多孩子去參加補習班還是沒辦法把英文學好。但是有些孩子爸爸是中國人，媽媽是美國人，孩子中文很好，英文也很好；有些日韓混血兒，日文韓文都很好，在中國念書，甚至還會講中文。並不是他們的語言能力非常強，而是因為環境。對，是環境讓他們瞭解了文化，然後就可以把該門語言學得很好。假設你成立了一家公司，有產品要透過網路銷售到另外一個地區甚至另外一個國家。最佳建議是：並不是要去瞭解這個地方的語言，語言找人翻譯就好，最主要是要翻譯成符合當地的文化的語言，當地的風俗，當地的習慣。比如我曾到國外去演講，演講主題是「如何進軍全球華人市場」，這是針對其他國家的華人或者外國人所說的。開宗明義我就提到：你所要瞭解的並不是當地的語言，而是當地的文化。你必須善用當地人，只有當地人才能真正瞭解當地的文化，你只要認識一個能夠幫助你進入這個市場的當地人，那麼你就不需要學這個地方的語言。就算要學語言也只是針對他（你認識的當地人），這樣你才知道什麼是強龍不壓地頭蛇，地頭蛇是最瞭解當地文化的。

在1995年的時候，我曾經短暫去了一趟大陸，2001年我又到大陸北京重新發展，這兩次可以說都是徒勞無功，甚至賠錢返回。但是2007年

我再度到中國大陸去發展的時候，採取的做法就不是來來去去，而是住在上海，一住就住到現在，將近有七、八年以上。其實臺灣和中國大陸講的都是中文，在語言溝通上的確沒有什麼大問題，但是為什麼臺灣人到大陸發展這麼困難呢？還是回到之前我們談到的，不是語言的問題，而是文化。

只有適應一個地方的文化，才能瞭解當地人的想法，才能創造出、找出他們所要的產品，或者改良出他們要的產品。當然，知道對方要什麼，人家才會購買你的產品。就像肯德基因應中國市場做了一些口味的變化，針對中國人推出套餐，一些連鎖店到了國外也會做一些變化，增加一些符合當地文化特色的餐點。如果你想做其他國家的生意，想做其他地區的生意，其實先不要說其他國家，以台灣而言，就從臺北到高雄，臺中到臺南，各地風俗不同，最好的方法就是找到當地人。和當地人建立利益關係，建立朋友關係，運用當地人去發展才能成功進入這個市場。我到大陸之後首先融入當地的風俗及文化，再者，我結識很多當地人成為我的朋友，成為我的合作夥伴，成為我的客戶，成為我的秘書，這樣開始做當地的生意，進入當地的市場。

有句話說：「小公司靠老闆，中型公司靠管理，大型公司靠文化。」說的也是這個道理。當一家公司還小的時候，老闆一個人修電燈、鋪地毯，什麼事都不假手他人，親力親為，自己做。當公司慢慢變大時，就開始做管理，開始分門別類，分成行政部門、公關部門、企劃部門、銷售部門、秘書處。但是當公司大到一定程度的時候，仔細觀察，你會發覺看到臺塑集團的人有臺塑人的感覺，做電子行業的有電子業的樣子，做工程師的長得很像工程師，在KTV上班的就有那個KTV的樣子，做美容美髮的一看外形就知道是那個樣子，做藝術的一看就是藝術家的樣子。為什麼？

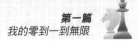

這就是文化的差異，每個國家有文化的差異，每個地區也有文化的差異，所以我們可以運用當地人搞清楚文化差異，融入當地社會。如果你要到中國大陸發展，如果你要到美國去發展、到任何地方發展，這兩大步驟是必須要的是：一，瞭解當地文化，深入當地文化。二，聘用當地人跟你一起工作，兩大成功法則才能順利進入當地市場。

身為現在21世紀的你我是非常幸福的，因為有網路是可以做全世界的生意，因為有網路可以在全世界活下來，因為有網路可以節省交通的時間，交通到哪裡發展就到哪裡，發展到哪裡商機就到哪裡，商機到哪裡，到那裡就可以活下來。所以瞭解當地文化，深入當地文化，這就是在學習一門語言背後更重要的祕密。

練習 POINT

語言是工具，文化是將工具變成武器的關鍵。想要瞭解一個新市場，進入新國家、新團體等，請先想一想可以透過哪幾種方式去瞭解他的文化？

生 存 法 則 *10*
那些年學校沒教的本領

「請問你現在做的工作或者事業，跟你之前在學校念書時學的東西沒有關係的，請舉手？」

這是我在演講時，經常問學員的問題。每次我發現80%左右的人，他們舉手了，也就是他們所做的事和學校所學的，幾乎沒有任何的關係，他們學的專業不是後來謀生的本領，也不是後來工作的技能。我們從小念書，花了十年、二十年左右的時間，從幼稚園一直到大學，有人念碩士、博士，出國留學，讀書二十五年，到最後竟發現，自己所學的跟自己所要的根本不一樣，也不是自己的興趣所在，或者由於因緣際會，所做的工作、未來所做的事，根本不是之前念書的時候相關的領域。然後到了三十歲結婚、生子，繼續讓我們的孩子，再讀二十年的書，我們的下一代，後面的六十年，甚至八十年，如果可以活到一百歲的話，他所做的事還是和之前所讀的二十年書，完全沒有任何的相關。除了認識一些朋友，認識一些同學，學些生活禮儀之外，增加了一些氣質之外，學校所學的和後面的工作沒有任何的關係，聽起來這樣的教育制度相當的悲哀，而我們卻讓這樣的事情一代又一代地延續下去。為什麼？其實最重要的是因為我們也沒有找到，到底什麼是更好的方法。

學校沒教的事

到底學校所學的有沒有幫助呢？有人是說學校所學的完全無用，因為王永慶、李嘉誠，小學都沒有畢業，也有人說怎麼會沒用呢？可以增加氣質，提升生活的經驗吧？就算我們今天不討論要不要念太多的書，但是我們必須要知道的是你自己或你的孩子都必須要學一學學校所沒教的事。學校沒有教什麼呢？比如說學校沒教你如何創業開公司，比如說學校沒教你如何去演講，比如說學校沒教你如何做行銷企劃，我所說的是實戰的行銷企劃，而不是學校的理論，比如說學校沒教你如何賺錢，如何增加收入，比如說學校沒教如何去推銷，比如說學校沒教如何去談判，比如說學校沒教如何將你的公司建立一個系統，比如說學校沒教怎麼建立一個團隊，比如說學校沒教如何跟別人合作，比如說學校沒教怎麼樣才能夠透過演講收到錢，比如說學校沒教如何招商做加盟，比如說學校沒教如何有效地去管理，比如說學校沒教如何存錢，如何讓錢賺更多的錢回來，比如說學校也沒教如何進入全球市場，比如說學校也沒教，如何做好情緒管理，比如說學校沒教如何做時間管理，比如說學校也沒教如何處理好人際關係，如何跟別人溝通，比如說學校沒教如何自我激勵，以及激勵別人，比如說學校沒教要如何領導一個團隊，比如說學校沒教要如何活下來，如何生存，如何讓老闆能夠賞識你，如何讓公司的員工敬重你，如何讓另一半對你更好？比如說學校也沒教如何處理好兩性關係？比如說學校更沒教如何教育孩子？……這些學校都沒教的事，其實就是我們之後從學校畢業後，或是現在我們從學校畢業了，或者是已經從學校畢業三年、五年、十年，甚至二十年，這些竟然是我們能夠活到八十歲，或者是醫學發達活到九十歲，一百歲，一百二十歲後面的五十年、八十年所必須要具備的技能。

　　當我們先認知到這一點之後，至少我們可以找書來看，比如像各位現在看的這本書《生存力》學校也沒教你怎麼生存，也沒教你怎麼活，怎麼樣活得更好，也沒教生命的意義，沒教人生的價值。所以看書，找資料，找答案，就表示你已經跨出了第一步，恭喜你，你願意這樣做，因為有些人這樣的意願都沒有，再者你必須要更積極地去學習，去上課。

　　我認識的一些世界級的大師，他們有的是暢銷書的作者，有的是專家學者，有的實戰派的企業家，有的是百億富豪，有的是上市公司的老闆。他們有些是我的老師，我跟他們學習，我交學費，主動報名參加研討班、參加課程。有些是我的學生，他們來上我的課，跟我一起教學相長，但是至少在偶然機會知道，從學校畢業之後更需要做的事就是像在學校一樣去交學費，去找到可以交學費的人，可以找到交學費的公司，找到交學費的機構，去學一些在學校時可能學過一些的基本技能，或者是學校壓根不會教的生存本事，獲得更好的知識。假設你現在碰到瓶頸，或者你現在過得非常得好，都不要忘記每年提撥一些學習的預算，去交學費學點東西，去上課。這是活得更好的方法，或許不是大富大貴，也不要成為超級富豪，也不用多麼成功，但是只要活下來，就要想辦法每一年花錢去學。

　　有很多學員，他們花錢來上我的課，每年提撥一大筆預算來學習，我問他們為什麼要這樣做，他們說每一年一定要把這筆錢花出去。就好像一些企業，每年撥出固定的學習預算，一定要把錢花出去。記得不斷花錢去上課，就可以讓你的生活更好，活得更精彩。就算你現在沒錢，想辦法預留一筆學習預算，或者是現在有點錢，就撥出一些學習預算，去上課，不要省這種錢，學習更好的課程才能夠幫助你活得更好，因為去學習這樣的課程，你會認識很多相同價值觀的人，結識很多可以幫助你的人，或者是有很多你可以幫助的人，你們有相同的頻率，相同的價值觀，相同的想

法，說不定就可以成為好朋友，好的事業夥伴，可以互相幫忙，所以去學
一些學校沒教的，不會教的事，去參加一些學校不提供給你的學習方法、
技能還有觀念，就算花了錢，暫時還沒有得到什麼，但是總比無作為好，
總比沒做好，總比晚做好，總比少做好，這就是人與人之間最重要的差
別，不要怕付出，不要怕浪費，只要時間能夠浪費在美好的事物上，只要
時間能夠浪費在可能值得，可能不值得的事情上面，總會找到你想要的，
持續去做吧！去學一些學校沒學到的重要事吧。

練習 POINT

　　大膽地投資自己，投資自己是全世界最划算的投資，沒有風
險，不會後悔，學會了還可以使用40～50年以上。請列出今年你
最想學的功夫，去哪裡找到人教你？

生存法則 11
永遠準備下一條S曲線

　　我的人生經歷了許多起起伏伏。第一次是我開始做業務員的時候，當時一開始做得很差，但是一年後得其要領，三年必有所成，第三年的時候，我有了一些收穫，而且業績越做越好，客戶累積越來越多，因為任何事都必須有一段時間來做醞釀，來做鋪墊。任何事都需要有時間來做佈局，不可能一下子就產生結果了，很多人之所以會失敗是他們以為，現在所有的一切必須要現在就產生結果。其實真正會有結果的事情，必須要做過，然後經過醞釀，才會在現在產生結果。所以失敗者以為，現在的一切是現在造成的，然而成功者都知道現在的一切其實是過去造成的。

　　比如有人很胖，想要自己現在瘦下來，為什麼他會很胖呢？因為他過去的飲食習慣，過去的運動習慣，造成脂肪的囤積，所以現在變胖了。假設現在立刻去吃一大堆的薯條、漢堡、可樂，連續吃三次五次，會不會馬上變胖呢？答案是不會，因為變胖也需要累積的過程。

　　一樣的道理，如果你對現在的生活不滿意，對你開的車子不滿意，對現在住的房子不滿意，對另一半不滿意，對家庭不滿意，對現在的生活狀況不滿意，對現在穿的衣服不滿意，對目前的工作不滿意，對現在的老闆不滿意，這一切都不是現在造成的，而是過去造成的。相對的，如果假設要讓未來跟過去不一樣，那麼從現在開始到未來的時間，就會累積出未來

所產生的結果。

剛開始做業務員的第一年，因為很多地方不清楚，客戶也沒有累積下來，所以做得並不是很順，但是慢慢就產生良性的迴路，第三年就有一些不錯的成績，三年是一個很重要的資料。在我好幾次創業失敗後，都是在三年之內可以重新出發，我在27歲的時候出來創業，過了三年的時間，開始有一些不錯的績效，然後越做越好，公司越來越多，後來這些公司又倒閉了。到了中國大陸，2007年，第一年也做得不怎麼樣，但是後半年越來越好，三年之後到達巔峰，但是慢慢地又走下坡，我看到自己也好，看到很多我所帶過的人，或者是我的學員，我發現三年是一個循環，是一個轉折，有些人可能會從三年前什麼都不是，而突然變得很成功，但是如果沒有去注意或維持的話，很快又有可能掉下去，所以在生存法則11裡面。我們要研究和探討的是下一條S曲線。

下一條S曲線是什麼？

什麼叫下一條S曲線呢？就是不管你現在的狀況是好還是不好，不管你現在的生活條件是好還是不好，或者是你現在的工作狀況是好還是不好，你都必須要居安思危。

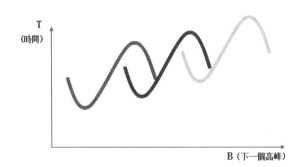

怎麼樣是居安思危呢？如果現在的狀況是好的，其實現在好，不代表正真正的好，不代表未來的好，看起來好不見得真正的好，表面上好，也不代表裡面是好。

　　有時候我們會羨慕有些人很有錢，但是那些人的人生真的很快樂，很幸福嗎？他們的幸福快樂指數一定和比他們窮的人更多嗎？好像不一定，因為我們看到的是表面的好。看到我們以前的一些同學，他們開高級名車，住豪宅，或者他們是企業的高級主管，但不見得他現在是真的這麼好，可能有很多的隱憂正困擾著他。

　　相反地，如果我們現在的狀況不夠好，如果我們現在開始醞釀，開始鋪路，說不定在三年之後就是一個翻身，這個世界無奇不有，奇怪到什麼地步呢？奇怪到小說和電影的情節至少要合理，但是生活上會好會壞，三年一個循環，很難講。看起來好的人，三年之後看起來又突然不好了。有些大企業家，明明經營得很好、很穩定，但無預警地公司就倒閉了。我們會看到許多大公司，它們好了很久，卻因一個不注意，公司就倒閉了。我們看到有些人身體非常健康，因一個疏忽，發生了一些意外，生命就結束了。所以永遠要準備下一個S曲線，什麼叫下一個S曲線呢？就是當你好的時候，你一定要想像自己三年之後你要怎麼樣，就如同新生兒一樣重新開始，就如同你在當時不怎麼好的時候，你該怎麼樣去幫自己去鋪一條好的路。能夠現在這個好還沒有結束，下一個好又準備開始，一波未平，一波又起，想像一個海浪一個波浪打上岸，漂亮的浪花維持了三年，在這個浪花還沒有結束的時候，下一個浪花就正遠處，即將要慢慢的推進。所以，當你處在現在的狀況的時候，一定要問自己，三年後下一個高潮和高峰是什麼，或者是三年後，下一個好的事情會怎麼發生。

　　有人結婚的時候想像著三年之後，第一年結婚感情非常的好，就要想著有沒有可能在三年之後，感情退燒了，熱戀降低了，激情的感覺消失時，該怎麼辦呢？所以很多人在三年之內生了小孩，因為感覺到小孩的出生，就是下一條的生命曲線，基於感情家庭是如此，基於事業也是如此，

基於工作也是如此，如果你現在升官了，你應該要高興，但是一邊高興的同時，必須想像著三年之後你是否還能再升官呢？如果想要再升官的話，現在該做什麼準備呢？總是不斷地為下一條S曲線做準備，就不會讓自己的人生在好的時候慢慢地往下滑。

太極裡面白中有黑，黑中有白，好中有壞，壞中有好。塞翁失馬焉知非福，意思是說，現在的好不見得在未來也是好事，現在的壞事也不代表在未來一定是壞事。以前我聽過一個老闆說過，人的一生會有三次機會，就像棒球比賽一樣。你知道誰是發明棒球比賽的人嗎？為什麼有三陣出局這件事，為什麼不是四陣出局，兩陣出局，上天故意要警惕人們，每個人的人生都有三次機會，如果三次都沒有把握，人的一生就過了，不管人活了多久，都有三次的機會，掌握其中一次的機會，可能你的人生會改變，家庭會改變，但是如果都不掌握的話，你錯過了，你的人生就結束了。

所以三年是一個轉折，不管你是創業開店，到一家公司上班，或是結婚，三年裡面可能會產生另外一個變化，而十年呢，是一個大運，這不是迷信，也不是有什麼風水之說，很多現實狀況的確是如此。在很多的企業輔導經驗中，我有很多學員，我認識很多的老闆，各行各業的人，有家庭主婦，有學生，有企業家，有上市公司總裁，有百億富豪，有剛剛創業失敗的，有負債累累的。但是當人在走大運的時候，通常一個大運是十年，也就是說如果你在走大運，必須要在這十年內準備另外一條S曲線。有些人一輩子大運都走不了，因為他沒有掌握三年的這個輪迴。如果能夠走下一個十年的大運，也不用太高興得意，因為要準備下一個十年，必須戰戰兢兢的，有些公司做食品的，在大運來臨的時候，企業做的很好，但是因不注重品質管理，後來公司就倒閉了。有些做工廠的，由於在十年的時候沒有好的安全意識，危害到了員工的身體健康，甚至是生命。但如果你只

是個上班族，也有這樣的大運，或許每個人的大運如浪花的大小不同，產生的震盪程度不同，但是每個人都有十年的大運，掌握好你的大運，掌握好你的三年必有所成，永遠準備下一個S曲線，才會讓人生如浪花一般，一波未平，一波再起，精彩不斷。

練習 POINT

　　一波未平一波再起，不斷創造新紀錄，不斷突破紀錄。如何創造出你生命精彩的S曲線，現在開始勾勒你的人生藍圖，具體寫下一年、三年、五年、十年的曲線，你要如何一關又一關地再創巔峰？

猶太人的78/22法則

我們的都知道猶太人是世界上非常會賺錢的民族，他們人數不多，但是在世界上幾千年以來，都被視為賺錢高手，也是賺錢的天才，因為在上千的經商經驗裡面，他們找出很多賺錢的方法，總結出一條道理，就叫78/22法則。

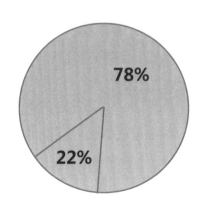

這個法則在生命中是很重要的法則，在自然界或者生活中，有很多是依循這樣的比例，比如氮氣和氧氣的體積比例是78/22，比如畫一個正方形，裡面畫一個圓，正方形和圓形的面積比例也是78/22，比如說世界上有78%的財富掌握在22%的人手上，比如說世界上有很多人和別人借錢，在銀行的機構裡面，借別人錢的人和跟別人借錢的人的比例也是78/22，銀行就是用這個理論來賺錢的，最重要的是猶太人在做生意的時候所採取的做法不是那種賺少少的利潤，把量充大的「薄利多銷」型，他們所採取的方式是「厚利適銷」，也就是把利潤變大，只賣給想要買他們東西的人。我以前聽說過一句話，賺有錢人的錢，會越賺越有錢，賺窮人的錢就會越賺越窮。這裡所說的有錢人，並不

是那種非常富有的有錢人，而是指有足夠的錢購買你產品的人。以前我做銷售員的時候，我賣的飲水機一台就要兩、三萬元，我卻把它銷售給窮到沒有錢吃飯的人，就算我跟更多人介紹，向更多人銷售我的產品，仍然沒有辦法賣出好業績。所以找對客戶很重要，找到精準的客戶，選對池塘才能釣大魚。

我曾經在保險公司對幾千人演講，我問他們到底一個月五萬元的保單比較好賣，還是一年五萬元的保單比較好賣，一個月五萬元，一年六十萬，一年會花六十萬的保單，好像是比一年五萬的保單好賣。一年能夠花兩千萬買保單的人，又比一年花五萬買保單的人能更快做決定。因為很多有錢人做決定的速度很快，後悔的速度很慢。反之，窮人做決定的速度很慢，後悔的速度很快。他必須不斷地考慮，最後好不容易做了決定，討價還價，買了一點東西，回家卻遭家人潑冷水，又急忙忙跑來退貨，所以在做生意的時候，78%的生意來自於22%的客戶。我們一定要分析自己的產品組合，分清自己的客戶組合，把78%的精力放在22%的人身上，而不能用一些平均的力量。

如何花最少的心力，賺最多的錢

為什麼猶太人喜歡做一些高級品的生意，比如賣鑽石，高級的奢侈品等等。他們就是用這個78/22法則。所以為什麼有很多業務員賺不到錢，原因是天天找錯客戶，所以你可以花很多的時間，很多的精力，去研究客戶資料，找到對的客戶名單，甚至去挖掘和開發客戶名單，這樣才能花最少的時間，最少的力氣，賺最多的錢，因為大多數人賺不到錢，就算因為他們花最大的力氣，最多的時間，然後賺最少的錢。所以你在開公司、開

店時，或者在做業務銷售時，你會發現一個月有78%的時間是產生不了太大的績效，但卻在22%的時間得到後面的結果。78%的銷售額來自22%的客戶，78%的讀報時間用在22%的版面上。

這是猶太人很重要的一個經商法則。他們發現並運用這法則，於是更有效率地賺更多的錢。人與人的差別在於一天24小時做了哪些不一樣的事，所以你必須要研究自己的時間，安排是不是能夠做最重要的事，而不是做一些沒有效率、沒有結果的事。應該要把所有事情分成三個等級，ABC，A就是最緊急最重要，B是重要不緊急，C是不重要時間也比較充裕。運用這樣的時間和效率的安排，去注意那些高收入的人群，把他們視為自己的主要客戶才有賺錢的機會。這就是78/22法則的重點。

我記得曾經在美國看到一個猶太人的學校，發現一個很特殊的狀況，猶太人被視為是很團結的民族，中國人被視為個人很強，但團結起來比較弱的民族。在有華人的地方，就有什麼一條街，比如酒吧一條街，玩具一條街，或餐飲一條街，為什麼很多人會把很多店開在一條街上呢？以前我們可能認為這個地方集合很多商家，很多人想要買東西就可以來這邊買。其實這個街的形成，常常是因為國外的某個區域開了一間華人餐館，有一個客戶去吃了一次、兩次、三次等等，發現在國外開餐館，好像可以滿足很多華人的需要，還能讓外國人嚐鮮。這個去吃飯的客人覺得這家廚師的手藝非常好，就把廚師挖角過來，於是就在旁邊開了一家店。在做了改良菜單，降低成本等等動作後，就把旁邊一家店的生意搶了過來。他本來只是一個客人，經商成為老闆，做生意開餐館。結果有另外一群人在這裡吃飯，一樣的方式又複製另外一家店。久而久之，在全世界只要有華人的地方，就有什麼什麼的一條街。

而猶太人做生意卻不是如此，所謂的團結並不是因為自己不做生意，

他會在餐廳旁邊開一間冰果店，他覺得人們用完餐可以吃點冰，然後又有人在旁邊開一家超市，因為在回家前可以在超市買點東西，然後又有人在旁邊開一家按摩店……於是一條街都是互相互補的，這就是猶太人之所以團結的原因。

花78%的時間去找到對的客戶，花22%的時間來收成，比花100%的時間去找客戶還要更重要。不管你現在狀況怎麼樣，你的職業是什麼，如果你是一個學生，花78%的時間讀書，花22%的時間考出好成績；你是一個家庭主婦，花78%的時間去照顧家庭，22%的時間才是你一天最重要的工作精髓。如果你是一個老闆，花78%的時間達成業績目標，達成公司重要目標的鋪路，而22%的時間會產生績效。地球上78%的人過的其實是不好的，只有22%的人生活是過得比較好的，這78%裡面，也有78/22，所以每個78/22的78又有每個78/22。相同的每個22%裡面又有一個78/22，如果假設你能知道這個重要的法則，花78%的時間主攻擁有78%財富的人群，將這些人和普通客戶做個區別，賺的錢自然而然就比較多，這就是78/22法則。

練智 POINT

找對人做對事，聰明又努力的工作比埋頭努力工作更重要。

分析自己的78%的時間相對應在哪些人身上？分析自己78%的財富來自哪裡？

早付出的代價永遠是最少的

　　人生總要繳學費，只是看早繳或晚繳。人生總要繳學費，只是看多繳或少繳。早繳的學費一定是最少的，後面繳的學費一定會付出較大的代價。有時當你去做某些事一定要花錢的時候，甚至一定要投資的時候，只要這件事做了之後不會讓你因此身敗名裂，傾家蕩產，一蹶不振，那就早點做比較好。

　　相信很多人都有買房子的經驗，常常想著如果十年前，有人告訴我買那個房子的時候我買了，現在不就發了嗎？！臺北的信義計畫區在幾十年前是不毛之地，甚至聽說是墳墓，早知道那時早點買，那現在不就變成大富翁了嗎？在中國的上海浦東，如果早知道去買房子不就早發了嗎？所以千金難買早知道，萬般無奈想不到。

　　當我們猶豫一件事情的時候，只要想這世上必須要買的只有一個東西叫做時間，如果能夠節省時間，能夠省下時間的事都是值得做的。我們之所以不敢做某個決定，就是害怕風險，害怕做錯決定之後的風險。有些學員在我的課堂上報名參加課程的時候，他們很想要來學這些求生的本事、生存的技能，卻又覺得付學費好像很不划算。其實，這件事如果是你這輩子一定要去做的事，就應該早點去做。就像學習，不管任何階段，處在任何狀況，都必須學習。當這件事是你一定必須要做的事，那麼就早點去

做，因為學費會越來越貴。不管去哪裡上課，繳的學費都會越來越貴的，好的課程一定會漲價。因為通貨膨脹，物價上漲，好的東西也都會越來越貴的，相反的，任何越來越貴的都可能是好東西。古董為什麼是古董，提早擁有的代價一定最少的。當你猶豫不決時，趕快去行動趕快去做吧。

這個世界上最貴的就是時間

七年前我剛來到上海，當時很想要買房子，因為一些事就這麼拖著，很多事都沒去做了，有時候給自己一股衝勁是非常重要的。你想去做一件事情，如果沒有這股衝動和衝勁，反倒會付出更多的代價。任何資源都是不斷越來越稀缺，好的東西也越老越少，遇到好的女人就趕快去娶吧，只要是好的男人就趕快去嫁吧！反正早做決定晚做決定都得做決定，只要風險不至於讓你無法彌補，重頭再來的時間是越年輕越好，考慮好風險能夠承擔即可，因為早做決定能讓你付出代價的最少，晚做決定付出代價的最大。

以前我在中國演講時，推出顧問方案後，很多企業紛紛邀請我去當顧問，有的人還對我說：「洪老師，我記得六七年前請你做顧問只要一百萬人民幣，怎麼現在漲到九百萬人民幣了呢？我們都認識那麼久了，可不可以還是按原來的價格請你做顧問呢？」我就告訴他：「百貨公司在周年慶打折的時候，你不買，時間過了之後你說我之前也來過啊，當時在打折，怎麼現在不打折了呢？百貨公司店員就會告訴你周年慶已經過了。」所以做一個決定，購買一個產品，你只要問自己一個問題：這輩子你要不要買它，你需不需要它，如果這輩子你需要它會購買它，那麼現在你就應該立即決定，反正早買總比晚買付出的少。這個世界上最便宜的就是錢，最貴

的就是時間，只要能夠省下時間就划得來，只要能降低時間成本就值得。

　　我跟這麼多人學習，這麼多世界頂尖的人學習，花了這麼多的時間，你也可以跟我一樣花這麼多時間；我幫這麼多企業做顧問，教這麼多學員資訊，你也可以跟我做一模一樣的事情，然後再幾次創業失敗，再幾次重新出發，最後把得到的精髓整理出來，我相信你也可以。但是，你也可以借由別人的力量，花最小的力氣，借由別人的經驗與過程，而不要走這麼多的彎路啊！當時的我知道我必須去學習更多別人的經驗，將他們成功與失敗的經驗總結，在短短的幾天之內表達給你聽，而自己通常想不透。就好像你今天看了一本書，明天看了一本書，一年以後看了一本書，每次心得都不一樣；就好像同樣在上同一堂課，每個學生所寫出來的筆記都不一樣，每個人認為的重點也不一樣，所以每個人做出來的事情的結果都不同。想辦法去找到更多成功的人，活得更好的人，學習他們的生存法則，他們的生存重點，那麼就可以讓自己不會浪費更多的時間，節省下時間就是節省下生命。

　　在做企業諮詢的時候，我常常提到能夠讓公司越來越好的關鍵就在於以下兩點——

　　第一，能夠在最短的時間內賺到最多的錢，這叫單位時間內比以前賺到更多的錢。

　　第二，能夠持續下去。

　　先問一個問題：「一個人可以賺一萬元美金，你覺得他賺的多不多呢？」答案是不一定，為什麼？因為事情只有相對的，沒有絕對的。如果在一年內賺到一萬美金，那感覺是少了，如果是在一個月內賺到也不算多，如果是一天內賺到，好像感覺是多了，那如果可以在一分鐘內賺到那不就不得了了，若是能在一秒內賺到那就太厲害了。重點不在於賺多少，而

是在多久時間內賺到。只是賺到也沒用，假設他這輩子只賺到這一次，在0.1秒內賺到一萬元美金，之後再也不曾賺過也沒用，所以要持續下去。想辦法縮短賺錢的時間，在一樣的單位內賺到更多，以及能夠持續下去。相信一個人會想開一家公司或開一家店的目的就是想要提高收入，提升自己的成就，都要在這兩個問題上琢磨。一、單位時間內有更高的效益；二、能夠持續下去。我有一個非常賣座的課程，主要就是教別人如何打造系統，有了系統之後就能不斷地持續下去。

臺灣的濱江街，有很多賣BMW跟賓士車子的中古車行。我曾和那裡的老闆聊天，他說最容易拿來賣的車就是這兩款車，很多人賺到一點錢就馬上跑去付頭期款買了一部一百萬或兩百萬的車，但是他們忘了這是他們的最高收入不是平均收入。你要問自己：你的年收入是多少？不要只是看一時的收入，一時的收入是沒用的，可能只是一下子而已，曇花一現就過了。如果你看的是年收入你就知道自己要不要買一部一百萬、兩百萬的車，這樣才不會最後把車當掉，或者揹了一堆卡債。所以，早點付出代價，節省更多時間，不要浪費時間，想辦法在單位時間內賺到更多的錢，並且持續下去。

練習 POINT　賺錢的多少很重要，但更重要的是多久時間內賺到最多的錢。請計算一下自己目前一個月或一週或一天能賺到多少，如何可以加倍賺到更多錢？

生存法則 **14**

免費的最貴

　　如果你是賣方，想要獲取最大的利潤，那麼你就要提供最多的免費，因為免費的最貴。

　　在這裡我們把免費用另外一種方式詮釋，叫做「體驗」。什麼叫體驗呢？逛超市時，你是否注意過有人拿著小餅乾、小肉片，小小的杯子裝著飲料，請你試吃、試喝新產品呢？對的，這些廠商提供免費的東西通常能夠換來最大的效益。所以，如果你想要把產品推廣出去，想把東西銷售出去，就先不要想怎麼把東西賣出去，而是想著有多少人有用過有體驗過你的產品。這就是個漏斗，把漏斗的口變大，假設有100個人體驗有3個人購買（這是個正常的機率），如果你想要有30個人購買，那麼你就找1000個人試吃或試用，如果你想要1000個人購買，那麼就找三萬個人來試吃，差不多是3%的購買率。如果購買率低於3%以下，那就表示你的產品或者試吃的方式、容量⋯⋯沒有做好。如果購買率在3%以上，那就是你做的比一般的標準更高一些，因為3%是一個正常及經過研究的數據。想要更好就想辦法突破，就算只有3%也不要想著結果，因為你應該把焦點放在怎麼把量變大，很多事都是這樣。

 ## 免費的力量

　　在我的課程裡面，我曾教導學員如何找到優秀的人才。其實找到優秀

人才的方法關鍵在於你打算讓多少人知道你的公司想要找人。比如你打算找三個人才，假設讓一百人個人知道你的公司在徵人，那麼就會有三個優秀人才到你公司，所以要想辦法讓知道你公司求才訊息的人數變多。

你想要把東西賣出去，想要找到好的人才，或者你想要找另一半，找對象，找老公、找老婆都是一樣的道理。為什麼找不到男朋友呢？因為知道你想要男朋友的人太少了，為什麼娶不到老婆呢？因為知道你想娶老婆的人太少了。所以並不是你的產品有問題（這個產品就是你嘛），也不是品質的問題，更不是你的價格有問題，因為什麼樣的人都有人喜歡，只是知道你要結婚的人太少，才導致你沒能找到要找的對象。

當你用最多的免費，最多的體驗讓消費者，讓你的客戶知道你想要銷售的東西是什麼的時候，那麼你就會得到最大的回報。相同的道理：不僅可以用在產品，還可以用在事業上，用在家庭裡面，用在找工作上面。如果你是個求職人員，想要找工作最重要的一點就是大量的曝光：透過網路，透過人才博覽會，透過登錄各種網站。如果你想相親，那就找所有的相親節目、網站，讓量變大，然後從量裡面去篩選你所要的人。這就是免費的力量。透過免費你可以得到更多你想要的，得到更多的你想要的回報。所以免費的最貴，這是基於你是賣方而言。

如果你是買方，什麼叫免費的最貴呢？有些人喜歡貪小便宜，想要免費得到一些東西，其實拿了贈品一次、兩次、三次之後，你就會花錢買更多的東西，接著就會付出更多更大的代價。這個世界是公平的，當你獲得很多不用花錢就取得的東西時，後面跟著而來的就是你必須付出更多的代價，必須付出更多的金錢，更多的時間。因為一開始免費，後來就要付費了，在人生的哲學裡面也是如此。當你不用付出任何的努力就可以獲得的時候，不久後，你就會發現你還是會付出你本來剛開始沒有付出的東西。

記得我剛開始做業務員的時候，總是找不到客戶，我的主管就鼓勵我

說：你也不用沮喪，其實找客戶就像翻撲克牌一樣，五十四張撲克牌裡面有四張A，這四張A有時放在前面，有時候在中間，有時候分散放，有時候集中在最後面。剛開始拿到很多A的人，後面他可能就會碰到很多的困難；一開始拿不到A得人，說不定都集中在最後面四張。所以你看剛開始運氣很好，後面不見得好；剛開始運氣不好，後面也不見得不好。剛開始什麼都沒有付出，免費得到很多東西，包括你得到很多的不用付出不用努力的運氣，很多的金錢，很多的酬勞，但是後面有可能還是要付出更多其他的代價。

「免費的最貴」，不管你是賣方還是買方都要認真思考這個問題，甚至在生活、家庭上都可以思考這個問題。也就是說初期獲得的有可能在未來會失去，初期失去的有可能在未來會得到，這就是我們所說的憂喜參半、禍福相依吧。如果你是業務部門的主管，那就想辦法讓最多的人免費試用你的產品，就可以從這麼多量裡面取到你所要的質。如果你是個上班族，工作時也可以用到付出與回報的過程當中，去思考付出與回報的先後關係。有人曾想要得到免費的東西，但這個免費可能是個餌，後面可能會令你失去更多。免費或許也是個陷阱，不管在於美色，在於賭博，或者毒品，那麼你將失去的是財產、生命以及所有的一切。但是如果用在好的地方，讓別人體驗，確實可以讓公司的業績不斷成長。所以免費的最貴。

練習
POINT

不用錢的最貴，免費的其實不免費，是一步步讓你付出代價的報酬。練習在你的工作上如何提供五種免費的方式，好讓顧客一步步為你付出報酬？

生存法則 15
最不值錢的就是錢

　　錢是什麼呢？錢是用來買東西的工具，錢是吃飯用來支付的工具，錢是購買漂亮包包的支付工具，錢是用來購買舒適的交通工具的工具，錢是買房子讓自己有溫暖舒適感覺的工具，錢是可以買禮物送爸爸媽媽讓他們感覺快樂幸福的工具；錢是什麼呢？錢是可以拿來讓小孩念好的學校，讓小孩接受好的教育的工具，錢是在你要結婚的時候，可以用來購買鑽石送給你的未婚妻的一個工具，錢是可以借給別人讓別人給你利息的工具，錢是可以讓你賺更多錢也可能全部賠光的一個工具，錢是可以出國旅遊、增廣見聞支付旅費的工具，錢是可以用來繳水電費、瓦斯費，繳了之後晚上燈就會亮，不用摸黑煮晚餐的工具；錢是什麼呢？錢可能讓你的下一代不用賺就得到，因而產生懈怠和懶惰的工具，錢也可能是讓兄弟反目成仇、互相廝殺的工具，錢是很有可能讓男人變壞，讓女人也變壞的工具，錢是想要得到很多的錢，讓本來清廉的政府官員，本來很有正義感的人卻鋌而走險、貪汙搶劫，錢是可能讓一個善良的人把持不住而去為非作歹的工具……

　　錢是什麼呢？錢到底是什麼呢？究竟錢是什麼呢？錢，最後只不過是工具。人類之所以有幾十萬年幾百萬年，就是因為人生來懂得使用工具。遠古時代的恐龍和長毛象，如果和人類打架，雖然剛開始赤手空拳人類打

不過長毛象也打不過恐龍，但幾百萬年之後，恐龍滅亡了，長毛象也不在了，而人類還在，就是因為人類懂得使用工具。

　　我曾經列過很多賺錢的方法，列過一個月要賺多少，一年要賺多少錢，我想很多人也訂過這樣的目標：年收入目標，月收入目標。在現在，在過去，在小時候，在任何時候，很多人訂過這樣的目標。當你很多次沒有達成這樣的目標時，你也不敢想了，反正每個月就只有這麼一點點錢，付不付出也就這樣了，未來三年五年十年，反正未來能賺多少都已經想清楚了，就是這樣子了。每個人的一天都是有86400秒，如果你浪費了時間就等於浪費錢，如果上天每天給你86400元，每一秒鐘一塊錢就不見了。

 ## 錢怎麼用才值得

　　錢這麼不值錢，到底我們要用它來幹嘛呢？對，它就是工具。建議你現在就可以寫下，未來你的美好生活裡面每個月你打算花用多少錢，做哪些事。比如說：想環遊世界啊，去哪裡旅遊啊；比如想買哪裡的房子，想給子女什麼樣的教育；比如想給你的爸媽過什麼樣的生活，比如想讓你的家庭過怎麼樣的生活。大部分的人都是寫下已經花出去的錢和開銷，而去計算未來要賺錢的收入當做是目標。有個很好的方法就是：寫下未來你想要花多少錢，每個月每一年想要花費多少錢在哪些地方。因為你想要花這麼多錢，所以必須要賺夠這麼多錢，這是個反向思考，逆向思維。省下來的錢到底能幹嘛，其實什麼也做不了，這個工具如果不去使用，就像一根木棍，沒有去鑽木取火，最後還是一根木棍。到底金錢是你的奴隸還是你是錢的奴隸？

　　我們的上一輩都生活得非常節儉，習慣把錢省下來，甚至有人會把錢

埋在地底下，卻沒想到錢竟腐爛了。很多的富豪把錢拿去買車子，拿去享受，最後可能什麼都沒有，甚至拿去買房子也可能什麼都沒有，但如果拿去做現在的事業，最後可能成為超級大富豪。

怎麼使用工具，如何讓你的錢變成可以擊退恐龍和打敗長毛象的武器，先算出你想要用這樣的工具過什麼樣的人生及生活，有什麼樣的花費，你要買多少西裝，多少套裝，多少皮包，拿多少錢孝順你父母，拿多少錢教育子女……把你這輩子想要花的錢全部都寫下來，把你今年想要花的錢全部寫下來，把你這個月想要花的錢全都寫下來，然後想辦法去賺，說不定因此你可以賺到更多錢。因為錢最不值錢，省下來也沒用。

最有錢的和最窮的人，錢對他們而言都只是數字而已。最窮的人已經過這麼貧困的生活，錢對他們而言只是數字，最有錢的人已經過這麼好的生活了，錢也只是數字而已。你要當哪一種呢？

讓錢真正的、徹底的當成工具，去奴役它，去使用它，去花它，去投資它，去享受它。有時說不定你會浪費它，生命可以浪費的美好的事物，有些錢也可以浪費在美好的地方，你說是嗎？錢是最不值錢的，把這個工具用好，人生才會快樂，而讓自己快樂是很重要的。

練習 POINT

喜歡錢，錢才會來找你，會用錢，錢就會給你用。好好想一下，這輩子到上天堂，多少錢才算夠用，每一年你要賺多少錢過什麼樣的人生？

不要想太遠、太宏偉、不要想又多又大的目標，走一步算一步吧

聽到走一步算一步，你可能會覺得這個想法很悲觀、很消極，多年前我上過的許多培訓課程常常教我們要設定目標、設定很多目標，我相信你也常常設定很多目標，甚至設定過宏偉的目標，被教導要寫100個目標、要寫1000個目標。

我曾經好幾年都這麼寫過，每次寫的過程都覺得很快樂，會越寫越快樂，感覺只要寫了就已經做到了一樣。剛開始寫不出來，但後來寫多了之後才發現寫目標也是一種陶醉。很多培訓課程教我們要寫很多的目標，這到底是對還是錯呢？

有一次我在一個影片中看到一個理論說：不要設定這麼多目標，因為設定這麼多目標，會讓你不知所措、會讓你沒有信心，反而更不願意去達成，每天活在幻影和空想當中。這兩種理論是相反的，有人說要寫很多目標，有人說不要寫那麼多目標。我曾經聽過一位很有名的企業家說過：他建議創業者一開始先不要訂宏偉的目標，要腳踏實地一步一步來。那麼，到底怎樣才是對的呢？事情沒有絕對的只有相對的，對某些人而言，或者某些階段而言，那是一種支撐自己可以活下去的一種動力。

我記得多年前我負債的時候，寫下很多目標，寫下未來要買什麼車子、住什麼樣的房子，要去哪裡旅遊，要開什麼公司，要有多少員工，要

賣多少產品，要寫書，要去演講，要去各個國家，越寫越快樂，在快樂的寫完之後，到處和別人分享，做公眾承諾，讓別人認為我不切實際，不腳踏實地，每天活在這種幻影中，然後過了五年、十年，變得很驕傲、很狂妄，甚至似乎瘋狂地以為自己所寫所想的這些好像都已經達成一樣。其實有時候走一步算一步，有時候先把今天過好就有明天，尤其是很多人在面對很多問題的時候，當他太過於樂觀，想像過於美好，不去做每天應該做的事，不去做日常生活應該做的事，不去做困難的事，只願意做一些簡單的事，好像感覺活在夢幻當中，覺得一切都可以實現。

一二十年前我記得有個朋友，他當時眼睛炯炯有神地對我說將來要成為福布斯（Forbes）的富豪，他要成為大富翁。過了幾十年我碰到他的時候，他並沒有太大的長進，卻還是跟我們說他要成為大富翁，要成為百億富豪。有的時候訂太大、太宏偉的目標反而會害死人，因為一般人是沒有辦法接受這種太誇張的公眾承諾，反而以為你這個人不切實，不願意和你交朋友、做生意，不願意和你一起工作，不願意和你來往。

靜下心來一步一步地去做

有些時候你可以把你的想法藏在心裡，寫寫想想就算了，還是要讓別人感覺到你是一個腳踏實地的人，不管社會再怎麼進步，科技再怎麼發達，我想人們都還是喜歡腳踏實地、心中有夢想的人。所以有時候先不要想那麼遠，先把第一步走好，先把第一關過好，先能夠活下來，先能夠走出第一步，就可以走出一條道路。但是如果只想飛，不小心飛起來了，也會跌得很慘，所以在走的時候好好的走。你可以想像你在開飛機，但是別因為在想開飛機的事，就把現在做的事丟在腦後。

　　不管你想要在生命中、夢想裡面完成任何的目標、計畫，有時候不要想太遠，有時候一步一步來，這並不是一種消極的表現，反而是對腳踏實地的一種勉勵。最重要是很多人在被一些書本、某些人、某些場合刺激之後，總是會很狂妄地告訴所有的人，未來他要怎麼樣怎麼樣，但是人很難看到那麼遠，而且大部分人做事情沒有方法、沒有恒心、沒有技巧，心態不好，所以大部分是沒有辦法成功的，而且大部分人也會用大部分的眼光看大部分的人，你能夠聽懂我的意思嗎？所以先不要跟大部分人說這麼宏偉的目標，而靜下心來一步一步地去做。你是創業的老闆、或者你是一名年輕人、或者你是二度創業的中年人，記得讓自己一步一腳印地做好每天該做的。每天組成了每個禮拜，每個禮拜組成了每個月，每個月組成了每年，每年組成了成功與失敗，一步一步腳踏實地的去做吧。練好基本功，才能夠去耍花槍，才能夠讓自己的武功真正更高強，不再只是花拳繡腿如此而已。

練習 POINT

　　設定不可思議的目標會有不可思議的結果，設定腳踏實地的目標會有腳踏實地的結果，設定可笑的目標叫路標，不是令人找不到方向，就是最後連路標都被拆毀。定下心來，寫下自己三個月、六個月的短期目標吧！

隨時看通訊錄的名單

我在27歲的時候重新出發，開始經營一家公司，那時候我的團隊成員本來有好幾百人，後來由於經營不善，缺乏經驗，員工紛紛離開，只剩下不到五個人，心裡非常沮喪痛苦。我記得在臺北忠孝東路的天橋下，我看著忠孝東路熙來攘往的人群，覺得自己到底該何去何從，該如何開始？是應該收掉公司，找個朝九晚五的工作，還是應該繼續下去呢？

從小到大我從沒有去一個地方上過班，如果假設去做個領固定薪水的上班族的話，那麼我永遠沒有辦法把負債還清，那是我小時候的想法，所以因為這樣的關係，我做的工作都是沒有固定薪水的，比如擺地攤、發海報，都屬於有做多少就可以領到多少，我在想我到底要怎麼辦呢？在我不知所措的時候，我翻看通訊錄的名單，把我所認識的人全部都寫下來，從親戚朋友、同學、鄰居、哥哥、姐姐、弟弟、妹妹、表哥、表弟，把所有過往小學同學、高中同學、專科同學，把所有我所認識的人，不管熟不熟，全部都列下來，邊寫邊看著他們的名字，一邊想像他有沒有辦法可以給我什麼樣的幫助呢？有沒有可以給我一些什麼建議呢？有沒有可能購買我的產品呢？有可能給我什麼最好的支持嗎？

記得當時我列出了兩三百人，列完名單之後，我一通一通電話打給他們，打給他們並不是要跟他們借錢或者有什麼目的，而是和他們聊聊天，

說說話，有些人很熱絡，有些人在忙，有些人很冷淡，有些人根本忘記我是誰了，有些人很熱情地問我最近怎麼樣了。與他們通完電話後，我就在旁邊寫下A等級、B等級和C等級，A等級就是對我非常熱情，可能有什麼新的靈感，或者有什麼可以合作的機會，或者是購買我現在販賣的產品，或者對我有無形或有形的幫助的人，都叫做A等級。B等級可能是剛好在忙，不過很熱情地和我問候，說有機會出來吃飯，問有沒有什麼需要幫忙的，或者是說他整個狀況沒有辦法馬上幫上我什麼忙，但是他給我很好的建議，對我還是十分友善的，這是其中一點。而C等級呢？就是態度冷漠，好像跟他說不上話來，這就是C等級。

一一條列出來之後，我發現A等級的人占了有七、八個，而C等級的人也大概占了有十幾個，普通一般的B等級大概占了全部。於是我就把A等級的其中幾個人約出來聊聊天，沒想到有些人幫我介紹客戶，有些人給我鼓勵，有些人提供給我一些很棒的點子，有些人幫我介紹人脈，於是我就這樣慢慢地重新出發，度過了困境，重新開始了。在你過往所認識的任何人，去積善德，去積善行，不管你需不需幫助，他們都有可能在某些時候給你有形或者無形的支持。這是第一次我這樣做。

 ## 貴人其實在身邊，想一想誰能幫我呢？

後來我從臺灣到中國大陸來發展的時候，我也如法炮製。只是當時在中國認識的人很少，幾乎沒有認識什麼朋友，但是透過臺灣的朋友，他們的朋友，或者朋友的朋友，或許就有人認識大陸的朋友。至少他們比陌生人要熟悉些，透過這樣的關係，我開始切入中國市場，但是過了一兩年之後，有一個機會我又重新開拓了另外一家公司，進入另外一個不同的領域，除了講課之後，又協助大中小型的企業做諮詢、做顧問，現在甚至拓

展到其他國家演講，做管理顧問，舉辦培訓課程。

這還要歸功於在四、五年前，我在重新啟動新項目的時候，又再次如法炮製，把在大陸累積下來兩三年的人脈，全部都列出來，把通訊上面的名單一個一個找出來，如同在臺灣的時候，我又重新打一次電話給他們，剛開始也不存在什麼特殊的目的，只是發發短信，打打電話，聊聊天，但是一樣把對我態度很熱情的，可能有任何有形無形的資源的人，能向他們尋求一些幫助，尋求一些協助，把這些人列為A等級。再來列出來B等級和C等級，沒想到列完之後，和在臺灣列的比例是差不多的，A等級的人占少部分，C等級的人多一點點，B等級的人占最多。然後我又打電話給所有A等級的人，一一地去拜訪，沒想到，同樣的狀況比之前更好。於是我就開始擔任更多大型企業的顧問，或者是同行業的顧問諮詢。再度把市場從上海拓展到深圳，拓展到瀋陽，拓展到山東、內蒙、杭州等等，拓展到中國大陸的大中小型城市。然後又重新開始拓展到其他國家。這完全歸功於當時把通訊錄拿出來，一個一個電話打，過濾一遍，列出ABC等級，找出可能合作的物件。

所以一個人要成功，在各個領域上面並不是說你有多棒，你多有能力，你要去思考誰能幫你，誰能幫我呢？沒有人能告訴你，你只能用這樣的方法找出可能和你有交集的人，然後重新出發。

經過一次一次溝通，你可能就會發現新的商機，生意是談出來的，錢是滾動起來的才能賺得到的，人脈就是錢脈，人脈就是命脈。有時候認識一個人可以救你的命，你認識一個人，可以打開一個市場，有時候認識一個人，你的生命就會有巨大的改變，就像我最好的合作夥伴，也是這本書的幕後功臣，王鼎琪老師，是我結識將近十年的朋友，中間一段時間因忙而沒有太多的連結，但是重新見面後，她開啟我很多不同方向的思維與國

際化的啟發，我已移居上海很久，目前重心全在中國發展，鼎琪老師協助我打開了臺灣以及拓展美國等地的市場，接下來還會和她一起拓展全世界各地的市場，所以認識一個人，就像一個支點一樣，可能可以撐起一片天，目前你之所以還沒有達到你所想要的那樣的成功，就是因為你少了一個人，而那個人是從哪裡開始呢？就像前文所談到的通訊錄一樣，當你需要幫忙的時候、不知所措的時候，就用這樣的方法，相信一定會有令你意想不到的事情發生。

等級（ＡＢＣ）	姓名	手機	備註
1			
2			
3			
4			
5			
6			
7			
8			
9			
10			
11			
12			
13			
14			
15			
16			

17			
18			
19			
20			
21			
22			
23			
24			
25			
26			
27			
28			
29			
30			
31			
32			
33			
34			
35			
36			
37			
38			
39			
40			

41			
42			
43			
44			
45			
46			
47			
48			
49			
50			
51			
52			
53			
54			
55			
56			
57			
58			
59			
60			
61			
62			
63			
64			

65			
66			
67			
68			
69			
70			
71			
72			
73			
74			
75			
76			
77			
78			
79			
80			
81			
82			
83			
84			
85			
86			
87			
88			

89			
90			
91			
92			
93			
94			
95			
96			
97			
98			
99			
100			

步驟1、列出名單

2、電話過濾等級

3、約出來面談

4、誰能幫我？

練習
POINT

　　原來黃金與鑽石顧客與貴人名單就在你手機裡！找人得幫助
其實沒有這麼難，聽話照做吧！列出通訊錄名單，請開始！

生存法則 *18*

不要用忙來當懶惰的藉口

　　上班族的生活是很忙碌的，早上七八點鐘起床，忙著洗臉刷牙，忙著趕公車、捷運，忙著吃早餐，忙著整理文件，忙著回電話郵件，然後忙到中午就吃飯。吃飯的時候人很多，排隊排很久，然後匆匆忙忙吃完，又急急忙忙回到公司，然後繼續做老闆交待的事，有時候忙著和公司的客戶聊天，有時候忙著和公司的同事溝通，有時候忙著回電話，有時候忙著和家人回覆一些私事，有時候忙著和另一半吵架，忙亂中就到下午五點鐘，再匆匆忙忙的搭車回家，回家途中在附近的餐廳草草吃個飯，然後匆忙地回家，回到家的時候已經八九點了，然後急急忙忙地去洗個澡、聽音樂、看看電視，匆忙地上床睡覺，就這樣過了一天。如此一整個月，匆匆忙忙的三十天，但是卻沒有賺到什麼錢，存到什麼錢。我不知道你是否曾有過這樣的感覺，你是否回想每天的生活點點滴滴就是這樣呢？

 ## 你瞎忙了嗎？

　　有些當老闆的人，每天匆匆忙忙地和客戶見面，匆忙地出門，匆忙地跟員工開會，忙得昏天暗地，甚至凌晨12點鐘才拖著疲累的身體回家，隔天又匆匆忙忙地起床，日復一日到月底，猛然發現公司的業績並沒有很大的成長，甚至是負成長的。感覺自己每天忙得要死，怎麼卻沒什麼收穫

呢？一年清算下來好像沒有賺到什麼錢，或者是存到什麼錢。當學生的你匆匆忙忙地考試，匆匆忙忙地念書，匆匆忙忙地趕作業，匆匆忙忙地做著所有的事情，最後卻發現好像沒有什麼大的成果，做業務員的時候，我自己也匆匆忙忙地談客戶，然後趕車，趕一站又一站，馬不停蹄地做很多事，最後發現並沒有得到自己預期的結果。

所以忙是不是有結果，努力會不會有結果，感覺自己很忙、感覺自己很努力，卻不知道到底會不會有好的結果。在學校讀書的時候，如果隔天要考數學，而我們非常努力地晚上熬夜苦讀到凌晨4點鐘應付隔天的考試，最後發現考試不但沒有考好，而且還考了五十分，離不及格還差很遠，甚至你發現老師考的是數學而你準備的是英文，連方向你都搞錯了。

在我們的生活中是不是很忙，又不知道在忙些什麼？很忙卻沒有結果，很匆忙卻不知道這樣到底是為了什麼？有些人忙只是在逃避，幫自己尋找一個合理化的理由，應該要想一想到底要怎麼安排每天的工作。我給自己的建議是：問自己一個問題，到底我今天要的結果是什麼？我做這件事想要得到的目的是什麼？到底這個月我是想要達到什麼樣的結果。依照結果整理出我要做的過程是什麼？我每天該怎麼樣計畫，我該怎麼忙？我該做哪些事是跟目標結果有關係的，人事物當和結果沒有關係的時候，我是不是可以去避免，儘量減少去花時間，而全部專注在有生產力的事上面，全部專注在做跟自己的目標結果有關係的事呢？如果假設盲目地忙了這麼久，還是不知道怎麼辦，是不是可以去問一下那個已經完成我希望的目標的人呢？問問他到底用什麼樣的方法、方式能做到我想要的結果的。

當學生的人忙著看書，是不是真正有考出好成績呢？上班族忙著工作，是不是能夠讓老闆賞識呢？當家庭主婦的你很忙，是不是可以得到孩子的尊重，能不能把孩子教育得很好，能不能得到另一半的支持呢？當老

闊的你很忙，但是否能產生好的績效，成為國際化的集團，能夠成為上市公司呢？做業務員的你很忙，但是能不能找到精準的客戶，能不能對症下藥，能不能找到目標客戶，能不能選對池塘釣到大魚呢？我們的人生經常很忙，回顧過往卻又不知道在忙些什麼，光忙是不夠的，要知道在忙些什麼？要知道怎麼樣忙才能獲得我們要的結果。

永遠只處理重要的事

我的學員經常問我的一個問題是：我好想報名參加你的課程，雖然學費很貴，但是我想要交這個學費，我覺得可以學到很多東西，但是我最大的問題是，我沒有時間。你是否曾聽過要給古老的故事，就是不斷的砍柴，但是沒有時間磨斧頭的那個樵夫的故事呢？不是你要做多少事，而是你必須要砍掉多少事不要做，而總是撿那種重要的事去做，如果現在不做重要的事，沒多久重要的事就會變成緊急的事，所以永遠只能處理緊急的事，重要的事沒做，等到重要的事變緊急的時候就來不及處理了。緊急的事是現在不做就會出問題的，重要的事若沒做，緊接著就會出問題了，如果我們持續不斷地做那些重要的事，那麼就永遠不會有緊急的事情產生，比如說學習，比如說去得到更多的資訊，比如說在學習的時候，自己好像沒有在做你本來要做的事，但是學習之後你就會更知道什麼是重點。我們看到有些人在學校念書時，考試成績非常好，但是看書的時間並不多，原因是因為他總是在考試之前複印了別人的筆記，閱讀別人筆記的精髓，反而考試考得好，所以你必須要知道你在忙些什麼，效率、效率、效率！生產力、生產力，生產力！

做業務員最有效率的事是面對客戶，不是整理資料。你的行業、你的

工作、你的崗位最重要的事是什麼呢？有時候我們明明知道要做什麼事，卻不願意去做那些事，原因是最重要的事往往也會有比較大的壓力，選擇先去做無關緊要的事，往往是欺騙自己的理由和藉口，現在就問自己，你自己該做哪三件事是最重要的呢？其中有一點去學習，去上課，去看書，這些都是很重要的事，因為避免犯錯就是成功之道，因為避免犯錯就是公司的成功之道，因為避免犯錯就是人生的成功之道，當別人犯錯的時候，你沒有犯錯，那麼你就能比別人走得更快。所以有時候成功並不是比誰做對比較多事，而是誰少犯了更多的錯。學習、上課、看書，就像你現在在看書一樣，避免犯錯就可以讓自己忙得有價值、有效率，你可以忙，但是要有結果。再確認一次，到底你現在所做的事是要得到什麼樣的結果？

練習 POINT

常常說忙的人是因為時間管理、效能管理出問題，現在學會說不忙，但卻能產出最多效益的人，才值得人佩服。請寫下你現在正在進行的工作，與你預計達到的結果。

生存法則 *19*
不要面子要裡子

　　我認識很多各行各業，大大小小不同的老闆，從臺灣到中國、香港、美國、日本、韓國、新加坡、馬來西亞等各國形形色色的老闆都有。由於工作的關係常常和他們交流，有時他們是我的學生，有時他們是我的朋友，有時他們是我的老師。洗淨鉛華，千帆過盡之後，我最深刻的感覺是有些人在創業失敗後就再也爬不起來了，失敗的原因有很多，其中有一點是很多人喜歡裝修門面，喜歡舒適的辦公室、辦公桌、辦公椅，好的門面。他不管公司到底有多少錢，有多少的進帳，甚至不會把業績放在心上，他很重視硬體設備，重視的是名片上的頭銜，因為他覺得面子最重要。

　　隨著認識的人、結識的朋友越多，我越加發現俗話說的「死愛面子活受罪」這句話真的一點都不假。有些朋友開著賓士車，穿著筆挺的西裝，卻口袋空空，每天跑銀行調頭寸，明明資金短缺，卻還是堅持要開賓士車，堅持要租好的房子，堅持要買名牌服飾，不惜把信用卡刷爆，一而再再而三的把信用卡刷爆，運用信用卡循環利息的方式來繳款。

　　其實，會搞到被信用卡催款的人大部分是愛面子的。當我們在刷信用卡的那一剎那，我們心裡知道是要還款的，知道那一天可能就在一個月之後，有人還會刷第二張信用卡來還第一張信用卡，這樣挖東牆補西牆的方

式，有一天會沒牆可挖，所有的牆都會倒塌。雖然知道這件事，但是很多人會逃避現實，認為這些事好像永遠不會發生一樣。在我們收到銀行催繳通知單的時候，才逼著自己必須要去繳錢了。有些人最後甚至收到了法院的通知單，那可能都是在半年一年之後。為什麼在第一筆消費之後不知道這件事呢？因為他們非常愛面子，愛逃避現實，忘了原來最後是要還錢的。其實他們也不是忘記，是選擇性的失憶。

我相信每個人的人生際遇都有高低起伏，難免會有跟錢過不去的時候，有時候一筆錢真的會逼死一名英雄好漢。為什麼英雄好漢會被逼死呢？因為有些英雄好漢不是英雄好漢，只是愛逞兇鬥狠的狗熊。他們只要面子卻不顧裡子，在我看來，裡子比面子重要多了，因為有裡子，久了之後就會有面子；但是如果只要面子，久了之後連面子都顧不住，當然也沒有了裡子。

放得越低，跳得越高

不管做什麼事，我都非常地注意、非常地堅持：可以不要有面子，但是一定要有裡子。我不斷提醒自己：凡事放下身段。我認識很多五六十歲的中年人，他們可能曾經有過不錯的輝煌成績，有過令人羨慕的績效，可能有過一段非常風光的日子。當他們沒有注意到一些事情的時候，他們的好運以及美好的時光過去了，他們想要再出發，卻往往忘不了過去輝煌的日子，每天都在想當年，回憶過去自己到底有多輝煌，甚至好像永遠不願從美夢中醒來，繼續維持自己高高在上的樣子，沒辦法真正徹底地放下身段。

我曾經示範過一個放下身段的活動，就是自己趴在地上往前爬。有些

人認為自己已經放下身段了，其實那只是彎下腰，並沒有蹲下來；有些人認為自己已經放下身段了，但只是蹲下來並沒有趴下來。其實，放得越低，跳得越高。你要從十樓的三樓下來一樓，才有辦法爬到另外一層樓的五樓，所以下來很重要。不願意下來，就永遠上不去，不願意放下身段，永遠起不來。不願意重新出發，永遠沒辦法再創輝煌。只要面子而不顧裡子，有一天可能會大難臨頭，大難臨頭的時候，終究還是丟了最大的面子。不管做生意，還是做人，還是身處於任何的角色，我的建議是隨時回想當時自己在最低點的時候，那個連面子都不要的自己，那麼艱難的時刻你都熬過來了。當你過得比較好的時候，就不會還想只顧著面子了。

有些人雖然有短暫的輝煌，卻永遠只是輝煌的短暫。因為沒有辦法重新出發，沒有辦法放下身段。現在就請你慢慢寫下四個字，慢慢的寫，慢慢的體悟，慢慢的體會：放！下！身！段！

只有放下身段才能徹底得到裡子，而不只是面子。大聲的告訴自己：我要裡子！不要面子！來，請認真、用心地重複10次。

練習
POINT

要了面子輸了裡子，輸了裡子輸了銀子！請想一想，你要如何進行放下面子的練習，你要怎麼做才可以放下身段？

寧為牛後，不為雞首

　　我認識很多人，他們真的很不適合當老闆，真的很不適合當領導者，不適合帶頭做事。如果他們是別人公司的員工，是公司的第二把交椅，他們如果是跟隨者，是被領導的那個就非常成功。人最重要的不是知道自己會什麼，最重要的是知道自己不會什麼，當認識到自己不會什麼的時候才能把事情做到最好。

　　你想想看，如果孔明不去當軍師，跑去當皇帝，他能當好皇帝嗎？有些市長沒有妄想去爭取當總統，是因為他當市長的表現更好，說不定他當了總統之後就完蛋了呢，因為他本身並不適合當總統，只適合當市長。有些被領導者不適合當領導者，可能適合當軍師、當後勤、當秘書，這些他會做得非常傑出，但是他卻跑去當老闆，跑去創業，最後死得很慘，甚至禍延子孫，延連三代。知道自己會什麼之外，還要知道自己不會什麼；知道自己能做什麼，更要了解到自己不能做什麼。這真的很重要。

　　有個朋友，他是某公司非常傑出的高階主管，是副總經理，在公司表現非常好，年薪幾百萬，加上股東分紅甚至可以達到上千萬，生活過得非常優渥。但是他偏偏耐不住寂寞，忍不住誘惑，跑去創業，並帶走了幾個和他交情不錯的客戶，自立門戶。結果由於他的個性真的不適合創業，因為他是浪漫型的，銷售攻佔市場能力很強，但是創業並不只是攻佔市場很

強而已，開公司並不是把業績做好就好了，還有其他的問題，比如產品研發，比如財務報表，比如後勤及公共關係……等一大堆你想像不到瑣碎的小事，不是有業績就好了。他創業沒多久就把所有賺的錢都賠光了，並且一蹶不振，一輩子爬不起來。後來積勞成疾，一生都過得非常不好。試想如果當初他不去創業，仍然是人人羨慕的高階主管，生活優渥，子孫滿堂，幸福快樂。

 ## 要知道自己不能做什麼

去找到自己的天分，找到自己的熱情，找到自己能做什麼，自己不能做什麼，非常重要。有些人天生就是領導者，天生可以領導萬軍；有些人天生就是被領導者，可以像關公一樣，在劉備底下做一名偉大的武將；有些人是孔明，可以出謀劃策，成為最棒的軍師。

認清自己的位置。試問你適合當老闆嗎？你適合當別人的員工嗎？你適合當別人的太太嗎？我們看到有些連續劇裡的一些角色做別人女朋友甚至情婦，做得非常好，但是當她真正想成為別人太太的時候，反而做得不好。

記得我成立公司時年紀還很輕，是做銷售、業務的一把好手。開了公司之後才發現原來事情並沒有那麼簡單，生意一蹶不振差點就倒閉了，應該說在倒閉的邊緣，還好重新出發，及時爬起來。認清自己的個性，認清自己的性格，有時你的個性會救了你，有時會害了你。有些人會成為研發高手，有些人可以在家工作，有些人可以創業成功，這是因為他們認清了自己能做什麼不能做什麼。

現在就把它寫下來，告訴自己能做什麼事，並列出10項以上，不能

做什麼事，列出10樣以上。要嘛找人互補，當找不到人互補的時候，就安安分分地做自己目前的事，把現在的事做到最好，或許是最幸福的。

不見得每個人都要成為大富翁，不見得每個人都要有一番大成就，不見得每個人都要做大官，不見得每個人都要創業做大老闆，把自己能做的事做到最好，其實比盲目的野心，盲目的企圖心，更能追求到更好的人生。不然有時犯了一些錯，做錯了一些事，可能就一生追悔莫及，一輩子都來不及重頭再來。

練習 POINT

找到自己的天才，放對地方，發揮自我優勢，你將無所不能。寫下你自己最擅長的10項天才與10項蠢才，並且找出能與你互補的人，並列出他的名字。

生存法則 *21*
人生第一堂課是生，第二堂課是活著，第三堂課是死

　　我們來談一談生的問題。你是什麼時候來到這個世界上的呢？你有沒有留著那個時候的照片呢？你還記得父母親告訴你在哪裡出生？在哪裡成長？你對你的人生家庭是否滿意呢？你對自己出生的家庭是感覺到幸運、歡喜、快樂、悲傷，還是充滿了抱怨呢？不管如何我們沒有辦法選擇出生。

　　在課程中，我曾問過學員一個問題：為什麼人會窮，有一個很重要的原因就是，他的爸爸很窮，為什麼爸爸窮呢？因為他的爺爺很窮，為什麼爺爺很窮呢？因為爺爺的爸爸也窮。所以有時候窮會窮好幾代，要翻身是很困難的，人是環境下的產物，我們有時候會看到有些有錢人的兒子，長大後娶了一個更有錢的人家的女兒。有錢人家的女兒，長大後嫁給一個另一個富豪家庭的兒子。姑且不算他們生活是否幸福美滿，能不能長久下去，不知道他們的感情到底好不好，也不知道他們之

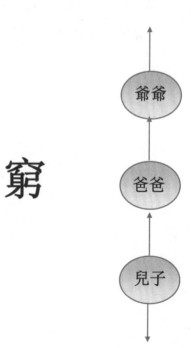

窮

爺爺

爸爸

兒子

間有沒有政治聯姻這層關係，這樣聯姻時有所聞。所謂的王公貴族，才子佳人的結合，能讓富者越富，好的會更好。

或許我們會覺得這些事和自己無關，或許會覺得這些事太不公平，可是這些也不是我們能夠想像或是能夠改變的，因為出生的背景、家庭、國家是你無法改變的。但是富人有富人的煩惱，窮人有窮人的煩惱，如果可以選的話，我寧願你選擇有錢人的煩惱。有些國家長期戰亂、饑荒，有的人從出生到死亡，或許永遠沒辦法接收到能改變他們命運的資訊，或許他們這輩子也看不到這本書《生存力》，他們可能連活下來都很困難，他們可能長期處於饑餓、貧窮、戰亂，不是他們比較笨，也不是他們智商比較低，而是因為他們沒有辦法接觸到足以改變他們命運的一些資訊。

相同的道理來講，有些人可以接觸到改變自己命運的資訊，但是不願意去改變，因為人都有可能改變自己的命運。我記得我看過一部電影《楚門的世界》，這部電影給我很大的啟發和幫助，劇中的主角叫做楚門，他出生在一個叫做景德鎮的地方，事實上這是一個小島，這個小島是導演安排的，有5000架攝影機。這是導演做的一個真人TV Show，主角只有一個就是楚門，記錄楚門出生、成長、工作、生活，島上的其他所有人都是配合的演員，楚門生活的每一天都被全世界人在電視上觀看。偶然有一天有一位漂亮的有勇氣的女孩告訴他，這都是導演安排的，他可以逃出這樣的命運，終於他下定決心要逃離這一切。但是因為幼時他曾落水過，所以他對水有很大的恐懼。而小島的盡頭也就是出口的地方，卻被海水包圍著。楚門歷盡千辛萬苦，不管海上被導演設置了狂風暴雨，大浪，他甚至落水，但他還是不畏風雨，划著船堅持走到了小島的盡頭、攝影棚的盡頭、小島的出口，最後做了一個謝幕的動作。他改變了他的命運。他離開了被設計的人生。

你想要成為一個什麼樣的你

試問你是否對自己的工作不滿意，對你的家庭不滿意，對於一切你不滿意的地方，說不定這就是上天安排導演幫你設計的地方，你可能生活在臺灣、大陸、美國……你可能生活在世界不同的角落，或許這就是導演幫你安排的一齣戲，事實上你可以突破命運的枷鎖，你現在一切的恐懼，說不定都是導演安排不讓你成功的阻礙，其實你可以划著船，不畏風浪、突破舊有的生活，重新開始新的人生。改變人生中舊的故事，你想要什麼新的故事，重新書寫新的故事。因為你就是人生中的導演，你可以安排自己的命運，你可以突破生命的枷鎖。雖然你沒有辦法決定「生」，你卻可以想辦法改變自己的命運。

人人都終將一死，你是否問過自己：在你死亡的那一天，在人世間走過的那一遭，子孫要幫你刻墓碑的時候，上面要寫上一行什麼字呢？是要寫你對社會有貢獻、對家庭有貢獻，是孝順父母的、關心自己子女的，還是一文不值的，還是根本不知道要寫什麼？或是根本沒有人記得你，或者是認為不要有你的存在和出現，你應該早點離開這個世間才會給人們帶來快樂。到底你想要成為一個什麼樣的你呢？

第三課就是死亡。在第一課和第三課中間，第二課活著占最長的時間。而活著如何讓自己活得下去，活得好、活得精彩，活得對自己和別人都沒有懊惱和遺憾呢？就是改變自己的命運，如果假設你不滿意自己的命運；就讓自己的命運更完善，如果你很滿意目前的命運，那就去幫助更多人，去讓自己的人生更精彩。

試著問你自己的人生使命到底是什麼？你活著的目的到底是什麼？你到底對自己的生命做了什麼更多更好的改變，你能對別人的生命有什麼更

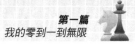
多更好的改變。幫助自己改變，也幫助更多人改變，想辦法變得更好，不管你現在好或不好，你都可以更好，你都可以比現在的自己更好，不是嗎？

練習
POINT

生與死你都沒有辦法決定，但是你可以決定想要怎麼活？請寫下活出生命力的20種活法。

生存法則 22
緊緊抓住和你互補的人

劉備幾十年都沒有辦法與曹操相抗衡，直到三顧茅廬找了孔明之後，才迅速壯大，取得三足天下的實力。

你的生命之中是不是因為缺少了一個人，才會讓你對於自己的工作、事業，甚至對你的家庭，讓你感覺到不夠滿意，不夠成功，不夠好呢？

在你的公司、企業裡面是不是少了一個人，才讓你的公司沒有辦法突破，甚至做的越來越糟、越來越差。

在家庭裡面是不是因為你少了一個人，才會讓你覺得家庭不夠幸福，不夠和樂，不夠美滿呢？

在你的工作上是不是少了一個人，才會讓你感覺到工作不夠順利，沒有辦法越做越好呢？

事實上，在事業上，你感覺少了一個人，那個人是誰呢？就是可以和你互補的那個人；在家庭裡面少了一個人，那個人是誰呢？那個人可能是你的兒子、女兒，說不定有了孩子之後，你們的家庭關係更好了。那個人是誰呢？那個人可能是你的工作夥伴，在工作上因為你少了一個人跟你互相搭配，所以你感覺你的工作不夠順遂，沒辦法升官、加薪，得不到老闆的賞識，如果你經營的是一個店面，可能你少了一個店長，可能少了一個副店長，或者你少了一個廚師，讓你的餐飲店，讓的花店，讓你的咖啡

店，好像經營得不夠出色、不夠好，甚至面臨一些危機。

在每個人的生命當中，都需要有人跟你互補搭配，需要有人和你一起討論。有一句話說，酒逢知己千杯少，話不投機半句多，還有一句話說打虎抓賊親兄弟，作戰還需父子兵，為什麼會有這樣的說法呢？更有人說，夫妻一條心，泥土變黃金。兩顆原子撞擊在一起才會產生威力，如果兩顆原子永遠平行的話，那麼原子彈就不會被發明。所以你現在所有的一切感覺不夠好、不夠順遂，可能不是因為你的才華不夠，你的能力不行，不是因為你的產品不好，也不是因為你的哪一方面有問題，而是少了一個可以跟你搭配和互補的人。

對的，有的人才華洋溢，有的人一生有很多的本事，但仍然過得窮困潦倒，孤苦伶仃，就是因為少了一個跟他搭配的人，就是少了和他合作的人。我的生命中，很慶幸每個階段都有某一個人跟我搭配。當我創業的時候，他和我成為最好的事業夥伴，我負責領導，他負責市場，比如說在我從事業務銷售員的時候，有人幫我約人，我就負責談客戶；我負責約人的時候，他就幫我談客戶。比如我負責和客戶溝通，他就負責成交。比如他負責把客戶找來，我就負責收錢。比如說我負責寫書，就有一位合作夥伴、也是很好的朋友，王鼎琪老師幫我去蕪存菁，做最好的統整，重點的截取。你的生命中如果沒有一個合作物件，沒有一個合作夥伴的話，那麼將很難有所成就，在各個方面都是如此。

在事業上你必須要有一個跟你搭配的人，我的每次演講都有最完美的主持人在幫我；當我講完課之後，都有人幫我做最完美的總結。有時候我也會幫別人做主持，做總結。因為人只有互相搭配才可以產生你無法相信、無法想像的效果。

我們都知道1＋1在有些時候是大於2，為什麼呢？因為1＋1本來是

2，但是因為你有一個點子，我有一個點子，我們碰撞出來可能就是一堆點子。有些人個性內向，有些人個性外向。內向的人可以負責後勤，外向的人則負責業務。有些人喜歡打電話和別人溝通，有些人喜歡見面和別人溝通，搭配起來又有電話的又有可以談的。所以為什麼中國的社會之前是男主外，女主內，雖然現在男女平等，不見得是男主外、女主內。但是這種搭配也是成功很重要的一個原因，我看過很多夫妻檔創業成功，我看過有些情侶檔一起工作，摒除感情失和的問題之外，其實在於工作搭配裡面是會產生最好的結果。

1+1+1+1+1=11111

一本書上面寫著：成功沒有捷徑，如果要說唯一的捷徑，那麼就是與人合作，現在你在工作上是否找到有人和你搭配呢？現在你在事業上是不是找到有人和你互補呢？你在家庭裡面是不是有人和你共同扮演不同的角色呢？去用心找一個和你搭配互補的人，並且把這種方法變成一套系統，變成一種科學化的方式，我相信就能讓你的人生產生意想不到的結果。或許你努力一輩子，都不如找人和你的搭配一陣子。

我的課程裡面有教人如何系統化地去找人，讓人如何系統化地找人搭配，大量系統化地找到大量和你互補的人，而科學化變成一套系統，當你在各個方面能夠成為一套系統的時候，那麼就可以標準化，當標準化的時候，就可以量大，量大的時候就能複製，能複製就能夠產生更大的效益，所以如果沒有和你互補搭配的人，請你努力想盡辦法去尋找和你搭配的人。如果這樣的人已經出現了，那麼請你好好珍惜和他的緣分，共同一起努力。分一些利潤出去，不要害怕分錢給別人，因為越分，得到的也會越

多。如果假設自己想要賺100%，那麼自己就要花100%的力氣，如果自己能夠少賺一些，把時間騰出來，能夠讓別人也賺一點，如果有100個這樣的人，那麼你就能賺更多。

合作是能夠讓你致富賺更多錢的方法，想辦法找到和你互補的人，不斷地去找，用心地去找，系統化地去找，去學習怎麼找，而如果有的話，請珍惜和他的關係，請常常送他生日禮物，經常和他聊天溝通，成為真正的好朋友，創造共同的價值。人生在不同階段，可能會有不同的互補對象，你必須要不斷學習尋找各種不同的人，成為你人生中不同的互補對象，讓生活更美好，活著更快樂！

練習
POINT

學會與人合作可以瞬間生出更多的優勢、時間、能力、財富……等等。

請試著寫出你最想與誰合作的名單。

生存法則 23
收到錢才是真的

在我擔任老闆，又同時負責銷售市場的時候，很多的業務員都曾這樣興奮地對我說：「洪總，我下個月會收到一筆客戶的錢」，或者說「我下個禮拜有一筆客戶的錢要進帳」，或者是說「某個客戶答應要購買我們公司的產品了」。當他們這樣跟我說的時候，我都會很平淡地回覆他們一句：「收到錢再說」。

有時他們會覺得我怎麼就不給他們一些鼓勵呢？似乎我應該跟他們說：「哇，太好了，你表現得太棒了！你真的做的很好！」但是我是不會這麼和他們說，為什麼？因為他們只是認為客戶可能有這個意願，客戶有這樣的想法或者說客戶答應他們什麼時候要簽約、要購買產品，但事實是，客戶卻還沒有真的付出行動。

其實，人是很善變的，變化是很快的。今天口頭說好，搞不好明天又說不要了；今天說要去做，明天可能就不行動了。人們的想法太多太複雜，人心太難測了，所以真正收到錢才是真的。只有真的把錢拿出來，把卡刷下去，才代表對方真的願意購買你的產品。其他的一切都代表對方還在考慮、在敷衍或者是心中根本就不要，只是不好意思說NO而已。尤其是華人的世界裡面，會常常不好意思拒絕別人，不好意思把話講白，說話總愛繞來繞去。今天跟你說好，但是心裡想的卻是不見得要買，你自己是

否也有過這樣的經驗呢？所以不管任何人跑來跟我說任何話，我都會想瞭解一下是真的還是假的，因為我們常常聽到別人敷衍別人，我們自己也常常會敷衍別人，到底是真的假的很難做判斷。不是我們非常的現實，見錢才會眼開。比如有一個男人跟你說他很愛你但是沒辦法跟你結婚，他真的很愛你，但是確實沒辦法跟你結婚，因為他要娶另外一個人。你覺得他真的愛你嗎？他心裡可能有別人、別的想法吧？什麼都是假的，只有結果才是真的，是不是最後能夠驗證事實的東西才能代表真假，你說是嗎？

什麼都是假的，只有結果才是真的

如果你從事的是銷售業務工作，請你不要相信客戶對你說下個月，下個禮拜，明年要給你錢，要跟你購買產品。如果你是一個女人，請不要相信男人對你說他下輩子會對你很好，或者是下個月會好好補償你，或者說很愛你卻不能跟你結婚。如果你是一個上班族，也不要輕易相信別人給你的承諾，包括你的老闆，包括你的上司，並不是我們要多疑，而是我們要看到證據，看到事實。當證據和事實還沒看到的時候，或許我們可以選擇相信，當結果不如你預期的時候，你也不用太難過，可能事實不如你預期，但總是要往好的方面想，做最壞的打算，不管你做的是什麼樣的工作，不管你做的是什麼樣的事業，請你永遠記得一件事就是：收到再說。收到錢才是真的，不然一切都只是一個過程，都還沒有驗證是事實及結果。

在公司初發展的時候，或者是公司在經營擴張的時候，或者是去一個新的地區開發的時候，或是新產品進入新市場的時候，通常如果沒有收到錢，就不代表這個工作是順利展開。因為每個月我們要付水電費，要支付

瓦斯費、置裝費、網路費、房屋貸款費、小孩的教育費、辦公室裝修費、公司租金，甚至要付家用，要給小孩零用錢，還要給父母錢讓他們過更好的生活，可能還要買車子付車貸。這一切他們也會認為收到才算數，不然他們也不會把車子給你，房地產公司沒收到錢不會把房子過戶給你，相同的道理：他們也都認為收到再說。但是華人通常不好意思開口，或者是不好意思把這件事情說清楚講明白，心裡卻是這麼想的。如果要活下來，記得這件事：收到再說。收到錢才是真的，不然一切都只是一個過程，都還沒有驗證為事實及結果。

練習 POINT

收到錢才是硬道理，勿信顧客說的每一個拖延。走出去，把錢收回來。請試著列出自己收不到錢的問題

最節儉的人最浪費，最奢侈的人最省

　　我們的長輩或許有些人非常的節儉，在夏天很熱的時候也捨不得開冷氣；他們捨不得買車，明明很有錢卻還是覺得坐公車就好；他們捨不得把房子重新裝修，認為能住就可以了；他們捨不得買衣服，認為穿十年也無妨。其實有時候省下的錢永遠沒辦法讓我們致富，沒辦法改變我們的生活或生命。

　　試想如果一個人拿一萬元當一個月的零用錢，你覺得這個人浪不浪費呢？如果一個人一個月的零用錢是十萬元，你覺得這個人浪不浪費呢？如果有人一年花一百萬去旅行，你覺得這個人浪不浪費呢？答案是不一定。

　　如果一個月花一萬元的人，而他一個月的收入只賺八千，那他是真的是浪費；如果一個月賺100萬，花10萬的人或許他沒這麼浪費，反而比一個月賺8000花一萬的人更節儉。如果一個人一年賺3000萬，卻花100萬去旅遊犒賞自己，我覺得他也算節儉了。這裡我們並不是說要無緣無故地浪費，浪費糧食，浪費金錢，甚至亂花錢，筆者想說的是賺錢與花錢的比例，才能認定一個人到底省不省。

　　古人說：「勤儉致富。」我並不是不贊同這樣的說法，我非常贊成這樣的說法。但是勤儉要看怎麼樣的勤儉，怎麼樣的勤勞，如果假設像前文所說的──賺很多錢，花一點點錢去享受，我覺得這個人是非常節儉的。

如果有些人看起來光鮮亮麗，打扮得非常得體，甚至全身穿戴名牌，但是卻口袋空空沒什麼存款，只是把錢都花在買一些奢侈品，這個月的錢還沒賺到就把錢花光了，甚至預支信用卡去花費一些不該花費的錢。雖然感覺起來他花的錢並沒有像有錢人這麼多，但其實我覺得他更浪費。所以有時把錢省下來並不是節儉的表現，是要看你把錢花在什麼地方。例如十年前你狠下心來買房子現在就賺錢了，假設那個時候不把錢花出去，而是把錢省下來，那麼到現在你所省下來的錢卻因為通貨膨脹的關係，反而變得更少。

有些學員來上我的課程，花了很多錢來學習，就像以前的我，包括現在也一樣，甚至未來我都要花更多錢去學習，去上課，去得到更好的諮詢。買書、買光碟，對自己做更多的投資。你知道你所做的投資在未來可能會有回報的，就算這個投資損失了，你也不會活不下去，過不下去，這樣的投資就非常值得。尤其是對大腦的投資是最值得的。

我們知道在這個時代，美國是全世界的龍頭老大，可以說是目前世界第一強國，至少在經濟上面的確是如此。美國人非常重視軟體，而中國人非常看重硬體。華人的社會是喜歡買一些看得到的，尤其是我們投資做生意的時候，我們喜歡買廠房、買設備，裝修店面，租辦公室，認為這些硬體設備的投資我們至少看得到，這種「至少看得到」的想法不知害死多少人？美國的電腦公司委託中國工廠做硬體設備，最後美國蘋果公司賺10元，中國代工的工廠可能還賺不到1元。生產電腦是看得到的，而研發是看不到的。為什麼看不到的比看得到的更值錢呢？指的就是投資自己的大腦，投資軟體，他的報酬率以及他所賺到的錢一定比硬體更多，但是很多人在做生意在做很多事情的時候，都只相信看得到的，不相信看不到的。

無形的通常大於有形的。比如說「愛」是看不到的：對父母的愛，對

子女的愛，對自己親密愛人的愛，對社會國家的愛，對任何人的愛，都是看不到，摸不著的，沒辦法衡量，沒有指標。但是愛卻是最偉大的力量。愛可以讓一個人的內心充滿力量，趨使他去行動的源動力。失去了愛，可能讓一個人去毀滅，去自殺，一生遺憾。得不到愛的孩子，長大之後可能會有個性上的缺陷。能夠給孩子滿滿的愛的父母會讓孩子有安全感。有時我們投資一些有形的，不見得能得到最好的回報。到底什麼才是最節儉的？最節儉的應該是把錢花費在看不到的軟體上面。比如說你工作一段時間之後，可以讓自己去某個地方旅遊。其實旅遊也是看不到的，雖然可以看到風景，但是玩回來之後什麼也沒留下，只留下一些照片，這些回憶這些照片就是最珍貴的資產。我們可以這樣說，脖子以上的大腦就是自己與別人成功與失敗，幸福與快樂最主要的差別。

　　投資軟體永遠比投資硬體更划算，投資學習比投資有形的資產賺更多。投資無形的不但沒有折舊問題，而且還會不斷地累積、不斷倍增，越來越多像滾雪球一樣，有更大的發揮空間。不要省小錢，小錢只能省出小錢。不要省錢，省錢並不能讓你致富，賺錢才能致富，請不要曲解我的意思。不是要說去浪費而是看你賺的錢和你花的錢的比例，這是第一個省錢的法則。第二個省錢的法則：投資無形的比投資有形的更值得。看自己賺多少以及看自己投資在什麼方面，這樣的人生會更快樂，會有更大的投資報酬率。所以你會看到很省的人，他日子過得並不好，他並沒有享受到什麼生活的樂趣，搞不好錢還會被騙走，或是莫名其妙地離開人世。

　　曾經有人告訴我：有些錢該花就得花，你不花，上天也會安排別人幫你花。上天給你一點點錢，如果你把它管理好，上天就會給你更多的錢；上天給你一點點人，如果你把他帶好，上天就會給你更多的人。如果上天給你一點點錢你都不去管它，就這麼放著，那麼上天就不會給你更多的錢

了。你也沒辦法去做更多的金錢支配。不要省錢，省錢會讓你變不成大富翁，不會讓你過更好的生活，該花的就要花。如果你捨不得花，記得會有人幫你花，或者在某個地方會流掉的。去投資軟體，去學習，雖然感覺花出去了，但是某個地方還是會賺回來的，你說是嗎？

不要省小花大，但也要存得住該存的，才能得到更多的賞賜。

請寫下自己浪費的10件事，也寫下太過節儉的10件事。

第二篇

好還要更好，還要
持續的非常好

From 「Good」 to 「Better」
to 「Best」 and to 「Forever best」

Viability

第一次就把錢花對

　　記得我當年剛開始做業務員，年紀還輕，只有二十歲左右，打工了一段時間，有個目標就是能夠買台摩托車。因為每天坐公車代步，有時打工到很晚沒公車可坐，只能騎腳踏車回家，很不方便，所以希望一存到錢就買輛摩托車。當時還沒有摩托車分期付款的制度，我存了好幾個月的錢，一邊還負債，一邊存一點點錢。待存到了一萬多台幣，就開始想辦法去買摩托車，因為一萬多台幣買不了什麼好車，只能去中古車行看了又看，選中一台不到一萬元的摩托車，新的一輛摩托車大概要兩三萬左右。當時我的壓力很大，比現在要買一台賓士車的壓力還大很多倍。當時中古車行的車經過翻新，雖然年份已久，裡面怎麼樣也不清楚，但是外表看起來很新。買了之後第一天騎摩托車回家時，我非常的高興，終於有自己的代步工具了。

　　這輛摩托車的保修期只有一年，一年之內修車是免費的。而這輛摩托車在第一年的時候狀況還不錯，快滿一年的那段日子就常常有熄火的情況，滿一年的時候（也不知道為什麼那麼準時），有一天我在路上就熄火，發動不了了，我滿身大汗推著車去修車，車行說是某些零件壞了要花一千多元換掉。哇，當時一千多元對我而言彷彿比現在的一百多萬還多，還是忍痛想辦法湊了一千多元修車，結果沒想到只過了一個多月又不能動

了，又滿身大汗地牽去車行修理，他們告訴我說這次是另外一個地方壞了，維修要花三千多元。我內心非常地掙扎，但想著一千多元都花了，好吧，於是省吃儉用，想盡辦法湊了三千多元修了這台摩托車。沒想到，不到兩個月的時間，車子在路上又不能動了，還是要推到車行修理，當時滿身大汗的我覺得世界上最快樂的事就是摩托車不會騎到一半熄火。車行師傅告訴我說引擎有問題，必須要彈缸，要花兩千多元。又一個兩千多，天啊，當時我心裡很糾結：已經花了那麼多錢修了，這次不修就不能用，修的話又要再花錢，而且自己也沒有錢。於是我把車鎖在騎樓，考慮了兩個晚上，白天仍然坐公車去打工。由於打工的時間很晚，又一次兼好幾份差，非常的不方便，第三天就跑去找同學借錢還是把摩托車給修了，我不斷地反覆問師傅，你幫我看看還有沒有哪裡有問題，他回答我說：「暫時看不出來，因為車子已經很久了，未來的事都說不定。」這次我小心翼翼騎回家，每天都會擔心它騎到一半就停止不動了。

　　有一天下著大雨，非常大的雨，我穿著雨衣，戴著眼鏡，雨水都滲到眼睛裡去了（當時臺灣騎摩托車還沒規定要戴安全帽），我騎在一座橋上的機車道，又發生了令人無法想像的事，摩托車竟然熄火了。於是我在傾盆大雨中，慢慢地把摩托車推到橋下，走了一個多小時，才找到一間車行，去問師傅到底是怎麼回事，由於車子每次壞的地方都不一樣，都沒有到同一家去修，這個師傅告訴我要幾百塊，不到一千塊，心裡又是一痛。這台車子在不到一年的時間，修車的錢已經超過當時買車的一萬多元了。

　　後來我決定放棄它，我就把摩托車丟著，揚長而去，頓時心中有一種說不出的輕鬆。因為沒錢，想省錢，我花錢買了一台一萬元左右的中古摩托車，但是一輛新車也不過兩萬多元啊，算一算加上我修車的錢，和買一輛新車的總價是一樣的。如果當時我買的是一台全新的車了，說不定現在

還在騎，也少了這麼多被摩托車折騰的日子。如果我第一次就把車買對，寧可多花一點錢，就算沒辦法，總還是能找到辦法，因為最後我還是花了兩萬元在摩托車上面。因為有這樣的慘痛教訓，於是我就決定以後買摩托車一定要買全新的。

事情還沒結束。過了幾年，我想要買汽車，因為當時預算沒有很多，只好又去中古車行買了一台不到八萬元的汽車，也是一台年份很久的車。我非常小心謹慎地選了外表看起來非常漂亮的。由於是外行，這台汽車買不到兩年的時間，開始故障了，修車的戲碼再次重演。所以對我而言，只要車子不熄火就是一件令人非常快樂及興奮的事。過了兩年這台車又修到當時買車的價格，也就相當於花了我二十萬買了部非常耗油的車子，只開了一年，就不斷發生狀況。從這幾件事我學到的經驗教訓就是：第一次就要把錢花對。要買就買最好的，花錢要一次花到位。

以前我買西裝時，會一下子買了好幾套，因為一套台幣一千元，我覺得可以省錢還能變換很多不同的花色。後來我寧可省下買十套一千塊西裝的錢，去買一萬元一套的西裝。為什麼呢？因為一萬元的西裝可以穿好幾年，而一千元的沒穿多久領子就皺了起來，衣料開始出現問題，出現一些氣泡，只好扔掉了。而且穿便宜西裝的時候，人們覺得你穿的衣服很廉價，使得你也被看得很廉價。一套好的西裝可以穿很多年，而且別人還會覺得你的西裝很好，你很有品味。所以花錢的概念就是寧可省下好多次你要花的錢，一次就把錢花到最好的地方。

比如說我的課程，有人說洪老師你的課程收費太貴了，想到我買摩托車的經驗，想到我買汽車的經驗，想到我買西裝的經驗。花錢自然是要買好的東西，比如我的賓士車，十幾年來只有一些小小的問題，並沒有安全上的問題。很多學員上完我的課都說：雖然比較貴，但是很值得。其實人

們不怕貴，人們怕不值得。如果你可以第一次就把錢花對，你就是最省的人。千萬不要省下不該省的錢，要把好幾次分批花的錢，集中在一次買最好的。要學就學最好的。

做人做事要做到位，服務要做到頂，學習要學最頂尖的最有效的。沒效率、效益的一塊錢都不要花。請列出你想學的技能，去哪裡可以找到最頂尖的？

生 存 法 則 *26*

追求和結果一樣快樂，結果和過程一樣美妙

有一句話說：「繽紛燦爛的過程比不上實際的結果，結果才是真的，結果論英雄。」

由於我在二十幾歲就創業開公司，我深刻地感覺到不管是開公司，或是我更年輕的時候做業務員，若是沒有最後的結果，那麼一切的過程都是白費，因為勝者為王，敗者為寇，因為大魚吃小吃，小魚吃蝦米，因為優勝劣汰，適者生存，不適者淘汰，沒有得到好的結果，就是一切有問題，其實也沒錯，就算過程再美妙，如果沒有好的結果，那麼人們就不想要去關注過程。有些人一輩子窮困潦倒，有些人到離開人世間的那一剎那，可能負債累累，回想我的父親就是如此。

因為結果不好，所以人們也不會覺得過程有多麼的好，也不會去理會它的過程。就比如各個國家歷代的君王，只要是最後得到政權的人，人們會開始去瞭解他的過去，甚至為他拍專輯、拍電影。如果假設這個人的最後沒有取得政權，那麼他在歷史上可能連記錄也沒有。多年經營公司的經驗，銷售的經驗告訴我，若是最終沒有收到客戶的錢，那過程好像也是不值得一提的。

我會告訴我的團隊、員工，課程中我也會告訴我的學員，結果才是真實的，結果論英雄，結果才是最後真正的標準答案。在寫數學題的時候，

如果結果錯了，過程再完整也沒有用了。多年來我一直奉行結果論英雄的理念和想法。可是有時候我發現到底是結果重要還是過程重要？因為有時候，過程對了，就會產生對的結果，一路走來，在我的生命中有些過程是非常艱苦的。我想也不可能只是我，家家有本難念的經，生活都有高低起伏，禍福相依。在我們努力的過程當中，如果可以去享受過程的美好，或許你經歷過一些並不怎麼樣快樂的過程，如果你能把它當成一種享受，其實有時候過程也是美好的，比如以前我騎摩托車的時候。摩托車總是壞掉，我常常在橋上，在路上，在路口推著摩托車走，那時候心情非常沮喪。剛開始我很氣憤，尤其是下雨或者是夏天。有時候騎在摩托車上面也會心情不好，看到別人開好車，過著很好的生活，我心裡難免有些不甘心。但是換個角度來看，這種追求的過程如果你把它看成是美好的經驗，你只要相信未來會得到美好的結果，那麼一切的過程就有如美好的旅程一樣。

如果我們心態好，能量正，永遠都感覺到現在發生的事都是最好的，只是我們要去追求更好的生活，那麼你就不會對現在的生活產生不滿，對工作的產生任何的不滿，你就不會對這些所有的不滿感覺到煩躁和痛苦，因為有時候追求的過程是快樂的。我們常看到有很多創業成功的夥伴，他們在成功之後開始懷念之前吃饅頭吃鹹菜的日子。有些夫妻開始懷念剛戀愛或是剛結婚的時候，雖然沒有錢生活卻還是幸福的日子，有時候生活富裕了卻反而找不到那種快樂，所以到底是有錢快樂，還是沒錢快樂，答案是有錢有有錢的快樂，沒錢有沒錢的快樂。只要我們能抱持良好的心態，任何事的發生都是最好的，現在的情況也是最好的，只是我們在追求更好，其實想法一變，念頭一轉，思路一改，自我溝通的語言一修正，我們就會發現，每天都很快樂，讓自己快樂真的很重要。

記得我在當兵的時候，我認為當兵真的很痛苦，我不想當兵，覺得每天都很難熬，但是退伍之後我就發現，當兵其實也沒有什麼。有時候當感情出現問題，失戀的時候，那種早上不想起床、晚上睡覺都希望黎明不要來的感覺，給人一種撕心裂肺、肝腸寸斷、痛苦到無法呼吸的感覺。可是過了兩三年之後，好像當年的這些也沒那麼痛苦、難受了。當下的痛苦被時間沖淡之後，也就沒什麼大不了的。有時候你創業失敗，有時候工作不順利，過了一段時間之後，想想也沒什麼？有些事情看是跟誰比，和比你狀況差的人比，那其實也沒什麼，跟未來的自己比其實也沒什麼？所以追求的過程也是快樂的，美好的結果和果實也是快樂。假設我們能夠讓自己天天快樂，那麼，過程和結果都會變得很美好，所以讓自己快樂起來，現在就微笑吧。

練習 POINT 讓細胞充滿快樂，快樂生出更多快樂的細胞。快樂的人擁有快樂的結果。找出八種讓自己與他人快樂的方式！

27

搞定你的兩性關係

由於我在中國大陸以及很多國家，常常開辦很多課程，課程都是針對各地的企業家，大中小型老闆及高管。在認識這麼多億萬富翁，百億富豪，甚至很多上市公司老闆之後，我發現很多埋藏在這些大富豪心裡一個很重要的祕密，應該說在他們處理繁忙公務之外最困擾的一件事，不管男人或女人，這件事就是兩性關係的相處。這裡所說的兩性關係從未婚男女到已經結婚很多年的夫妻，不足與外人道的竟然都是兩性關係的相處。

兩性關係是否困擾著你呢？或者是說你和你的另一半相處得非常快樂，你感覺心情非常的好，當你想要開創一件事業，或是工作繁忙的時候，沒有較多的時間照顧和陪伴另一半的時候，中間產生的矛盾和爭執，有時甚至大吵，不知道你是不是有過這樣的經驗？

帶著另一半共同成長調頻

這裡我們談到的是去搞定你的兩性關係，我曾經邀請一位兩性關係的權威，《男人來自火星，女人來自金星》的作者約翰‧葛雷，到中國大陸演講，好幾次的課程和閱讀他的書籍之後，漸漸明白原來兩性關係不比做事業簡單。有的學員在課程上問我如何能將兩性關係處理得更好，雖然我的課程中不講這個主題，我本人也不是這方面的專家。但是我會透過幾個

方式解決這方面的困擾，以下提供一些建議——

首先第一點是帶著另一半共同學習，共同成長。很多男人在創業的時候，通常另一半都會在公司擔任財務的角色，因為交給自己人管錢最放心，由於另一半到外面開疆闢土，不斷地學習與成長，另一半在家裡洗手做羹湯，或者是在公司裡足不出戶，只管財務，久而久之兩人距離就越拉越大，一方在成長，另外一方還是習慣過去固有的思維想法，那麼就會產生越來越多的隔閡和問題。有些女性學員來上我的課，但是她們的男朋友、老公不喜歡她們來學習，問及她們真正的原因，因為她們的老公害怕，不希望女人太強，學太多。以前我聽過一個廣告詞：會彈琴的小孩不會變壞。我覺得愛學習的可能比較不會變壞，尤其是離開學校之後的學習，看書、聽講座等等更是重要。

有些人會反駁說，我在社會大學裡面學習，透過做事來學習，何必去聽那些講座看那些書呢？透過工作和實踐來學習那是很好的實戰經驗，但是除了實戰經驗之外，我們也要透過看書、聽講座、有聲書等做一些系統的學習。如果你能和另一半一起學習的話，那麼在感情上有機會達到共同的頻率，共同學習和成長是維護兩性關係根本的思維。

不管生日送多少禮物、不管情人節送多少花、不管結婚紀念日安排得多特別浪漫，可能都比不上共同學習與成長，當然剛才那些也都是需要的，包括一起去旅行，但是一起學習一起成長，這可能是促進兩性關係很重要的一個方法。當然男性和女性的相處還有很多密碼，從亞當夏娃到現在，也沒有人能夠完全解密。

當然還有一個很重要的因素，一開始就選對人。我在講企業招人才的時候，談到一開始就選對人。兩性關係中這也是非常的重要。想像你們以後要一起生活二十年、三十年以上，想像你想學習，他不想學習，想像在

彼此退去年輕模樣的時候，是否還能夠依然愛著她/他。

　　共同學習成長，一開始就把人選對，從現在開始就帶你的另一半一起學習吧，或許你們會相處得更好，除了一起學習，一起聊天，一起旅遊，一起做很多事，我相信搞定好兩性關係，你的情緒會更好，因為處理好心情，就會處理好事情，搞定兩性關係，心情變好，事情就能進展得更順利，千萬不要小看這個重要的因素，這是人類成功與否重要的密碼之一。

練習 POINT

　　成功的關鍵中，配偶佔成功要素的50％。如果你目前單身，選對配偶很重要，佔你成功機率的一半。如果你已結婚，帶著另一半共同成長調頻。已結婚的人請寫下兩人需要共同成長的前5大課題，未婚的請寫下你要找的伴侶的前5大條件。

生 存 法 則 *28*

搞定你的親子關係

有一次我與一位擁有兩家上市公司的老闆娘一起吃飯，他們全家和公司幾乎所有的員工都曾來參加過我的課程。她的小兒子七歲，大兒子已經二十幾歲了。我在和她聊天的過程中問她：未來想不想讓孩子來接班。我以為她會說當然，她卻說絕對不會讓兩個孩子接班。我非常驚訝問是為什麼，她說：「這就是我們參加你的課程的目的，我們想要培養更多的接班人，我們想要組成一個七人小組來接管未來的公司。一開始我們就絕對不要孩子接班。」

我認識很多臺灣的企業老闆，他們從小就在培養孩子接班，可是有更多國外企業他們是不培養孩子接班的，他們也不會刻意讓孩子接自己的班。很多創業家第一代都是從苦日子過來的，他們含辛茹苦地把公司開拓出來，好不容易把公司經營起來，但是企業做大，有相當的煩惱與困擾，他們不想讓孩子受這種苦，他們只想要孩子朝自己的興趣去發展。我問那位上市公司的老闆娘，她和孩子的關係如何？她說小的才七歲，當然沒什麼問題，但在談到大孩子的時候，似乎是很困擾的樣子。

幫助孩子找到他的熱情與天才

大企業大老闆或是更成功的人，會令他們感到困擾的往往是他們的孩

子，或者是上一節談到的兩性關係。其實在親子教育我並不是專家和權威，或許你可以請教台灣親職名師謝秀慧老師，但是在與眾多企業家交往交流研究中，我也得出一些結論，和兩性關係一樣，就是帶著孩子一起學習成長。讓他們除了在學習念書之外，也能夠接觸到更多類似的培訓課程。

我的課程裡面有對孩子很重要的一個學習，這門課的主題叫做：熱情‧效益‧力量。裡面最重要的一個關鍵，就是透過大量的影像、圖像、問題去引導出孩子的熱情以及天才，你是否讓你的孩子去學鋼琴呢？你是否讓你孩子去學小提琴，你是否讓你的孩子去學武術，你是否讓你的孩子去學圍棋，你是否讓你的孩子去學任何他想要學的東西，但是這些是他想要學的，還是你想要他學的呢？幫助孩子找到他的熱情與天才，才是給孩子最大的財富。給孩子最重要的不是車子和房子，也不是一大筆財產，或許也不是讓他繼承你公司的事業、接你的班、做你的工作，而是投資在對孩子的教育上。

我認識一個老闆，他的朋友說，想要讓小孩在高中二年級的時候休學一年，然後派一個老師，跟著他到全世界各地走一圈。雖然這樣做要有相當的經濟實力，但是如果你真的有這樣的經濟實力，你敢不敢在孩子聯考之前做這樣膽大的決定呢？我聽過一句話，要教出厲害的孩子就需要有大膽的父母，雖然這樣做不知道到底好不好，我想說的是，這位老闆做了一件跟他孩子的同學完全不一樣的事。所以讓你的孩子去學習，讓他在課餘的時間去做一些和同年齡的人所不會做的事。

我有一位事業夥伴，他經營的事業就是帶孩子去美國的太空總署，在太空總署裡面啟發孩子對於未來夢想目標的設定，以及激發孩子學習的好奇心的課程。打開孩子的眼界，讓他去學習，透過這樣方式，讓他找到自

己的目標、熱情和天才。

很多出問題的親子關係都起因於父母親太忙，沒有空陪伴成長，這是一個表象，內部很重要深層的問題是親子間沒有共同的話題和一起成長。也唯有良好的親子關係才不會讓你有心理包袱。

不管貧窮與富有，不管你是老闆還是上班族，每人內心深處有兩個最需要解決的問題，除了賺錢之外就是兩性關係跟親子關係，所以去搞定你的兩性關係和親子關係。

練習 POINT

接班的不是人為最重要，是成功的系統，可被複製與延續的才是接班真正的成功。

搞定人你將無所不能，寫下如何搞定你想要搞定的人的三種辦法。

生 存 法 則

生 存 法 則 *29*
去沒去過的地方旅遊

　　你是否想環遊世界？有沒有制定環遊世界的目標？你開始去各個國家旅遊了嗎？還是工作上、事業上、家庭上，還是你要帶孩子或者是經濟上的考量讓你無法成行？很多人都有環遊世界的夢想，但是真正去做的又有多少？大部分都是被金錢或是被目前的事情所煩惱，我也是一樣。

　　當我很小的時候，我第一次出國就決定以後一定要環遊世界，雖然目前還沒做到，但已經去過很多的國家了。之所以能做到目前的程度，要感謝我以前學到的很多不同的頂尖方法：其中之一的方法就是把你想要去的地方用紙筆寫下來。你要先有這樣的想法，雖然不見得能夠馬上實現，但是慢慢地總有一天透過各種方式達到你的目標，心想事成。

　　現在，就寫下你想去的國家：比如美國、日本、韓國、泰國、馬來西亞、新加坡、丹麥、挪威、瑞典、埃及、希臘、杜拜……把你想去的地方全部寫下來。我算過一個人一年如果可以出國四次，從三十歲開始去旅行，六十年才能把世界上兩百四十個國家走遍。世界上不止兩百四十個國家，但是有些國家有些地方，你去過一次這輩子可能再也不會想去，就算去也不想再住在那個酒店、在那個城市。大部分的人一輩子能夠去同樣一個地方好幾次的也並不多；或者是每個地方都去一次的人更不多。絕大多是的人一生都在一個小小的區域，尤其我們的上一代，他們為了省錢，去

的地方並不是很多，甚至一些人到死都沒有離開過自己的家鄉，沒坐過飛機。

　　人的一生非常短暫，就算醫學再怎麼發達也活不過一百多年。而其中真正可以拓展視野的時間並不多。為什麼有些人的人生觀不一樣，碰到困難就會沮喪，遇到挫折就會走不出來，碰到感情的問題甚至想要自殺，覺得生命沒有意義，活得沒有價值，不知道活著要幹什麼？

擴大你的視野格局

　　有句話說：格局決定佈局，佈局決定結局。為什麼人會有好的結局和不好的結局呢？其實和格局有很大的關係。到底怎麼樣擴大自己的格局呢？我覺得去從來沒有去過的地方旅行是重要而且有效擴大格局的方法。

　　到美國旅行就會發現西方文化和東方文化的差異。我去過美國很多次，其中有一次去美國太空總署NASA參觀的時候，發現人類真的好渺小。看到阿波羅登陸月球，看到阿姆斯壯說：「我的一小步，是人類的一大步。」這些在書本看到與現場親臨那個場景、那個狀況，其實有巨大的震撼與差別。曾經你因為別人停了你的停車位，內心爆出想把對方的輪胎刺破的心情，到了太空總署親眼看到人類登陸月球的控制中心，看到火箭發射的火箭實體，跟它照相的時候會感覺到就算鄰居停你停車位你也不應該那麼小氣，有想要把他輪胎刺破的想法。有好幾次我被別人騙了錢，最慘痛的是被騙了幾千萬（事過十幾年之後，隨著時間或許淡忘），其實時間也不能完全平復。當我看到人類登陸月球，看到人類為了登陸月球這個夢想，甚至有些人付出了生命，看到人類站在月球上說「我的一小步，是人類的一大步」時內心的震撼，被騙了幾千萬的事情才真正被平復。

你感覺看似過不去的門檻——被女朋友拋棄，被男人騙了，你離婚了，你事業破產等等，但是當你看到更大的格局，會發現這些事都自動變小了。如果度過自己的難關，我相信去旅行，去看看美國太空總署，就會發現人類這麼渺小，你的事情更渺小。古人說：念天地之悠悠，獨愴然而涕下。（見後文彩頁P3：照片1）在學校念書的時候，沒辦法真正理解這句話，現在好像還記的這句話旁邊還有配圖：一個故人站在山上，面帶微笑。是不是年紀越大越有這種感覺呢？

如果你看到更好的，你就會變得更好

我去美國參觀世界五百強公司：蘋果（Apple）、谷歌（Google）、思科（Cisco）、甲骨文（Oracle），當我踏進這些公司的時候，瞬間發現人其實可以更好的。如果你看到更好的，你就會變得更好。什麼意思呢？就是當你看到你從來沒有看到的東西，格局變大，那麼你就會有不同的想像力。人沒有辦法去做到自己從來沒見過，沒想過的事。所以去旅行，去參觀，用腳步寫日記會讓你的生命更豐富，不是有句話說：讀萬卷書，不如行萬里路嘛。

去美國看到美國航空公司的空姐、空少跟其他地方不一樣，他們穿著隨性，卻依然很有禮貌，給你一種開放的牛仔精神。去日本看到日本人做事認真嚴謹，去加拿大看到尼加拉瓜瀑布，那個天然的，非常宏偉壯觀的瀑布感到大自然的神奇，去澳洲看到當地人享受這藍天白雲，生活在被譽為世界上最好的生活環境的時候，會想到為什麼有些環境會被污染得那麼嚴重，大氣污染，噪音污染。看到紐約世界的中心，看到東京亞洲的樞紐，在中國大陸跑過非常多省份，看到北京皇城天子腳下的感覺，看到上

海的國際繁榮，五百強的進駐，看到深圳的創業精神，看到成都的悠閒，看到內蒙以成吉思汗後代為傲的感覺，到廣東看到人們做生意的精明，到溫州看到被譽為中國的猶太人……

　　如果我們的孩子甚至另一半可以跟我們一起到世界各地去旅行，領略世界的美妙之處。或許你會覺得這要花很多錢，要花很多的時間，但我去了這麼多的地方，其實有很多是不用花錢的，我去講課，講到哪裡對方就招待我到哪裡，這是我以前想也沒想過的。因為有人一說旅行就想到花錢，花時間，但是宇宙大自然的祕密告訴我們：當你決定要做這件事，豐富的資源就會不斷地向你湧來。你沒有設定的時候，當然就不會做到，或許你設定之後也不見得就馬上做到，因為任何事情都需要一個醞釀期，都需要按部就班。當你決定這樣做的時候，你會去買地圖，你會把你想去的地方標記起來，說不定有一天你會美夢成真，全世界走透透，甚至走到哪玩到哪，買房子走到哪買到哪，賺錢走到哪賺到哪。設定你的旅遊計畫吧。（洪老師全球演講、旅行照片請見書末彩頁P3照片2,3,4,5,6）

One picture is worth thousands of words.
百聞不如一見。走出去找靈感，換個腦袋！
寫下你的世界或環島計畫吧！

人生結果就是做決定做決策的結果

　　你是否玩過一個遊戲：拿出一張紙，在紙的下端用筆劃一條線，一直畫到紙的頂端，然後再畫第二條曲線，隨便亂畫也是畫到紙的頂端，再畫第三條線，隨便亂畫，同樣是畫到紙的頂端……連續這樣畫六七條。你是否玩過、畫過這樣的圖呢？到達頂端之後有四、五條線，分別是ABCDE，A代表是寶藏，B代表是墳墓，C代表骷髏頭，D代表榮華富貴，E代表汽車豪宅及快樂的生活。也就是說每個人的起點都一樣，但是會有不一樣的終點及結果，因為每個人的決定不同，很多的小決定會累積成大的決定，最後得到不同的結果。

　　生命就是由不同小決定累積出來的結果。比如我們早上起床的時候，你決定賴床賴5分鐘，5分鐘之後想要再睡15分鐘，然後又想再賴床半個小時，反正上班已經遲到了，今天請假好了。睡到中午覺得很餓，煮了碗泡麵吃，猛然想起自己很想看的一部影片，想著下午也不進公司了，結果就在家混了一天。不知你是否有這樣的經驗？平時你的上司、你的大老闆你的客戶都不來，卻在這一天他們都來公司了，剛好沒

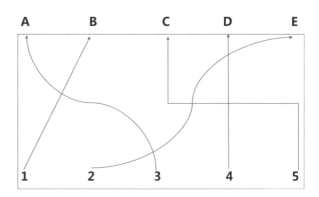

看到你。然後你就沒被重用，損失一個客戶，浪費了一天。

　　其實追本溯源，是第一個賴床5分鐘的決定。如果你是直接起床，立即換裝上班，就算是遲到10分鐘，還是能見到重要客戶、見到上司、見到老闆，談成一筆大單，說不定後來你還見了那個從國外來的大客戶呢，你的人生從此不同。每個人的人生都會經歷這樣的事，每個小的決定都會累積成大的決定。

每個決定都將影響未來的結果

　　多年前，有次我工作很累，又自己開車南下去臺中，途中閃神打瞌睡，朦朧中感覺方向盤好像往左邊挪了一點，半夢半醒間感覺到車子一直在行走，當我忽然警醒過來時，全身冒冷汗，才發現自己差點撞到旁邊的行道樹，如果那時沒有忽然警醒，可能就沒辦法寫這本書了。為什麼會差點釀成意外呢？其實我也不過是打個盹，一兩秒鐘的事情，但是如果沒有這個打盹，可能也不會發生那麼驚險的事了。剛剛談的都是一兩天的事情，而我們的生命有幾十年，所以你所做的每個決定都會影響未來的結果。

　　人生是一場A與B的選擇，你現在選A，A裡面有AB，AB裡面的A又有AB……會一直有不同選擇，往岔路走去。所以起點一樣的人，比如雙胞胎人生也有不同的結果，就是因為一連串的小決定造成的。

　　我聽過一句話說：錯誤的決策比貪污更嚴重。如果你是個老闆或者是店長或者是領導者，甚至是個政治家，那麼做錯一個決策會讓幾十人，上百人，甚至千千萬萬人因為你的一個錯誤決策而付出慘重代價。貪污已經是犯法，很嚴重的事了，但是做錯決策的人有時候比貪污更可怕，更可惡，更可悲，更可憐。因為他除了會讓自己的人生萬劫不復，順便還會帶著更多人的人生走向萬劫不復。千萬不要小看你的任何一個小決定：包括

你幾點起床，你認識了某一個人，你讀了某一本書，上了某個課程，或掌握了某個機會，甚至一個念頭，一個想法，一個思考模式，吃一頓飯……可能你因為這頓飯認識現在的男朋友，然後你們結婚，生了小孩，如果你沒有吃那頓飯，而是去赴另外一個約，可能你的小孩長相就不一樣了。現在做的小決定可能是禍延子孫，也可能是福延三代。

到底要怎麼做決定及做決策呢？再做決策之前問自己：假設要重新做這個決定你會怎麼做？或者用三年後五年後的自己問現在的自己會做什麼樣的決定。

在中國大陸，甚至別的國家，很多學員跑來上我的課，有些人很有趣：上課之前一直猶豫要不要報名，報名了有人認真上課，有人不認真上課；認真上課之後有人回去執行，有人不執行；有些人會帶員工或朋友來繼續上課，有些人則把筆記塵封起來，再也不看了。經過一天兩天，一個月兩個月，三年五年之後，你所學習的知識就是大腦的軟體，會影響一個人的人生與未來。一個企業一個公司一個店，或做任何的事業，不管家庭還是婚姻，每一個現在的結果都是由過去的小決定累積起來的。如果你想要未來有好的結果，就從現在的小決定開始吧。

你是否相信認識一個老師，讀一本書或是上過什麼訓練課能改變你的人生？請小心現在的每一個決定。

練習 POINT

下錯決定很糟，不做決定更糟。不前進就是原地打轉就是退步。現在請你寫下在過去的生命裡面，你做對的三件事情以及做錯的三件事情，現在就寫下來吧。

生存法則 *31*

快就是慢，慢就是快

　　你羨慕別人的收入，卻不知道他背後付出的辛苦與努力；你羨慕別人的自由，卻不知道他為自由付出的代價；你羨慕別人住豪宅，卻不知道過去他有多少個日子無家可歸；你羨慕別人開賓士，卻不知道他為賓士付出多少努力。我們通常看到的是別人的表面呈現出來的結果，其實不知道背後的付出與努力以及代價。

　　曾經聽過鴨子划水的故事：表面上看鴨子在水面上一派優雅，卻不知道水下鴨子的雙腳不斷地划水。多年以後我就像人心裡面擁有的一個特點叫做：羨慕嫉妒。常常聽到有人這樣感嘆：他也沒有我有才華，沒有我長得帥，沒有我能言善道，沒有我擁有的一切條件。但是他就是過的比我好，比我幸福，比我富有，開比我好的車子，住比我好的房子。雖然古語有云：家家有本難念的經。可是我總覺得我這本比別人的難念。尤其是在事業碰到難題、阻礙時，我總是覺得，為什麼別人這麼年輕事業就做得那麼好？為什麼別人這麼快？為什麼我年紀一天天大了，卻還沒有別人的一點成就？有句話說：蓋棺定論。

　　多年來，我協助這麼多的企業發展，自己也開設了公司，有時候我會想到十年前我非常崇拜，甚至是拿他當偶像的講師。他在台上侃侃而談，總是能牽動台下的情緒。記得去聽他講課的時候，內心期盼自己以後也要

成為這樣的人。沒想到後來聽說他犯了罪而成為階下囚。曾經我很羨慕年輕就非常富有的老闆，他們可能條件和我差不多，在很年輕的時候就賺到很多錢，成就輝煌，我認識很多這樣的朋友。曾經我總是想為什麼他們行我不行，而我也不比他們差，甚至產生了嫉妒之心。多年後，那些人當中有些竟然公司倒閉，事業破產，聽到這些消息，我不但沒有幸災樂禍的心情，還非常難過。心想為什麼曾經好的人現在變成這樣，這個世界是很公平的：讓你得到一些，就會讓你失去一些。

快就好嗎？慢一定不好嗎？

在我比較年輕的時候，幸運地存了一筆錢，可能是自己的德行不能夠承載這些錢，後來又從別的地方流掉了。當我們得到一些不義之財的時候，你還沒有這個品德和德行去承載這些金錢的時候，上天就會從另外一個地方把它拿走。德不配位的時候，可能是你的健康會出問題，可能是你的財富，可能是你的親人的健康或者是和你的關係等等，其實上天真的很公平。有些人連續幾十年都過得很好，他卻常做一些壞事，可能在他生活好了幾十年之後，所謂的福報耗盡之後，生命最後幾年突然發生大變故，身患疾病，窮困潦倒，這也是佛家講的因果報應。

當我們感到我們的成就很快的時候，什麼叫快呢？按部就班就是快，世界上沒有捷徑。當我們感到自己的速度很慢的時候，什麼叫慢呢？其實，要蓋棺論定。我的企業裡面有句標語叫做：協助企業打造持續獲利的系統，多年來我協助過很多公司，大起大落，暴起暴跌。看千帆過盡，更深刻感覺到真正的好是要能夠持續地長久，真正的感情有時候是細水長流。人生沒辦法長久的事都是短暫的絢麗。有些官員可能權傾天下，財聚

一身，由於他是貪官污吏，可能他過了幾十年的好日子，最終上天會給他的報應，因為一次出事全盤皆輸，你說他是快還是慢呢？快就好嗎？慢一定不好嗎？其實不一定，所以別著急，當你慢的時候加倍努力，當你快的時候也要警惕自己。

練習
POINT

聖經上說：「萬物萬事皆有時」，不要照自己的時間而要照上天給你的時間。

如果你已經很努力但還沒達到你要的成效，繼續努力，找出突破點，上天的時間到必定會給你。

請寫下你覺得要突破的六件事。

生存法則 32
別急著開花，往下紮根

你知道竹子用了四年時間，僅僅長了3公分；從第五年開始，以每天30公分的速度瘋狂生長，僅僅用六週的時間就長到了15公尺。其實，在前面四年，竹子沒有往上讓別人看到它的生長，但是它的根卻在土壤裡延伸了數百平方公尺。

大部分的人沒辦法像竹子一樣熬過那四年。當你看到別人好或不好的時候，不知道你是否和我一樣也會心慌意亂；看到別人做的比你好的時候，心裡非常著急，非常害怕。其實只要你心裡有底，知道自己的方向，堅持往前走，根本不用害怕，因為你現在說不定做的就是在往下紮根的工作。當你碰到困難，遇到問題，碰到任何挑戰的時候，請不要忘記這可能是上天給你的挑戰，給你往下紮根的時間，只要你根基紮穩了就不怕颱風來臨。

做人不要像花一樣急著生長，有些花朵表面看起來長得非常的豔麗，芬芳可人，但只要風雨一吹，就會被連根拔起，而竹子或者大樹卻要花很長的時間往下紮根，所以即使風雨來臨也屹立不搖。每次當我碰到任何的困難，不管工作上還是事業上，我都告訴自己：回到基本面，練好基本功。有段時間我的公司面臨倒閉危機，雖然那時我只有二十幾歲，回想起我是怎麼開設這家公司的，因為我是很傑出的務員，對市場非常的有把

握，殊不知開公司並不是只做業務就好，差不多明白了經營好公司的確不容易，公司也到了快面臨倒閉。當時我難過地坐在天橋下回想自己是怎麼開始的：是的，最開始我做業務員的時候我會去路邊認識陌生人，去開發市場，不斷努力才成為一個Top sales然後才成立公司。現在公司出了問題，回到基本面，也就是說回到當初自己是怎麼起來的，那個時候的感覺，那時候的本事，那時候的做法及精髓。所以那天從天橋站起來後我再度開發陌生市場，重新把錢收進來，把東西賣出去。重新開始後沒多久，公司的進帳越來越多，員工也越來越多。

人生不是一場短跑，而是一場馬拉松

不管在事業工作上，還是在婚姻裡，碰到任何問題的時候，思考一下當時你是怎麼開始的，當時你們是怎麼戀愛的，當時你們去了哪家咖啡館，去了哪裡約會，回到那個地方，回到當時那個心境，說不定就可以再度出發。所以回到基本面，也就是不急著開花，先往下紮根。人生不是一場短跑，而是一場馬拉松。

我看過一些坊間的兒童補習班，他們都有句宣傳語：別讓孩子輸在起跑點上。這句話好像有點道理，但似乎也有問題，因為人生不是短跑，而是馬拉松，比的不是一百米，不是兩公里，而是幾十年，所以不能說不能輸在起跑點，而是該說：如何贏在終點。如果我們的孩子或我們自己贏在起跑點，卻輸在終點，結果也是悲慘的。所以就算輸在起跑點的自己也不用難過，只要你知道方向。最怕不知道方向，我的課程就是在教很多學員去找到自己的人生方向，教很多公司找到方向。只要知道自己的方向，往下紮根，每天一點點，時機來臨的時候，就會往上結果，讓別人看到花朵

的鮮豔。努力的往下紮根吧，掌握自己的方向，堅持下去，運氣終會來臨，它是留給準備好的人。

練習 POINT

功不唐捐是指功夫沒有白費。將自己所學的、所會的，全部貢獻給社會，與社會大眾同享，不存一己之私，如此不但使我們所學所會得到保障，亦可加以擴大，如此你的力量不斷在放大且結果非常豐收，這就是給準備好的人。

練習寫出你必須學習的能力有哪八種。

生存法則 *33*
要有陸海空策略及
ABC戰術和備胎方案

　　我在協助企業團隊發展業績的課程中，教導了學員幾個很實際的方法。

 ## 陸軍戰略

　　第一個是陸軍戰略，何謂陸軍戰略呢？就是建立一個陸軍銷售團隊，你現在所帶領的團隊，你現在所經營的公司或企業，或者你是一名銷售員，只要你要做的是需要達成業績目標，建立業務銷售團隊，不僅需要而且必須。具體的是你有沒有一個業務團隊，他的任務就是每天可以收進現金，或者是每個月可以收進大量的現金，業務銷售團隊就是這樣一個團隊。

　　父親曾告訴過我一句話很有道理的話：「做生意大部分都不是因為沒錢而倒閉，而是因為資金周轉不靈而倒閉。」世界上的企業只有資金周轉不靈的，沒有沒錢的。不僅是做生意如此，你是一家之主，或你是上班族，都有可能被逼到負債累累或是破產，甚至有人因為破產而有了輕生的念頭，都是因為錢暫時周轉不過來，如果能夠度過這一關就會有下一關，度過此刻就會有下一刻，度過現在就有明天，度過短暫就有未來。

　　而銷售業務團隊就是能夠幫你度過這短暫的時間。這裡我再講更清楚

一點，如果你做的是房地產仲介，那麼你必須要有一個銷售業務的團隊；如果你做的是保險，你必須要有一個銷售業務的團隊；如果你做的是汽車買賣，你也需要有一個銷售業務團隊；如果你開餐廳，你必須要有一個專門的業務銷售團隊來幫你賣餐券；就算你只是開個小店，你也需要有一個銷售業務團隊，或許人數不多，一個人、三個人、五個人，但是你的公司一定要有業務銷售部門，以前我有聽過傳統的行業，不需要做銷售就可以把東西賣出去，因為他可能是做研發、生產、製造，他的客戶物件可能是商店，可能運用的是B2B的方式，也就是公司對公司，但不管你是運用什麼樣的方式，都要想辦法建立一個業務銷售團隊，少則10個人，多則100人或者更多。但是如果沒有這樣一個團隊每天收現金的話，那麼就可能產生周轉不靈的狀況。也就是說各行各業都必須要建立一個業務銷售團隊，就算你做的是傳統行業也要建立一個銷售團隊。除了銷售，公司其他部門都是成本，這就是陸海空策略裡面的陸軍策略。

 ## 海軍戰略

　　什麼是海軍戰略呢？海軍戰略就是會議銷售，就是舉辦會議，參加展覽。我在中國大陸曾經協助過很多大中小型的企業做會議行銷，比如一家企業是做餐廳的，想要拓展很多連鎖加盟店，或者是併購一些小的餐廳，如果直接談併購，別人不見得願意。中國很有名的一家豆撈店，就曾經請我做過這樣的演講，主題叫做：如何打造連鎖帝國。當時把票分送給很多大中型的餐廳，邀請他們的管理者或者負責人來聽課，經過兩天的培訓和訓練，這家主辦的老闆被邀請上講台分享半個小時或一個小時他的成功經驗，聽著聽著就有人有興趣想要加盟，用這種教育培訓的大型訓練會議，

在最後達到我們要的結果。世貿所舉辦的活動，就是這樣的概念。

 空軍策略

第三個叫做空軍策略，比如說現在各位看到的這本書，運用網路行銷的方式出書、媒體曝光，類似這樣的方式來增加客戶的數量。就算所謂的空軍策略。

 ABC戰術

而什麼叫ABC方案呢？就是做任何事情都要有三套計畫，比如你設定今年的業績目標、年收入目標，或是設定自己的人生目標，不管設定什麼樣的目標，你都必須要有三套方案。大部分人不但沒有目標，而且還不設定計畫，但是沒有計畫等於在計畫失敗，你不止需要一套計畫，你必須要有三套計畫。當A計畫達不成的時候，B計畫趕快補上，B計畫達不成的時候，C計畫趕快補上。舉例你要達成一年賺100萬的目標，100萬的計畫可以是20×5，也可以是100×1，也可以是50×2，所以你必須要思考的是，如果A計畫達不成怎麼辦，就像你要在戶外舉辦一個活動，如果下雨怎麼辦是一樣的道理。

 備胎方案

再則就是所謂的備胎方案，狡兔有三窟，雖然我們所說是商業的活動，如果你擁有陸海空的戰略，你又擁有ABC的方案，並且到最後真的達不成的時候你還有備胎計畫，那麼你的目標就比較有可能達成，而每個月的目標也有可能被達成，這樣就可以達成年度的目標。就算達不成，經

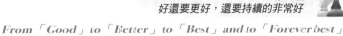

過多次的練習，就可以學會目標的達成。很多人一輩子也不設定目標，一年也不設定目標，一個月也不設定目標，其實不是不設定目標，而是不敢去想未來會怎麼樣？當你不敢想未來會怎麼樣的時候，未來不見得會變得更美好。在這裡我並不是要你去設定很多的目標，至少你要列出一年想要達成的目標計畫。課程中我會教大家，在生活中、在企業經營中，如何轉換成你所要的陸海空戰略、ABC計畫，以及備胎方案。

人們想買的是你可以幫助他們的計畫與希望，人們花錢是因為你可以解決他們的問題。列出你的陸海空計畫方案，請每種寫出三個方法。

生存法則 *34*

別被樂觀和夢想害死

我曾經認識很多人，他們之所以創業失敗，或者是之所以負債的原因是因為他們太過於樂觀，其實樂觀在某些方面是好事，一個人樂觀可能會活得快樂，但如果過度樂觀，可能就會樂極生悲。

我見過一些上班族，因不滿意自己目前的現狀，而去創業，還樂觀地認為自己創業一定會成功。由於沒有經驗，創業不順時就去借錢來支撐公司的發展，樂觀地以為公司只要開著，錢就會自己跑來，客戶好像會自己湧進來，樂觀地以為一些美好的事物都會發生，最可怕的是這種樂觀。其實未來會變得更好的原因在於——你現在做了什麼事，如果你現在什麼事都不做，不代表未來就會變得更好；若是你現在做了什麼事，也不代表未來會更好。我們都明白事情要往好的方面想，卻也要同時做最壞的打算。

 ## 好的要想，壞的更要想

如果這件事情或是這筆生意或是這個公司就算做不下或者生活已經過不下去了，那麼就應該想一想怎麼樣調整自己的生活，應該如何調整工作步調。在工作和生活當中，有時候你認為一切事情都是好的，而不去注意不好的事情，那麼不好的事情就會降臨了。李嘉誠先生說：相比成功，他更關注的是失敗。凡事只有往壞的方面想，才會有敬畏之心。有一個故事

是說：一個女人非常憧憬一座山的美好，於是她來這座山的山腳下，開始爬山，當她到達山腰的時候，心中有很多抱怨：這裡山路很崎嶇，陡峭。好不容易到山頂之後，她發現看到的並不是這座山的美好。

這個故事給我們一個啟發。當人對生活或是很多事過度樂觀，少了敬畏之心，沒有往最壞方面考慮的時候，就會害死一個人。為什麼有人會刷卡刷爆了，被法院寄催繳單，到最後宣佈破產。因為他可能樂觀地認為一切事情都會自己好轉。

很多成功學的書籍，我覺得都很棒，可以激勵人，勉勵人，但是有時候經常發現有些人被激勵之後寫下非常多的目標之後，卻什麼事都不去做，每天在幻想中度過每一天，以至於年紀一大把了還一事無成。千萬別讓自己的悲觀阻礙你的發展，也不要過度自信驕傲地影響你的發展。

做夢想是一件好事，但做完美夢也要記得寫計畫，寫方案，找方法，找可以協助你的貴人來完成。

練習 POINT

你和你的朋友有哪些共同的夢想可以一起做的？它們是什麼？他們是誰？請寫下來！

生 存 法 則 *35*

持續比暴起暴落更可貴，
持續力大於執行力

　　我記得在十幾年前，有一次我決定要養成游泳的運動習慣。（見後文彩頁P4：照片：游泳）游泳時可以安靜地思考事情，可以保持好的身材，又能維持健康，所以我決定要養成游泳的習慣。於是我先去百貨公司選購了一件很少見的凡賽斯泳褲，泳帽，還有很有質感的泳鏡。去健身房辦了一張游泳卡。前一天晚上我很興奮自己即將要養成游泳的習慣了，但是因為隔天要早起，所以九點多就準備睡覺，卻躺在床上翻來覆去睡不著，聽音樂逼自己睡覺，好不容易睡著了。由於平時很少這麼早睡，半夜就醒了，因計畫早上七點去游泳，又強迫自己趕快睡，結果一覺到九點才醒。由於沒有按照原定的計畫七點去，就很自然地想還是明天再去吧，但隔天因為要工作，也沒去，就這麼一拖，半年的時間每天都有不同的事情和藉口，竟然半年多以來都沒有去游泳。

　　直到有一天猛然想起這件事情，非常懊惱。又在新聞報導上看到運動的好處，我又決定趕快養成游泳的習慣，休假前一天我決定不要像上一次那麼早睡，結果隔天很順利地起床，換上輕便的衣服，帶上半年前買的泳衣，開車去了游泳池，一路上反覆告訴自己這次一定要養成游泳的習慣。到了泳池，開始各種泳姿，從早上九點鐘游到中午十二點都沒有停，中午在旁邊吃了午餐，休息半小時，又開始游，一直到下午四點多，真的好

累，五點多時我就收拾東西準備回家。當天晚上到家後，倒頭就睡，一直睡到隔天早上五點。因為太久沒有運動，一下運動太多，結果連續三天全身都酸痛不已。

就這樣又過了一年，中間都不曾去游泳過，我重新開始，找空閒的時間去，每週去三、四次，慢慢地游1000公尺。由於養成這個習慣後，連續十幾年，只要有機會我都會去游泳。由於方式的改變，我就能堅持十幾年。有時候我們做事情的時候，會想要一次做好，一次做足，但有時候一次做到最好，不見得是做到最好的方式，持續力比爆發力更重要。

如果有人一天可以拜訪一個客戶，連續一年每天都拜訪一個客戶，一年工作三百天，也拜訪了三百個客戶。如果有人今天一時興起拜訪了十個客戶，然後連續一年都不拜訪客戶，那麼他一年下來也才拜訪了十名客戶，比起那個拜訪三百個客戶還是差得遠的。在生活、工作中，做任何事時，當過度去做一件事的時候，超出自己的能力範圍，這件事一定不能持久。一件事情每天做一點，一天一點，一年就是365點。持續力大於執行力。不管你想養成什麼習慣，從現在開始，一天做一點吧。

練習 POINT　持續力／續航力才是維持生命延續的重點。做哪些是可以讓你延長持續力呢？請列出10點。

生存法則 *36*

大量持續閱讀報紙和雜誌

　　中國古代君王成吉思汗，在很短的時間內其征服的領土就橫跨歐亞非三洲，最重要的關鍵，在於運用驛站得到最重要的資訊，資訊知道的比別人更早，比別人更多，的比別人更廣。早年我還在臺灣時就養成了一個習慣，會訂購商業雜誌以及看報紙。即使我現在長住中國，我還是請臺灣的朋友每個月都幫我訂閱雜誌，再幫我寄到上海來。那位朋友問我：洪老師，有些書和雜誌你不用在臺灣買，你可以在大陸買，我就問他大陸什麼時候有呢？他說有些書臺灣會先出，大陸會晚點出，我說那不行，我要在臺灣先買寄過來。他又問我是要走海運還是空運，我說當然是空運，雖然價格高一些，但是速度比海運快很多。不然我收到的不是新聞，就是舊聞了。

 ## 進步太慢就是落伍

　　為什麼我要這樣做呢？很多人從學校畢業之後就很少再看書了，前蘇聯的總理戈巴契夫，在搬離他的辦公室時，裡面竟然有非常多的藏書，著實令人驚訝。看書、學習、上課，大量的閱讀，持續地閱讀。我們都聽過活到老學到老，閱讀的快樂，閱讀習慣的養成；學習的快樂，學習習慣的養成，對孩子而言一生受益。對員工而言能夠幫助公司更好，對老闆而言

能夠幫助別人前進，能夠幫助公司越來越好。因為我們怎麼還能夠用過去的觀念，來面對現在的社會、未來的時代呢？以前說世界上不變的真理就是變，不進步就是落伍，現在時代已經不一樣了，進步太慢就是落伍，所以你與別人的差別在於一天24小時做了哪些和別人不一樣的事，每天的工作安排、生活安排，如果和另外一個人做的事不一樣，那麼所得到的結果就會和另外一個人的不一樣，我們無法奢求做不一樣的事，卻達到一樣的結果；往一樣的地方前進，卻到達不一樣的目的地。或許閱讀習慣不見得能帶給你馬上不一樣的效果，但是久而久之只要能夠持續下來，大腦結構的不同，會影響一個人做決定和做判斷，最後就會影響結果。

我經常搭飛機往來各地，並養成隨時帶著書翻閱。所以，每天讀一點總比沒有好，少做總比不做好，晚做總比不做好，進步和退步都在一瞬間，所以養成大量持續閱讀雜誌和書籍的習慣，人生真的會不一樣。

如果你是家庭主婦，需要這樣嗎？我相信人只要活著都需要進步，不然就會被淘汰。不但是要養成閱讀的習慣，而且要持續保持。現在請寫下最想看的書的種類和書名，持續養成閱讀的習慣、學習的習慣，發現閱讀的樂趣，最後你會發現對於學習和閱讀你會愛不釋手。

練習 POINT

有錢的成功人士，都有著愛閱讀與愛學習的習慣，即使他們時間緊迫但也會看標題。

請寫下你最想看的5本書名。

生存法則 **37**

三年翻身，十年大運

　　如果你現在想要做某種突破，或者想做某些改變，有一個時間設定的準則叫做三年翻身。不管你現在的狀況如何，設定三年的計畫和目標，你想要在三年之後變成什麼樣的你？做什麼樣的工作？念哪一所學校？讀什麼書？或者是擁有一個家庭？保持健康的身體？養成什麼的習慣？

　　為什麼說是三年呢？因為三年的時間才能讓一些事情有些眉目，一年得其要領，三年必有所成。這裡所說的三年，並不是你今天做一點、一年之後做一點、兩年之後做一點、第三年就會成功。如果你想要學成一門手藝，養成一個習慣，或者是要換一個工作，甚至是創業，我所說的是每天做你想要做的每件事，每天至少工作超過8個小時，一個禮拜至少做五天的時間，一週40個小時，一個月4個禮拜，就是160小時／月，一年按照做10個月來算，就是1600小時／年，一年1600小時這是很保守的估計，而三年就有4800小時。如果有一件事你可以堅持做4800小時，持續做一定會有績效。任何事情只要堅持做一萬個小時，就會有相當的成就和結果，這是一本書上面所講到的。十年磨一劍，為什麼我打了十年的工，做了十年的工作，仍然沒有結果呢？這就要看你這十年裡每一天做多少個小時，所以一萬個小時可能是一個更精準的數字。不管你要做什麼樣的事，如果沒有經過四千多個小時，甚至到一萬個小時修煉，是很難有所大成就。

　　在我初創業之時，或者是從臺灣到中國發展，從第一年開始找突破

點，熟悉適應，到第二年開始有些成效，第三年就會有比較好的結果。所以三年是一個很正確很正常的時間。如果你想要在一年之內得到什麼樣的結果，達到什麼大成就，其實是很困難的，因為人往往太高估自己在一年內所能做的事，而低估自己在十年內所能做的事。春天要播種，夏天要除草，秋天要收割，冬天才能夠收藏。三年絕對可以讓你有翻天覆地的改變，可以讓你有完全不一樣的人生。如果你現在想要去做一件事，記得維持三年的時間。之前聽過一名命理師說：十年是一個人的大運。如果你可以做好一個三年，接下來你可能會有十年的好運。但是第一個三年必須要去醞釀這本書中講的另外一個生存法則「下一條S曲線」，如果能夠把三條S曲線醞釀好，就可以走十年。最重要的是人生不只只有一個十年，甚至有十個十年。所以一年的得其要領，三年必有所成，五年成為專家，十年成為權威。如果可以醞釀人生的每一個三年，每一個十年，那麼我們的生活將更精彩。

我剛到中國的時候，第一個三年是我的高峰期，後來產生一些挑戰和挫折，但是第二個三年又重新出發，我無法想像如果我沒有關注每一個三年的話，那麼人生會變成什麼樣？可能只是曇花一現，如煙火一樣短暫。現在請寫下你在接下來的三年內要有什麼樣的改變，要成為什麼樣的人，你的事業要變成什麼樣的六個具體的結果。

練習 POINT Think big be big 想大的來大的。演什麼像什麼，學誰就像誰！寫下6個改變及6個你要的具體結果。

生存法則 38
用力賺，用力玩，享受才是人生

　　我經常要去各個地方去演講，有時候還必須趕場，早上在深圳，下午要趕到上海，隔天到北京，後天去臺北，大後天可能要飛新加坡，下禮拜可能要去美國，然後日本，有時候一個月要去兩三個國家。很多學員問我這樣會不會太累了，我覺得不辛苦也不累。什麼叫累，我反倒覺得我以前一天兼六份差，去擺地攤、發海報、挖下水道、去當家教、去賣血比較累，因為沒有目標，沒有未來，不知道累的結果是什麼？只有累，沒有享受，沒有辦法吃好、穿好，過好的生活，那個時候我覺得我好累。

　　現在我覺得沒那麼累，為什麼？一名中國知名企業家，他的網路購物平臺經營得非常成功，曾經有人問他：「我佩服你能熬過那麼多難熬的日子，然後才有今天這樣的輝煌。你真不容易！」我記得他的回答是這樣的：「熬那些很苦的日子一點都不難，因為我知道它會變好。我更佩服的是你：明知道日子一成不變，還堅持幾十年照常這樣過。若換成我，早瘋了！有些苦，不值得抱怨，因為你知道它們遲早會變好……」

　　只要知道有未來，就不會害怕累。累要累的有代價，苦要苦的值得，最怕的是累又沒代價，苦又不值得。我工作忙起來時，有時候會沒有時間吃午餐或晚餐，或者是延遲了吃午餐或晚餐的時間，但是有時候午餐、晚餐時間到了，工作還沒有做完，我就吃些簡單的食物稍微補充一下能量，

然後在結束工作後，去吃一頓大餐，好好慰勞一下自己的辛苦。人要懂得給自己一些獎勵，例如在完成某項工作的時候。

有些人工作不怎麼努力，玩樂的時候也不想要住得很好、吃得很好，東省西省，結果玩得不盡興。如果你在平時工作的時候比平常更努力、會更拚一點，那麼你在享受這些享樂的時候就不會有罪惡感，也因為這樣，你才會想要更努力地持續去工作。

每次旅行結束之後，我都會更努力地去工作；每次我買了一些自己喜歡的東西之後，我就想更努力工作。除非你一天到晚享受，這樣的生活太奢靡了，但是如果你可以給自己一個人生觀是：更用力地去工作，比平常更用心、更努力，然後享受更好的人生。這樣的人生不是很美妙嗎？

如果你能夠為自己設定目標，完成目標後就滿足自己的一個心願，比如吃自己想吃的東西，買自己想要買的東西，做自己想要做的事情，或是去捐款去奉獻，送心愛的人禮物，你會發現用力地工作，拚命地享受，這樣的人生是最快樂的。只有在夏天大汗淋漓之下，才更能享受冰涼西瓜的快樂。幫自己設定每個階段性的目標，設定每個階段性的享受，既不會有罪惡感，又可以努力鞭策自己，在下一個階段努力的工作，

練習 POINT

你璀璨的未來大過於你現在的累。盡心、盡力、盡興地享受工作，享受你該得到的獎賞。列出你想要的10大獎賞。

生存法則 *39*

天天看行事曆

　　這裡所說的行事曆，最重要的原則是：提前安排好自己三個月到半年，甚至一年的時間。三個月到半年的規劃是最適合的。中國知名企業家曾經說過：「初期在從事任何事業的人，不要一下子訂太多太宏偉的目標，只要定短期的目標，短期的計畫。」如果一下定太多太長遠的目標，可能會讓自己活在未來，而不知道現在要努力過好每一天。其實只要現在過好了，才能一步一步順利地走出去，就能看到未來光明的道路，一步一步往前走，路就是這樣被人走出來的。有些人卻完全不設定目標，總是走一步算一步，船到橋頭自然直，那也不行，最好的時間規劃以三個月到一年是最好的。

　　我每天都是從手機的行事曆裡面看著自己接下來每天的安排。這裡所說的不只是安排工作、生活、旅遊計畫，上面可能還寫著你重要朋友的生日、重要客戶的生日、親人的生日，自己的結婚紀念日，什麼時候要去哪裡旅遊，每個月要有什麼樣的工作安排等等。

　　就像汽車在晚上行駛的時候必須開大燈，不管你要去哪裡、去多遠，只要按照大燈的方向前進，你一定會到達你的目的地。設定三個月到半年的計畫，就如同汽車的前照燈一樣，只要不斷有三個月到半年的計畫，你終究可以到達你設定的更長遠方向。可是有些人卻完全不開燈，不清楚自

己接下來要幹嘛？能做什麼事？雖然我們知道計畫趕不上變化，但是這不代表我們就不用做計畫，計畫雖然要調整和變更，但是我們仍然要不斷做計畫。

每天能夠看行事曆，看自己接下來一個月、三個月的行程，以及今年自己的行程，透過這樣的方式，就能夠在三個月內把目標設定好，多年來我都是如此。所以接下來就是要把每天的行事曆都排好，要去見什麼客戶，什麼時候要去見朋友，什麼時候要去見親人，任何事情都把它排出來，不要怕調整，也不要怕改變。

每天寫下隔天要做的六件事

我之前看過一本書，十九世紀的一位世界首富寫到，他有一個很重要的習慣就是，每天寫下隔天要做的六件事，我受到啟發後，多年來也一直維持這個習慣。如果你能夠在行事曆裡面的備註欄，寫下每天要做的六件事，說起來這個方法不怎麼困難，其實做起來並不容易。當你看到這本書的時候，請馬上寫下隔天要做的六件事，這不是很難，我所說的不是洗臉刷牙等這樣的事，我說的是每天和誰見面、要學習什麼、工作上要完成什麼等每天最有生產力的事，並排定優先順序。做一次並不困難，如果這樣簡單的事你可以持續不斷的去做，做一個禮拜、一個月、一年365天，能夠做兩年、三年、五年，十年，把這樣的習慣教給你的員工，你的下屬，你的合作夥伴，或者是建議給你的老闆，你的孩子，你的另一半，把這個習慣養成，持續力比執行力更重要。並且知道你接下來的三個月、半年要做什麼，該做什麼？從最小的單位每天開始，寫下你隔天要做的六件事在你每天晚上睡覺之前。我相信經過一年之後，你會發現有神奇的變化，你

範例：洪老師行事曆

週日	週一	週二	週三	週四	週五	週六
	1 錄光碟	2	3 複製 CEO	4 複製 CEO	5 複製 CEO	6
7	8 美國演講	9 美國演講	10 美國演講	11	12	13 顧問案
14 顧問案	15 顧問案	16	17 臺灣課程	18 臺灣課程	19 臺灣課程	20
21	22	23 日本演講	24 日本演講	25 日本演講	26	27
28 泰國演講	29 泰國演講	30 泰國演講				

的時間管理會越來越好，而時間管理就是生命的管理，浪費時間，就是浪費生命，如果能夠節省更多的時間，就能夠活得更久。

有些人一天能夠發揮十天的效率，那麼他就比別人多活十輩子，聽起來沒有什麼，但是聚沙成塔，積少成多，節省每分每秒、充分運用每分每秒的時間，我們的生命將更精彩。

練習
POINT

每天過得很充實，充實的活著擁有充實的結果。現在就拿出你的行事曆，上面寫上你想要見的人、做的事，打出電話，立即敲定行程。

沒進來的錢及花出去的錢都不算是錢

　　錢，這個讓我們又愛又恨的錢。有人說對孩子最難以啟齒有兩個主題：一個主題是：性；另一個主題是：錢。很多書上都寫著金錢如浮雲，金錢如糞土或者是有錢人都為富不仁。其實，如果你不愛錢，錢也很難愛你，對金錢有錯誤的想法、錯誤的觀念，那麼錢就會離你遠去。

　　到底你是要成為錢的奴隸，還是要讓錢成為你的奴隸。有時候我們會很矛盾地想要賺很多錢，但同時又告訴孩子錢不是最重要的，錢很重要但不是最重要的。我們也常聽到：「貧賤夫妻百事哀。」開門七件事：柴米油鹽醬醋茶，都要錢。那到底我們要不要賺很多的錢呢？這個困擾人們，讓人們快樂的課題，自古以來說不盡道不明，為財兄弟反目成仇，古往今來比比皆是，但是金錢又是可以救人於水火，是人們賴以生存的工具之一。

　　到底我們要把錢擺在什麼位置呢？當我們成為他人的爸爸、媽媽；成為別人的員工、主管；或者當我們自己成為創業者，成為企業家，該如何思考和面對這個問題呢？反正不在你手上的就不是錢，也就是你已經花掉的，或者你準備給別人的，或者是那些要分期付款的錢，你都要悲觀地認為那些已經花費出去了，不算錢了；那些還沒進來也不能算錢。有些人的生活之所以出現問題就是他認為反正下個月會有一筆錢進來，有人做生意

會出狀況就是他很樂觀地認為客戶會把錢給他，但現實狀況是，只要還沒到自己手上，一切都是變數。

　　二十年前，我是一名銷售飲水機的業務員，當時我拿飲水機的目錄，一個一個地去拜訪客戶。印象很深刻的是有個朋友告訴我，他有個表哥是建築公司的老闆，有很多建案，蓋了很多的社區。他說：「不應該這樣一台一台地賣飲冰機，我介紹表哥給你認識，你和他談房子裡面附飲水機，讓每個住戶都能喝到很乾淨的水，那不是很好嗎？」當時臺灣還不是很流行飲水機，我在銷售的時候遇到很多的阻撓，那時候飲水機一台售價將近要三萬元（新台幣）實在太貴了，人們又沒有打開水就喝水的概念，都認為水一定要煮沸了才能喝。

　　當我這個朋友要介紹建商給我的時候，我很開心，感覺好像一下子可以賣出很多台的樣子，解決我業績低落的問題，這樣只要我賣一個人就可以抵別人好幾年的收入。在和這個老闆見面的前一天晚上，我就在想如果談成的話那我就賺很多錢，解決家裡的債務問題，解決自己生活問題，於是興奮得睡不著。

　　第二天見到這個老闆，果然是個很親切的老闆，是個願意幫助年輕人的老闆。他問我跟他見面的目的是什麼，我當時沒有什麼經驗，就很坦白地告訴他想要幫助他蓋的房子每個裡面都裝設飲水機，沒想到那個老闆二話不說，拍拍我的肩膀說：「沒問題小老弟，我蓋房子每次都是蓋幾百戶，甚至上千戶，都裝你的飲水機吧。」當時我非常興奮，高高興興地回家了，也沒有跟他簽約，自然也還沒有跟他收錢。回家之後我就約了很多朋友，請他們吃飯，唱歌，彷彿我已經是大富翁一樣，慶功了好幾天之後，我打電話給那個朋友問問他建商的態度，朋友說沒問題。我心裡更堅定了，卻還是沒去做簽約的動作，又過一個多禮拜，我打電話給朋友，他

說他表哥出國了，過段時間就會回來，依然說沒問題。一個月後我又打電話給朋友，他說聯絡不到人了。你猜我的飲水機賣出去了嗎？那個老闆最後跟我買了嗎？我是不是一夜致富了呢？可能再過二十年我也等不到那筆獎金。這讓我深刻學到一件事情：凡是還沒有收到的錢，都不能算是錢。千萬不要樂觀地認為誰會主動把錢給你，不管是做生意，做店員，如果客戶沒有付錢，就算他告訴你他有需要，他也不見得是真的要。

　　不管你是開公司還是開店，都必須要有這樣的觀念：付出去的錢已經付掉了，還沒有進來的錢根本不能算是錢。千萬不要傻傻地認為，反正下個月會進來，這個月就先花吧。不要因為會有錢進來就投資，很多公司就是這樣周轉不靈的。前文我們曾談到不要過度的樂觀，以為接下來什麼事都會順利的發生，然後你就以為錢已經到手而去投資，最後這邊的錢還沒進來，那邊的錢已經出去了，發生兩頭空的危機。這麼簡單的道理，很多人卻做不到，很多因此生意失敗，公司破產，應該要引以為戒。對於錢，還是古語說得好：「正所謂君子愛財，取之有道，用之有度。」

練習 POINT

　　如果你把錢當做你的情人，你會怎麼對待它呢！如果你把錢當做可以助己救人的工具，你會如何保存它？寫下來，你要如何管理你的金錢？

永遠要有一個救命的一百萬

　　這個一百萬是一個重要的本錢，也是翻身的根本。如果你現在很有錢的話，一定要在一個戶頭裡面存一百萬。一百萬不多但也不少，很多人這輩子也存不了一百萬，我說的是存下一百萬，不是賺到哦，差別很大。注意什麼叫一百萬，就是你去銀行輸入密碼，你的戶頭存款餘額顯示：1,000,000元，這才叫一百萬。是現金，不是車子，不是房子，不是古董，不是名錶，而是真正的現金一百萬。如果你現在很有錢，開這個戶頭可以用定存或許沒有很高的利息，但是永遠都不能動它；如果你現在沒有錢的話我建議你存到人生中的第一個一百萬，不要拿去買房子，不要買車子，不要拿去做任何的事，想辦法把它存起來，這就是你人生中最重要的一百萬。

　　為什麼會有這個一百萬的理論呢？因為有個前輩跟我說過：不管你現在的狀況有多好，人有旦夕禍福，月有陰晴圓缺，天有不測風雲，每個人都可能會有過得不好的時候。上天給每個人好運氣當然也有運氣不好的時候，不管怎麼樣，就算你過得不錯，你很有錢，卻不能保證有一天你不需要急用，有特殊的情況發生而需要用到這個一百萬。就好像挖個地洞放進去這一百萬，搞不好有一天你沒錢了，做生意出現什麼問題了，發生什麼突發的狀況，至少還有這救命的一百萬，不至於驚慌失措，原形畢露。雖

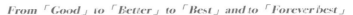

然一百萬不是太多，至少可以讓你的生活不受影響地過一段時間，伺機翻身，重新出發，東山再起。只要有這一百萬你仍然可以和別人約在五星級酒店談生意，離開時可以坐賓士車揚長而去（用租的），人們也不會認為你太囧困。有些老闆本來開賓士車，一旦破產，幾十億的身價瞬間沒了，又不想被別人看出自己很窘迫的樣子，而人們大部分都是錦上添花，很難雪中送炭。父親曾對我說：你要記得，銀行是個下雨天的時候會把傘收起來，晴天時會把傘張開的一個地方。事實上我們沒錢才需要找銀行借錢啊，但銀行卻做相反的事。

假設你有這救命的一百萬，當你狀況非常不好的時候，仍可以保持鎮定瀟灑的形象，在談事情的時候可以輕鬆地點一杯180元的柳橙汁。如果你經常豪賭，把錢都用光了，讓別人感覺你原形畢露，人們就會對你落井下石。就像《聖經》裡面有講到：如果你已經有了很多，上帝會給你更多，如果你不善管理，祂會把你所僅有的一點點，連本帶利的通通都拿走。因為這是人性，是宇宙常態，是生存的法則，如果你現在狀況很好，請存下一個一百萬在你的戶頭。

或許有人會說我現在沒有一百萬，那就想辦法去存到你人生的第一個一百萬。當你存到第一個一百萬之後，你的人生就跨出了第一步，可能你就可以存到一千萬。人要成為千萬富翁，有時要靠一些運氣、機會或許可以做到，但是要成為億萬富翁卻不是那麼容易，這時候可能要靠系統、團隊、要會演講、會行銷等等很多很多東西才可能成就一個億萬富翁。你投資股票，你標會，搞不好是你中了彩票，中了幾十萬，慢慢你就有一百萬了。但是如果要存到一千萬，那就可能需要時機，比如碰到貴人或你的房子大漲。但是如果你設定目標成為億萬富翁就不是那麼簡單了。

　　不用想那麼遠，先擁有第一個一百萬吧。不管你多有錢或是狀況多不好，一定要有一個一百萬，這樣你的人生就會非常的踏實、穩當。

1、幾年幾月幾日，你要存下第一個一百萬？

2、幾年幾月幾日，你要存下第一個一千萬？

3、幾年幾月幾日，你要存下第一個一億？

4、幾年幾月幾日，你要存下幾個一億？

享受孤獨與享受喧嘩

　　如果你的工作或你的生活平常都是處在非常安靜的地方，建議你偶爾去酒吧，感受一下不一樣的感覺；如果你的工作或生活是在那種吵雜的地方，那麼你可以一個人去海邊享受吹吹海風的感覺。（見後文彩頁P4：照片7）

　　如果你比現在的你更大膽三倍的話，請問你會做出哪六個工作或生活上不一樣的決定呢？如果你比現在的你更保守三倍的話，不管工作或生活中，請問你會做出哪三個不一樣的決定呢？這個理論叫做「乘以三」的理論。當你想做任何事的時候，問問自己有沒有可能多做三倍，有沒有可能達到三倍的結果，有沒有可能做出可以激發自己潛能、發揮自己力量三倍的事呢？

 常常思考

　　我們都知道人其實有非常大的潛能，為什麼平時激發不出來或沒辦法持續激發潛能？因為我們的大腦中充滿了恐懼，充滿了害怕，如果不害怕我們可以做出什麼樣瘋狂的事呢？只要這些事情是合法的，不違法道德倫理的，就可以更瘋狂的去做。現在我要你寫下如果你比現在更大膽三倍，你會做出哪些不可思議的事：比如在設定業績目標，你可不可以寫下達成

現在目標的三倍呢？例如你想要考上一個好的學校，可不可以寫下比你之前期望更好三倍的學校呢？比如你想要賺多少錢，可不可以寫下你想要賺的錢的數字再乘以三倍呢？當你設定的結果跟現在不一樣，比現在更大膽、更瘋狂、更高的時候，那麼你的計畫也就完全不一樣了。就像一個一年想要賺三十萬的人，跟一個想要一年賺九十萬的人，每天的行動計畫及準則，工作方案及思考方式、時間管理、休閒安排，要見的人，和講的話是不同的。

三倍你的人生，讓你的人生比預想的更快樂幸福三倍。如果你的工作或生活是在那種吵雜的環境，你必須享受孤獨。為什麼要享受孤獨呢，因為只有平時慣於處在吵雜的環境，偶爾到安靜的地方，讓大腦接受刺激，進而你的思考方式會不同，才有可能三倍你的人生。如果你的工作或你的生活平常都是處在非常安靜的地方，建議你去酒吧，讓大腦感受一下不一樣的刺激，才有新的想法，新的計畫，才有新的未來。

思考能力很重要。曾經讀過一本書叫做《思考致富》：想法決定做法，做法決定結果。結果好與不好，你滿不滿意，推斷起來都是思考所造成的。我常常靜靜地一個人思考我的課程的內容，我該研發什麼樣的產品，我該如何幫助別人，該如何做市場規劃，該找誰合作呢？我喜歡游泳，常常去游泳。因為游泳的時候，只能看著水下，在那個只能游不能做其他運動的環境中，我的大腦就會跑出很多的想法和計畫，游泳池旁邊隨時放著筆記本或手機，可以馬上把我想到的點子記錄下來。這種享受孤獨，不但可以忘掉煩惱，還可以做和本來不一樣的事情，可以激發潛能。當一個人經常有不一樣的想法，思考著如何可以更好，怎麼三倍你的人生的時候，可能就會產生意外的收穫。所以，思考力真的很重要。

有些人一天到晚總是很忙，忙到沒時間去思考。但是如果你可以常常

思考，真正的去思考，那麼可能你會做出自己想不到的不一樣的事，當然也可能達到你完全沒想到的結果及成就。世界首富比爾‧蓋茲說：他每一年都有一個月的時間在思考。」我去美國灣區的時候，發現山上有很多富豪的別墅，他們長期並不住這裡，但是每年他們會帶著家人或者自己一個人回到他們在這裡的別墅。最有效率的事情其實就是思考，用紙筆記下來你思考的結果，可能就會改善你接下來的生活方式，你的工作計畫。

　　在你忙碌的時候，要去享受孤獨；在你冷靜的時候，去享受喧嘩。偶爾去一下酒吧，偶爾去一下海邊，偶爾去一下圖書館，偶爾去做平常不會做的事，做腦力激蕩，激發你的靈感。經常這樣做，大腦也會不斷的進步，一次比一次更靈活，這也是一種激發自己潛力的方式。想一些以前沒想過的事，說不定就會有想不到的成就。

**練習
POINT**

如果你是感性的人就去做理性的刺激，如果你是理性的人就學著去受感性的感染。

寫出九件平常你不做的但是你可以去做的事情。

生 存 法 則 *43*

三件不能碰的事：
吸毒、賭博、借高利貸

　　在我寫這本書的時候，臺灣和大陸有兩個非常知名的藝人：一位國際超級巨星的兒子，本身也是演員；另外一位是知名偶像小生。他們因為吸毒被抓，在他們之前也不乏有一些娛樂圈的明星、包括編劇、歌星、影星等因為吸毒、藏毒的關係，觸犯法律，面臨坐牢的問題，其實這並不是娛樂圈的新鮮事。

　　為什麼會去吸毒呢？可能是他們覺得可以短暫地麻醉自己，或者生命找不到目標，找不到意義，又或者是自己以前所設定的目標都已經達成了，跑去吸毒可以體驗短暫的迷幻。曾經有一種毒品叫快樂丸，你想要誰出現在你身邊他就會出現在你身邊，變得非常的快樂，這是一種非常可怕的毒品。但是吸毒真的可以讓你忘了一切煩惱嗎？它只是給你短暫忘掉煩惱的感覺，但是清醒過來之後，煩惱更多，還要靠下一次吸更多的毒來解決這樣的問題，日復一日，年復一年，毒癮越來越重，這個人基本上就完蛋了。不僅觸犯法律，也面臨生命危險。

　　人生最痛苦的兩件事：一個是沒辦法達成目標，另一個是目標全部達成了，但你不知道接下來要什麼。沒辦法設定下一個讓自己快樂的目標，人生可能就會染上毒品。尤其是富二代，以及我們的下一代，他們沒有金錢壓力，所有的物質享受一應俱全，覺得該有的都有了，生活似乎沒什麼奮鬥的目標。我所認識的一些企業家或富豪，他們對於已經達成了在窮困

時想都不敢想像的一切都到手了、享有了之後，卻反而不怎麼快樂。所以讓自己快樂真的很重要，找到自己的熱情和天才，去做那些能讓你廢寢忘食，半夜都想跳起來想做的事，這樣就沒有時間去沾染毒品。

再來談賭博。中國的教育培訓行業這幾年大幅度的崛起，熱門程度不亞於當年臺灣的電子業，我想臺灣的朋友一定很難理解。為什麼在中國會這麼的火熱呢？其實，由於經濟的騰飛，創業的人居多，造成這個行業在中國如同春秋五霸，戰國七雄，百家爭鳴的局面。可能在大陸有幾萬家都不止，我認識透過這個行業迅速賺錢，快速成功的老闆，過沒多久財富散盡。他們可能是去澳門或別的地方豪賭，把快速賺來的錢又快速散盡。這裡說的賭博除了玩百家樂、去賭場之外，還有一種就是把錢拿去投資其他生意把錢賠光，或者是投資股票追求短期獲利，我把這些都稱之為賭博。永遠要做最壞的打算，不要豪賭，就算要豪賭也不要借錢來賭，因為若是賭輸之後可能一蹶不振，永遠沒有辦法再爬起來。

以前總聽老人家說人生最重要的是平平安安。平安是福，可是小時候會覺得平安不是應該的嗎？追求大成功才是年輕人應該要做的事不是嗎？後來，自己慢慢年紀長了，體會到為什麼平安這麼重要，如果能夠平平安安的追求穩定，追求成功，追求財務自由，讓自己生活過的更好，那才有意義。所以平安是福，請珍惜這個福分吧。

再來就是千萬不要去借高利貸，不要向地下錢莊借錢。我認識非常多的朋友，不管做生意還是生活上其他的需要，一旦借了高利貸，展開惡性循環，就沒完沒了，一輩子都活不下去。我父親就是如此，借了高利貸只能緩解暫時的問題，就算你遇到多麼好的投資機會，不管你多麼缺錢，一旦借高利貸也同時宣佈了死亡。那種無法想像的利息，會讓你的人生陷入一種黑洞，陷入永遠無法逃脫的命運。

所以，寧可去做工人，或者去做類似業務這樣的工作，去做陌生開

發，去當業務員賣東西，絕對比借高利貸要好。很多人不想做業務，不願放下身段，不想重新出發，只想一步登天。以為借了高利貸就可以錢滾錢，賺更多。其實我認為最好的一種翻身的方法就是去做業務員，去賣各種產品，因為這樣你可以賺到很多佣金。當你有想借高利貸的念頭，還不如去做業務員。做為一名業務員，最重要的就是放下身段，再則就是不斷學習，我公司也有教很多業務員的課程，教如何把業務做好、把業績做大。除了我針對老闆的課程外，為什麼還有針對業務員的呢？因為老闆往往就是最大的業務員。

所以，不管你的狀況如何，千萬不要去借高利貸。絕對不要染上毒品，絕對不去賭博。堅守這三個原則，也把它當成你的家訓，這輩子下輩子都絕對不能碰這三件事，否則可能連生存的機會都會被剝奪。

我的合作夥伴王鼎琪老師，集結了講師界來自不同領域的講師吳美玲與謝秀慧老師等發起了「脫穎而出國際公益協會」，這樣的組織集結各行業與社團的菁英來為一些有癮頭的人，脫離他們的困頓與無奈，透過各種的方式來改造他們身心靈的健康，因為毒癮也好，不良習慣的癮頭也罷，只要一纏身，就是一個家庭毀壞與破碎的開始，是社會沈淪的主因之一。加入「脫穎而出國際公益協會」，一起浸泡在良善的身心靈健康環境中當個義工也是不錯的修煉。

練習 POINT

過度的追求就是上癮，過與不及都沒中庸的好。列出你的10大惡習，寫出克服的辦法，立馬消滅他們！

建立十年，毀於瞬間

　　人的生命有時候真的很脆弱。有時候在世界上活了三四十年之後，一個不小心發生什麼意外就可能奪走一個人的生命。但這並不代表前面那幾十年他沒有好好的活著，一日三餐，喝水吃飯，每天成長，父母要花多少心力才能把一個小孩撫養長大，可能一個不注意孩子就沒了。相同的，如果是開一間店或經營一個公司，或成功做成一項事業，可能要花很長的時間，很多的精力，經過無數次的失敗與努力，也很有可能一個不注意，十年的努力，十年的辛苦，十年的付出一下子就沒了。

 ## 千里之堤，潰於蟻穴

　　你是否看過推骨牌，沒錯就是一個骨牌倒了，一千個骨牌跟著一起倒。我們在做任何事的時候，必須要注意及留意的是，既然生命如此的脆弱，事業如此的不堪，特別要注意什麼是你的致命傷，有什麼是可能讓你的基業毀於一旦的事情，每天戰戰兢兢，如履薄冰。不只事業如此，婚姻也是如此。好不容易相識、相戀、相知，從戀愛到結婚，維繫了幾十年的婚姻，由於一個不忠，一次爭吵，或別的問題讓數十年的婚姻毀於一旦。要知道建立的過程非常困難，但是破壞卻異常的快，不管在哪一方面，我們都需要小心翼翼處理：像是事業、婚姻、親子關係等相關的事情。

　　生活中很多事要發生的時候，都一定有跡象的。有句話說：「欲讓人亡，必讓其狂。」在多年的公司創立於輔導企業過程當中，發現很多事情會毀於旦夕，並不是這件事情真的突然發生，而是發生這件事的前一年或前兩年都有預感或前兆。比如一間公司倒閉了，可能是之前出過很多問題，例如產品品質的問題，曾被檢舉過；一個婚姻有問題可能是其中一方的不重視，其中一方的出軌。很多事情發生之前，並不是沒有徵兆，上天總會用各種方式提醒一個人要警惕哪些地方要出問題了。像一個人身體出現問題，經常頭痛，肚子痛等，上天其實就是在給你警示，如果你不去理會，最後就將面臨毀滅性的大問題。

　　當你的公司，你的事業，你的婚姻，你的身體，你的團隊，你的親子關係，你的兩性關係，你的生活出現任何小問題的時候，記得把小問題放大，把大問題縮小。如果有很多的小問題，那代表上天開始提醒你應該要注意，要警惕了。不要不理會小問題，不理會小事，因為小問題會釀成大禍，當大禍真正來臨的時候，請以平常心看待，把它縮小。毀於旦夕的事大部分都是由於當時我們不去注意上天給我們的提醒。

練習 POINT

　　摧毀容易，建設難。你要做哪些建設，才對你的健康或事業或家庭有幫助呢？寫下重要的1.2.3.

先從陌生市場開發開始

　　我的學員不乏各行各業的人，當我協助一些企業做大型顧問培訓方案的時候，我會幫客戶公司做內訓，有時有幾十人，有時是幾百人、幾千人，甚至上萬人的情況都有，面對市場部門我會給予一些與時俱進的建議。

　　記得有一個直銷公司，員工有上千人，邀請我去當顧問，替他們的團隊做銷售訓練。訓練過程中有學員問：「在做業務拓展時，很多人會受到家人的反對，越是親近的人越是給他們潑冷水，這時候該怎麼辦呢？」很多訓練直銷團隊的老師都會建議他們先約或銷售產品給親朋好友，之前直銷是神祕的行業，但是現在門戶大開，很多人曾經多多少少都用過直銷公司的產品，或者曾被邀請參加直銷公司的活動，所以不認同的人，他們可能曾經被邀請參加這樣的活動介紹產品，而會有先入為主排斥的念頭，但這並不代表直銷公司不好或是有問題。

　　所以，我給很多從事直銷事業的人的建議是，以前是從親朋好友開始開發生意，但真正廣大的卻是陌生市場，就是你不認識的客戶，你不認識的朋友。從陌生人開始，是更好的方法。親朋好友可能礙於相識的情分上，遲遲不做決定，因為他們認為只要不做決定往往就是最安全的，他們排斥購買或者你加入直銷公司。如果你能改變以往的做法，先從陌生市

場開始的話，很多陌生人，你不認識的人對你的拒絕讓你並不會感到很受傷，但如果是你的親朋好友拒絕你，反而會讓你的信心全無，再也做不下去了。因為他是你親近的人，給你的阻撓和破壞的力量更大。

那麼，陌生開發具體要怎麼開始呢？我給大家幾個具體的建議——

首先第一個觀念就是「沒有陌生人，只有還沒認識的朋友」，因為朋友才會跟朋友購買東西，朋友才會相信朋友，朋友才會跟著朋友走，所以你要做的第一件事並不是要賣產品給他們。我對直銷公司的學員們說你們的競爭對手更激烈，別的行業競爭只是和他們的同行，而你們不僅是同行還是這家直銷公司的同事，一樣的產品一樣的公司一樣的制度，他可以選擇跟你做也可以選擇跟別人一起做，所以你必須要把他當成一個企業來經營，人們可能因為你經營的這個企業來買你的產品。當成自己的企業來經營而不只是直銷商這很重要，如此一來，你就變成某某企業的老闆，而不是直銷代理商，由於你的用心經營，會讓人們會更願意加入你的團隊。如果你做的不是直銷，而是其他種類的銷售，比如保險、房地產仲介、汽車買賣、家具銷售，影印機銷售等，只要你做的是直接面對客戶的銷售，就先從陌生市場開始。

為什麼直銷、保險會被別人拒絕、排斥，而開個店面家具不會被排斥呢？因為家具行的客戶雖然都是陌生人，很多都是路過，踏進店門來逛逛、購買家具。而直銷、保險是要主動找客戶攀談。我們回頭看看家具業者是從來逛家具的人當中選中那些有需求的消費者，對他們介紹自家家具產品有很多好，跟他們溝通、銷售家具。而直銷、保險往往最讓人挫折的是客戶根本沒有這個需求，而我們要主動告訴客戶直銷、保險的好處，其實被拒絕是很正常及合理的。認清陌生開發本來就容易被拒絕，比起被自己親朋好友所拒絕而造成心理壓力來得小多了，所以，從陌生人開始是個

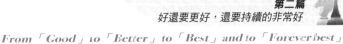
相對而言比較好的做法。

　　剛我們談到的第一點是把不認識的人變成朋友，這就是建立親和共識。第二個方法是透過現在手機比較流行的通訊方式：中國大陸可以使用微信，在臺灣、韓國、日本等可以使用Line，歐美國家你可以使用Skype，你可以使用這些工具發送資訊到更多的公眾平臺上面，你還可以通過微博，Facebook，YouTube等發送更多的資訊、影片到網路上面，讓量變大：讓看到你的文字、圖片、影片的人變多，可能就會有人主動想認識你，你就可以透過這些管道介紹好的產品、好的專案給他。

　　第三點，不管時代發展到什麼程度，人與人的直接接觸還是必要的，不管手機、電話、網路，都是工具，人們會購買的重要關鍵是銷售前建立的關係，見面才是最好的維持並達到銷售效果最好的方式。

　　透過以上所講的這些方式，如果你把人找過來，把東西銷售出去，並且能夠建立關係，建立系統，建立一套標準化的流程，就像我在我的課程《複製CEO》會教別人如何建立標準化的流程，有一套標準化的流程就可以複製，不斷的複製就會量大，而量大就是致富的關鍵。

練習 POINT

量大是致富的關鍵。如何開始你的陌生開發，你要從哪裡開始著手呢？

列出你可以下功夫的地方與場合1～5處？

生存法則 *46*
24小時做的事與見的人，決定成敗

我曾經看過一部電影，是船王歐納西斯的故事，故事裡面有很多發人深思和令人受用終身的經典案例，船王歐納西斯在當時是世界首富，後來還娶了甘乃迪的夫人。歐納西斯從小就非常貧困，戰亂的時候還曾經被敵方俘虜，期間遭受非人式的虐待，最後靠著自己堅強的求生意志終於逃出來了。逃出來之後，他不斷思考怎樣才能讓自己脫離貧窮。影片中有一幕，令我印象深刻，就是他的叔叔帶著他去很多地方增長見識。

歐納西斯覺得他的叔叔是一個成功的商人，於是問他什麼是成功的祕密和祕訣，他的叔叔告訴他——你要把你每天所認識的重要的人記錄下來，下一次你再見到這個人，這個人是否還在你的名單當中，或者你發現他對你沒什麼幫助，那麼你就不需要再花時間在他身上。你花時間和誰在一起，就決定了你的未來。

你的朋友圈決定你的未來

當時我看這部電影的時候，內心不免覺得真要這樣現實嗎，難到沒有利用價值的人就不用跟他來往了嗎？但是我們也可以從另一方向來解讀，人的生命非常的短暫，一天24小時非常的短，86400秒，你花費時間跟誰在一起，會決定你的生命、你的未來，會決定你的工作、你的生活，會決

定你的感情、你的事業，決定你所有的一切，所以花時間跟誰在一起很重要。請認真想一想，每天和你在一起相處最多的人是誰？他的成就如何？他的生活情況怎麼樣？他對社會有貢獻嗎？他的生命是美好的嗎？如果你每天花最多時間相處的人，他的生活是不美好的，那麼你是否要重新思考每天要花多少時間跟誰在一起呢？

　　你認識什麼樣的人，你和什麼樣的朋友在一起，可能決定你有什麼樣的未來。如果你每天跟狼群一起玩耍，那麼你就會有狼性；如果你每天和獅子玩耍，那麼你就是百獸之王；如果你每天和羊群玩耍，可能你會變得非常溫馴；如果你每天只能跟老鼠跳蚤一起玩耍，那麼你可以會躲在陰暗的角落，而且人人喊打。所以每天跟誰一起玩耍，這是很重要的事，這就是為什麼古代孟母會三遷。

　　既然你的命運掌握在你朋友的手裡，你的朋友圈決定你的未來。那麼你應該交什麼樣的朋友，為什麼很多成功人士都想把自己的孩子送到好的學校，他們之所以這樣做也是想要從小建立孩子的人脈圈。人脈不是錢脈，是決定生與死的命脈，有時候當你多認識一個人的時候，未來他很可能會救你的命。一天24小時，你決定和誰在一起，將決定你的工作，如果你認識的是一個好人，你就會被引導到好處，如果你認識的是吸毒的人，你可能會成為毒販，如果你認識的是一個小偷，你可能會變成大盜。如果你認識的是偉人，可能你至少也會小有成就，如果你認識的是愛學習的人，你會跟他一樣喜歡學習。小心你所接觸的每一個人，留心你花時間來往的每一個人。因為他都正在逐漸影響和滲透你的思想。請現在就決定你要花時間和誰在一起，你要和誰一起討論、溝通，一起去哪裡？

　　我在課堂上常開玩笑地說，如果一個人一月可以賺2萬元，另外一個一個月可以賺10萬，那麼那個一個月賺10萬元的人，一定很希望可以和

一個月賺2萬的人在一起，其實，人應該要跟比自己強或優秀的人來往才對，但是那個賺10萬元的人為什麼喜歡和賺2萬的人在一起呢？答案是這樣沒有壓力，他可以去教導那個一個月賺2萬的人，我來教你一個月怎樣可以賺10萬。理論上來說，人應該和比自己優秀的人在一起，但是為什麼往往喜歡和比自己差的人聚在一起呢？因為和後者相處會讓你更有優越感。

如果你可以不斷地問自己，哪裡有比自己更優秀的人，不只是比自己賺更多的錢，可能是在品性方面、想法方面、人生的體悟方面、可能是在於人格方面，如果你能夠想辦法讓你自己跟你的孩子或者是另一半，你公司的員工，你的同事、甚至是你的老闆，還有你自己，想辦法與比自己更好的人相處與往來，雖然感覺有點壓力，但是慢慢的你也會被那些優秀的人所同化。

請現在就思考，到底過去的三天、五天、三個月、五個月、三年、五年，你花費時間跟誰來往，你是否應該改變你的人脈圈，是否應該改變你最好的朋友的交際圈呢？重新認識新的朋友，重新認識更值得你交往的人，重新拓展你的人脈圈，我相信再過幾年，你的生活和生命會起很大的變化，你的事業和工作可能也會起很大的變化，因為你的新朋友即將要改變你的未來。

練習 POINT

核心圈的水準會影響你的結局，每天跟你在一起最多時間的6個人，他們的健康及經濟狀況還有人際關係如何，你將是如何。

花錢參加培訓課程及講座，
一定比做錯決策更便宜

　　剛開始從事教育培訓事業的時候，因為我年紀尚輕，還不到三十歲就自己出來創業開公司，一開始我賣的產品就是門票，主要是推廣國內外很多專家、權威、學者的課程門票或講座。這家公司代理和邀請的大師都是美國各行各業頂尖的專家權威，有暢銷書作者，有各領域的老師，那時我進了很多票，帶領團隊銷售這樣的門票。

　　創業唯艱，剛起步時很容易失敗，一開始如果沒有經過一段時間的熟悉和適應，是很難馬上有所成就的，沒多久，我的公司慢慢出現一些問題，一直都不順利，首當其衝的是，我們批進這些門票之後，過好幾個月這些大師才會到臺灣來，而賣票的我們卻都還沒有上過這個課程，只能從這些大師出版的書籍、光碟裡面瞭解這個老師。然後很粗淺地和客戶推薦這個老師有多好。一方面也因為我對這個行業還不是很熟悉，也不知道到底怎樣才是更好的銷售模式，怎麼樣才是成功的方法，所以剛開始做得非常辛苦，幾乎沒辦法把票賣出去，也因此當課程快要到開課時，我手中還有很多沒有賣出去的門票，而這些票會在開課後成為廢紙，也沒辦法當飯吃。於是當票沒有辦法賣出去的時候，我就只能自己去聽課。在聽課的同時心情還是很痛苦和掙扎的，因為別人花幾萬元可以聽一堂課，我卻要花幾十萬，上百萬來上一堂課，原因是因為票沒有賣出去，所以多了很多空

位。這些票有時候即使免費送給別人，別人還不見得會願意來，但是人生真的很難講，禍福相依，看起來好不見得好，看起來不好不見得不好。看起來一開始不好不見得未來不好，看起來一開始很好也不見得接下來就是很好。因為這樣的關係，我的團隊人越來越少，我帶著幾個人不斷地來聽這些課，這也種下未來我在經營企業，累積了更多的知識。

我記得當時上過被譽為史上最厲害的叫催眠心理學老師的課程，我上過在美國被譽為銷售大王的課程，被譽為最具權威曾協助總統談判的談判專家的課程，我上過最有影響力的市場行銷課程、在美國被譽為頂尖激勵大師的課程、在美國被譽為時間管理和效率第一的老師的課程，我上過在美國各個領域暢銷第一名作者舉辦的講座、課程，上過教別人演講和訓練員工第一名的課程……如果不是因為這些票沒有賣出去，而有機會去學習這些課程，就沒有辦法讓我在日後經營企業，碰到任何困難問題時能夠迎刃而解，能夠不斷地屢仆屢起，不斷地去各個國家去演講，去開拓分公司，開拓代理商。所以學習的費用，參加培訓課程的費用，買書和去參加各種培訓課程的活動，雖然很花錢，但當時如果沒有花這麼多錢去參加這麼多訓練的話，雖然是被迫無奈而去參加，但是日後想想如果當初沒有做這些學習，說不定我現在還在擺地攤、挖下水道、發海報、還只是當家教，當服務生，或者是搞不好還在賣血。

人必須要做的投資就是投資大腦，人必須要學習的不只是在書本上、學校教育裡面，可能就在未來社會中，還能不能活到老，學到老，還能不能從各個方面各種人、事、物去做學習。不見得一定要上諮詢培訓課程才能學到這麼多東西，也不見得聽講座、聽演講才能學到這麼多東西，不見得要花這麼多錢才能學到東西，但是去聽講座、聽演講，參加培訓課程，包括很多人來上我的課程，其實也可以從別的方面獲得這些資訊，但是最

重要的是，這些課程和學習講座、是已經替學員整理好的菁華，所以消化吸收得非常快，所得到的資訊速度更快，能避免走更多的彎路，直接到達目的地。有學員曾抱怨我的收費很高，其實我的目的是想找到更多喜歡學習，熱愛學習的人，且願意付更多學費的人，通常得到的人脈圈是更好的。中國大陸有很多商學院，學費很高，能夠去裡面上課的人，人脈圈子就非常的好，所以學習不見得是在學習課程本身，還包括認識人。我相信很多人會去報名大學的EMBA也基於這樣的道理，除了學習之外認識更多有這麼好頻率的人，可能也會讓你的生命、你的事業、還有你的一切又巨大地改變。

現在就規劃下一年的學習經費，學習課程以及學習的方向，然後去報名參加課程吧，當你有任何不如意，不順心的時候，去參加學習課程，建立新的人脈圈子可能會改變你的生命。如果你現在的狀況非常好，再去認識更多的人，結識更多的朋友，去報名參加學習課程，可能就會讓你的生命有再創巔峰的可能，現在就行動吧，行動大於思考，行動可以改變命運，預訂好一整年的學習計畫。這件事不只是你自己要做到，更要你身邊的人做到，做多久呢？是的，就是做一輩子。

練習 POINT

不花錢的最貴，花錢的就要學會賺更多回來。你可以選擇前進也可以選擇後退，這之間在於你學與不學，學頂尖的還是學普通的？請列出你最想與什麼樣的頂尖人物學什麼頂尖的功夫？

第三篇

錢無所不在，卻就在簡單處

Money follows simple you！

Viability

生存法則 *48*
不要在錯誤的問題裡尋找正確的答案

前幾年我們看到很多明星因為各種原因，在絢爛的生命裡留下了遺憾，選擇以自殺結束生命。在我們的生命中、我們的周遭，也偶爾會聽聞因為各種原因自殺的人，自殺率攀高，聽說已經逐漸成為人類十大死因之一。我認識的人裡面也有碰到過想不開的人，有些可能很年輕，或是一些無法被親人、家人和朋友理解，不知道為什麼會突然選擇自殺這條路來結束自己可貴的生命。

因為我研究過很多心理學，也上過很多心理學的課程，最終發現一個人為什麼會去自殺，通常是經過了猶豫掙扎，後悔彷徨，有過很多的心理鬥爭，最後結束了自己的生命，但是大部分人在即將結束生命的那一剎那，是彷徨猶豫的，這個時候如果有一個人告訴他生命還是很美好的，任何問題都可以被解決的，沒有過不去的難關。如果及時有人告訴他這樣的答案，或許世界上就多了一個寶貴的生命。大部分會去自殺的人都是問錯問題，比如：為什麼要活在這個世界上？好像活著沒什麼用？別人好像都不喜歡他？如果不斷問自己錯誤的問題，就會走上絕路。

我有一個同學的家人因為失戀而重度憂鬱，始終走不出情傷，終日鬱鬱寡歡，他的家人受不了這樣失志，天天指責他，有一天他非常憤怒地說，你們為什麼不喜歡我？家人看到他暴怒的情緒，非常生氣，還來不及

回答他的問題時，他已衝到窗邊跳了下去，就這樣瞬間結束了自己的生命。

當時他問的問題是：「為什麼你們都不喜歡我呢？」如果假設當時的問句改成：「怎麼樣我才會讓人喜歡？」或許就不會有那樣的悲劇發生。問錯問題最壞的可能，竟然是導致一個人斷送自己的生命，真的挺嚴重。而假設比較輕一點的情況，問錯問題，會導致一個人沉淪，導致一個人萎靡不振，會導致一個人生意失敗，會導致一個人不想工作，導致一個人事業家庭失和。而一個銷售人員問錯問題，可能會讓自己的業績變差，通常當老闆或從事業務工作的人，很喜歡跟客戶喋喋不休地說話，喜歡告訴客戶說我的產品有多好，公司有多好，喜歡告訴他我的產品可以給你帶來什麼價值，喜歡告訴客戶我的東西你有多值得擁有，但是更好的銷售方式不是用說的，而是「問」出來的。真正的成交就是要一步一步引導客戶最後決定購買你的產品，而這個引導就是讓對方說很多的小Yes，很多的小Yes，最後就會有很多的大Yes，很多的小No，最後就會有很多的大No，所以去引導自己走向正途，引導自己在各方面能夠更成功、更順利，更幸福美滿。

用引導式的問題來達到自己的目標

不是用講的而是用問的，用啟發的，問對問題可能避免了一場悲劇，問對問題可能讓一個業務人員銷售也提升，也許就讓一個家庭主婦生活過得更快樂，也許可以啟發一個孩子的天份，可能會讓公司經營得更好，所以問問題，去引發一個人的思考，就會讓生命更美好。

你通常都問自己什麼問題呢？你問自己正面的問題還是負面的問題

呢？你問的問題是引導式的問句，還是沒有結果的問句呢？你可不可以問自己：我要怎麼樣讓自己的產品賣得更好？我要怎麼樣才能買得起房子？我要怎麼樣才能讓自己買得起車子？我要如何做才能給父母親更好的生活，我要怎樣讓孩子有更好的教育，我要怎麼樣讓我的另一半更愛我？我要如何讓我的朋友跟我有良好的關係，我要如何讓客戶購買我的產品，我要怎麼去尋找更多的大客戶？我要怎樣去找到更想購買我產品的人？我要怎麼樣讓我的業績增加三倍？我要怎樣讓我的生活更快樂？我要怎樣提早實現財務自由，我要怎樣去環遊世界？我要怎麼樣才能存款一千萬？我要怎麼樣才能成為億萬富翁？我要怎麼樣月入百萬並且持續下去？我要怎麼樣才能讓生活每天過得更開心，更快樂！我要怎麼樣讓我的孩子對我更尊重？我要怎麼樣讓我的上司幫我升官加薪？我要怎麼樣讓我的員工對我更有向心力？我要怎麼樣去突破、去創新才能讓市場上接受我的產品？……這些正面積極樂觀向上的問句，都是引導自己一步一步變好的過程，相對的也是引導別人一步一步變好的過程，問對問題越來越好，問錯問題萬劫不復，從今天開始請用引導式問問題的方式，來達到自己的目標？

練習 POINT

大腦喜歡用問題來進行運轉，問對自己與問對對方好問題，可以得到有效益的答案。

我要怎樣讓我的產品可以每個月多賣一倍呢？

厚利適銷優於薄利多銷

　　我們都聽過一句話叫薄利多銷，也就是雖利潤比較少，如果賣出的數量比較多，盈利依然是很可觀的但是在猶太人的經商經驗中，他們推崇的並不是薄利多銷，而是厚利適銷。

　　「厚利適銷」指的就是把比較高利潤的商品，賣給適合的人。猶太人喜歡賣皮草、賣珍珠、珠寶，這些是不是大部分的人都買得起呢？其實並不是，而是只有少數的人才有能力消費得起，但是因為世界很大，世界上有這麼多國家，有錢的富人還是很多的，雖然比例不高，但是人數不少，如果假設我們遵循猶太人的生意法則，能夠賣單價比較貴的商品，利潤比較高的商品，給比較適合的人，這就叫做厚利適銷。

　　很多業務員為什麼沒有辦法把業績做好，其中很重要的一個原因是——天天找錯客戶，沒錯，就是找錯客戶。我發覺有很多人還在用最大的力氣、花最多的時間，賺最少的錢，原因在於一開始就找錯人。我們都聽過找對人做對事就會成功。但是如果我們天天找錯人，假設我們賣珠寶給窮人，肯定是不適合的，如果你所賣的東西是屬於高單價的，想一想是不是能夠提高產品的售價、提高產品的組合價呢？如果可以的話，把東西賣給適合的人，就比薄利多銷可能會有更好的結果，因為薄利多銷利潤這麼少，也許在量還沒有做大的時候，你就已經陣亡了。

成交是吸引而不是說服

剛開始你必須要把單價提高，也許你的產品原本單價就很低啊，那你可以做產品組合，你可以把產品加在一起，組合在一起銷售，不是賣給所有的人，是賣給適合的人。這裡說的適合的人，也就是3A級客戶，有錢、有需求、能立刻做決定。「有錢」是指有足夠的錢購買你產品，這樣的人就叫做有錢人，有錢的人不見得叫有錢人。比如你的產品組合是5萬元，而他現在身上有6萬元，那麼這個人就是你的目標客戶，他有8萬元，就是你的目標客戶，但如果他只有1萬，你還要先說服他去借錢來買，那這個人就不是你的目標客戶了。

成交不在說服，而在吸引，以前我總想要去說服別人，說服別人很累，就算是說服了，也有可能他在買了之後又後悔了。找「有需求」的人，就好像你找一個口渴很久的人，給他水喝，他感謝你都還來不及，怎麼還會想要向你退貨呢？

你要時常問自己一個問題，你所賣的產品、所做的事，有誰非常需要。重點不是去說服人，而是想辦法找到有需求的人，成交是吸引而不是說服，我想猶太人所講的也是這個道理。除了有錢之外，找到有需求的人是最重要的，列出可能對你的產品會有需求的人群，人、事、時、地、物。請不要花最大的力氣，最多的時間去賺最少的錢。

再來就是「能立刻做決定」，有些人習慣立刻做決定，有些人不習慣立刻做決定。我以前聽過一句話：成功的人做決定的速度很快，通常不會後悔。而容易失敗的人則喜歡慢慢想、慢慢考慮、做事優柔寡斷、裹足不前、怕東怕西、猶豫不決，好不容易做了決定，被別人一說又後悔了，什麼樣的人吸引什麼樣的人，如果你的客戶、你的朋友都是喜歡快速做決定

的人，那麼你就會吸引快速做決定的人。如果你自己也是喜歡快速做決定、果斷不後悔的人，那麼你周遭就會圍繞這樣的人，因為物以類聚、人以群分，如果你碰到那些猶豫不決的，當然你可以說服他，可是你會花很多的時間，會面臨很多的問題。去找那種快速做決定，喜歡做決定的人，他身邊就會圍繞一群喜歡快速做決定的人。有錢人的身邊通常圍繞著一圈比他更有錢的人，而窮人身邊通常圍繞著一群比他更窮的人，所以去尋找3A級的客戶，找喜歡快速做決定的人，你將會進展的更順利。

速度和行動是制勝的關鍵，有些人有行動力，但做事很慢，有些人想清楚、做決定了之後，但又不去做。所以，喜歡速度和採取行動的人比較容易有成就，有比較好的收入、好的未來及人生。所以快速做決定很重要，以前我讀過孫正義先生的一本書，他是日本軟體銀行的總裁，他說任何事情不要想太多，任何事情只要有七成的把握即是最好的，因為如果只有三成的把握風險可能很大；如果這件事已有八成的把握，大家都去做，你就沒有機會了。華倫‧巴菲特曾是世界首富，他說過在別人悲觀的時候你要樂觀、在別人樂觀的時候你要悲觀，在別人害怕的時候你要貪婪，在別人恐懼的時候你要勇敢。雖然說起來很容易，但是做起來並不簡單。日後你做任何決定時，很多人都和你說「No」的時候，可能這時候你要採取「Yes」的行動，很多人和你說「Yes」的時候，你可能就要猶豫思考一下。這是因為你發現成功的路上總是比較寬鬆，你可以呼吸到比較多的氧氣，因為人很少。失敗的路上人擠人都是二氧化碳，所以說No的時候或許你就要說Yes。

厚利適銷通常會讓一開始的你更能夠存活和生存下來，更能夠活得比較快樂、度過一開始的危險期，所以賺有錢人的錢會越賺越有錢，賺窮人的錢，會越賺越窮。如果選擇厚利適銷，花很多的時間在找到對的人身

上，最後經過佈局，經過市場的研究、找對的客戶，尋找正確的人和合作對象，那麼一拍即合，成功與成交就在一瞬間。但是如果你一開始就花很多的時間去做錯的事，去找錯的人，最後你就會發現徒勞無功，花很多的時間也是枉然。厚利適銷通常優於薄利多銷，從今天開始改變觀念找對的人、去吸引對的人，重點不是說服而是吸引，是厚利適銷而不是薄利多銷。

練習 POINT

賺有錢人的錢你會越來越有錢，賺窮人的錢你會越賺越窮。

選對池塘釣大魚，現在請列出你可以去哪裡的池塘找大魚？

客戶都是買最喜歡、最相信的，
而不是最便宜的

　　這個世界上只有價值問題，沒有價格問題。任何人做一件事，並不是選擇最廉價的，而是選擇價值大於價格的。客戶購買產品也好，人們去做決定也好，想要的、想追求的都會是價值。當客戶說太貴了，人們說太遠了、說太累的時候，其實他們心裡都是認為做比不做價值更低。當人們願意千里迢迢到一個地方旅遊的時候，他不會覺得路途遠，因為到達目的地就可以看到美好的風景，當客戶會想要購買最貴的東西時，像是買正品的LV，而不去購買仿冒的LV，雖然正品貴很多，但是品質更好，世界上沒有錢的問題，只有有沒有價值的問題。

　　學員來上我的課，要花好幾萬元的人民幣，相當於好幾十萬的台幣，幾天之內就學完了，為什麼他們會願意來學呢？其實他們也可以去聽一些免費的，不花錢的，坊間也有不少人辦免費講座，當然也有一些收費很便宜的課程。一二十年來，我教了很多徒子徒孫，很多人聽完我的課程，自己自立門戶去開設課程、去教學，雖然他的課程收費比較便宜，但是客戶還是選擇來上我的課，為什麼？因為裝進大腦裡面的課程最好不要是假的，因為裝進大腦裡面的課程最好不要是便宜的，有些東西越貴越好，為什麼？貴雖然不見得好，但是貴有它的價值，當東西貴而價值又夠高的時候，人們就會搶購。

適合和喜歡才是重點

　　你是否曾注意過LV名牌店，每次只開放幾個人進去，買完之後，再讓其他幾個人進去，或許這是市場行銷的手法，卻也代表著這個產品的品質是好的，足以讓人信賴的。人們為什麼不去買便宜的，而去買貴的呢，還心甘情願去排隊？就是因為價值大於價格。你是否看過兩家餐廳賣一模一樣的菜，一家爆滿排著長長的人龍，另外一家卻沒什麼人去光顧。就因為人們所要的並不是便宜，人們所要的是價值，或者人們所要的是適合自己的東西。

　　當別人說「不要」拒絕的時候，他背後其實想說的不是不好，內心的聲音是：「我要，但是你沒有給我充分的理由，告訴我你的東西價值大於價格。」當女孩拒絕你求婚的時候，她其實不是拒絕你的求婚，她其實是想告訴你，「我想嫁給你，只是我希望你能告訴我更多為什麼一定要嫁給你的理由。」當人們不想購買你的產品的時候，他所告訴你的是：「我真的很想要，你可不可以再給我多一些的理由呢？如果你再給我多一些理由的話，我就會購買你的產品。」當人們做任何決定的時候，考量的是價值而不是價格。不然賓士車就不會賣得出去，就不會有人賣法拉利還賣到缺貨，就不會有人賣高級的BOSS西裝，就不會有人賣凡賽斯的西裝，就不會有人賣古董賣奢侈品，所以什麼東西都是可以被賣出去的，什麼東西也都是不能被賣出去的，能夠被賣出去的就是價值大於價格，不能夠被賣出去的，就是價值小於價格，人們想要買的東西都是他喜歡的，人們所買的東西都是他適合的，為什麼有時候人們會買便宜的東西呢？因為他覺得適合現在穿、適合他現在用，適合和喜歡才是人們做決定最重要的兩大指標。

　　如果你做的是產品研發，如果你是公司負責人，如果你是上班族，如果你做的是企劃工作，如果你想要嫁人，如果你想要結婚，你想要娶老婆，你想要對你的孩子做什麼樣的決定，你想要你的另一半有什麼樣的決定，重點都在於你所說的話有沒有價值大於價格，你所要讓他做的事有沒有價值大於價格，你想要他做的決定有沒有足夠做決定的理由。

　　其實你可以寫下讓別人做決定的100個理由，比如你想讓別人購買你的產品，你想要你的孩子達到你想要的結果，如果有足夠的理由，就會想要去行動，就會做出這些不可思議的事情。相反地，沒有辦法做決定，沒有辦法去行動的時候，可能就是因為沒有具備足夠的理由。

練習
POINT

價值大於價格，有錢人看得是價值，窮人卻喜歡比價格。請試著列出顧客「現在馬上」非買你產品不可的30個理由。

生 存 法 則 *51*
隨時注意不違反法律

我記得看過一部電影，叫做魔鬼代言人，裡面談到一個很重要的觀念就是：在你的生命中，不管你處於什麼樣的狀況，身處什麼樣的角色，你都必須擁有兩種知識，或者你要聘用兩個優秀的人才，一個叫做財務會計，一個叫做律師。因為人很有可能一不注意就會不小心觸犯法律。以前有句廣告詞：法律是保護懂得法律的人。

人的生命幾十年，甚至可以活到一百年，從小到大，學校不會教你，可能你會不小心觸犯某種法律，在我年紀比較輕的時候，由於我的工作是銷售，從事產品的銷售，代理好多產品，當時我也是不怎麼懂法律，其實有很多人，對於法律的細節不是很清楚，而我只負責銷售，卻沒有在意生產廠家生產出來的產品是有些問題的，直到最後發現時，自己也成為了不小心觸犯法律的受害者。雖然自己也是受害者，但還是不小心違反了法律，還好及時發現，沒有釀成大禍。儘管我當時並沒有違法的意圖，但是確實是在不懂法律情況下觸法了，還好所觸犯的並不是無可彌補的法規，不然的話，麻煩就大了。

一位暢銷書的作者就曾因為他底下的人一時疏忽而長期引用了某些書籍雜誌的報導，但並沒有寫出處，而被告違反著作權法。所以在你的生命中，很有可能因你不懂當地的法律而不小心觸法。每個地方的法律也會有

一些差異，比如說臺灣的法律跟中國的法律有些地方看起來一樣，但是卻不一樣，有些是標準不一樣，有些是解釋不一樣。所以，法律已經不是律師才需要學習的，你也必須要瞭解一些基本的法律常識，比如說什麼事是你不能犯的，什麼事是你不能做的，什麼事是做了之後會有什麼後果的，因為法律真的是保護懂得法律的人。

有一句話說，通常監牢裡面所關的，不見得是壞人，有些是因為不懂得法律，而不小心觸法的人。我看過很多類似的案例，比如說，和別人吵架，卻不小心侮辱別人的人格，而被告了。有人在網路上隨便散播一些消息對人造成人身攻擊，可能就觸法了。在做生意的過程中，或者是你在工作的時候，由於不小心盜版了某些不該盜版的東西，雖然不被發現就沒事，但是一旦被發現就不小心觸法了。

很多事可大可小，如果你不小心觸法，所犯的事是可以被解決的，那事情還不算是太嚴重。但是有些人犯的錯是沒辦法被解決的，或者是要花很多的時間才能解決的，所以小心才能駛得萬年船。我們在做任何的生意、做任何的專案之前，先去諮詢律師是必要的，像我有好幾位很要好的律師朋友，也有幾位很優秀的律師顧問，我相信，就算你只是做個小生意，就算你只是一般的上班族，去結識律師的朋友也是有必要的。甚至當你的生意做得比較大，就有必要聘請好的法律顧問，有時候一個正確的法律常識跟有法律的保護，說不定你就能獲得更多你想像不到利益，或避免掉可能會受到的傷害跟損傷。比如說，像我的網站，像我的商標，如果沒有提早註冊，那麼很可能被別人註冊走，當我們想要去註冊的時候，反而正牌的就變成仿冒的。

在中國大陸有個很有名的例子，有某個英文培訓機構，名氣相當響亮，竟然沒有去註冊商標，最後讓別人註冊了商標、賺了大錢，但是反而

正牌的沒有註冊，最後竟演變成正牌的自己用了這個品牌，還被別人告。所以有些時候害人之心不可有，防人之心不可無，小心不觸犯法律，尤其是各個地方擁有不同的法律規定，這是非常重要的。

不要因為某一些沒有注意到的法律情況，而導致公司全盤皆輸。我所認識的人裡面，包括我所輔導的企業，就曾經有過這樣的狀況，或許老闆不是存心的，因底下員工的疏失，而導致建立幾十年的基業，毀於一旦。所以，想辦法讓法律來保護你，想辦法不觸法，想辦法做一個合法守法的人。或許你會認為有些人他也違法，但他沒有被抓到，他也在賺大錢，只能說是時機還沒有到，任何人做任何事，只要是違反天理或者違反法律的，總有一天會出問題。我聽過有一個企業家說了句非常有道理的話，他說：「賺錢的工作很多，幹嘛要去做一些違法的工作、違法的事呢？」其實，賺錢的事業，賺錢的工作真的很多，千萬別鋌而走險，因為就像電影裡面所講的一句話一樣，出來混遲早要還的。

小心！避免違法，小心！讓自己遠離監牢，遠離違法，讓自己隨時受到合法的法律保障，充實法律常識，結交好的律師朋友，甚至聘請法律顧問，這種錢是不能省的。

練習 POINT

良善與可傳承的企業必須建立在可依據的律法中。請問我該如何提升自己在工作上的法律知識？

運動能改變心情

　　肢體動作會改變情緒，而不是情緒改變肢體動作。有時候當我心情不好的時候，或者當我需要靈感、需要改變心情的時候，我會做一件非常有效，而且馬上可以調整的事情，那是——運動。（見書末彩頁P3：游泳）

　　有時候我會去游泳、去做瑜伽，或是去健身房練練健身。前文曾提到，我每次去游泳，都游1000公尺，偶爾我會去做瑜珈。幾年前，我開始發現瑜珈這項運動，這個古老普遍的運動，其實是個非常神奇的運動。為什麼呢？因為這個運動可以改善許多的問題，改善許多身體上的不適應跟毛病。由於經常要坐飛機，經常要演講，還經常要寫書，所以頸椎常感覺不舒服，常常脖子僵硬、肩膀酸痛，我相信很多現代人都有類似的毛病。而我剛開始做瑜珈的時候，做了很多平常都不做的運動跟動作，比如說，要把手往後折，保持一種平衡的動作，這是平常我們不會做的。比如說他叫我們把手往後扳，脖子往左邊，而腰轉向右邊，做一些平常我們根本不可能會做的一些動作，我覺得這個運動非常的神奇，因為瑜珈就是讓你做一些平常不會做的動作，或許這也是中國人所說的平衡之道、中庸之道。平常我們會做的動作可能都局限某些動作，但是瑜珈卻讓我們做另外一類平常不會做的動作來平衡，我覺得瑜珈是一個很棒的運動。它可以讓

身心靈保持平衡，甚至可以解決很多的問題，解決很多的疾病，聽說還具有延年益壽的功效，所以建議大家也可以嘗試去做瑜珈，幫助你的頭腦更清醒、身體更健康，最重要的是，它很有可能會幫助你減低壓力，心情更好。

此外，我也會去練健身，我不是那種專業練健身的人員。偶爾練健身會讓肌肉有酸痛的感覺，但是做久了之後，慢慢的會感覺到好像自己在流汗的時候，尤其是在練健身或做瑜珈的時候，好像看起來不是很劇烈的動作，慢慢的卻很容易流汗，而當流汗之後，你就會感覺到身體好像跟之前有不一樣的感覺。

所以，不管游泳也好，瑜珈也好，還是練健身，我建議你選擇一個喜歡的運動，讓自己動起來，讓自己去流汗。身體的動作改變自然就會影響自己的心情。所以不是心情好才去運動，而是去運動就會改變心情。因為改變肢體動作就會改變一個人的心情。

我記得我去美國學習上課，參加了很多培訓的課程，剛開始我還不太習慣。有一位專家，他叫我們往上跳躍，然後叫我們要鼓掌，每次上課上到一半，他會叫我們站起來跳一跳，剛開始我覺得很不能適應，也不習慣。可是他告訴我們說，其實改變動作是改變心情的最重要的關鍵之一。當我們站起來跳一跳之後發現，好像開始喘了，好像肌肉開始酸痛了，好像開始改變自己的動作了，那心情就不一樣了。

如果你的心情不是那麼的愉快，或者你遇到什麼樣的挑戰的時候，不妨你現在就站起來跳一跳，隨著音樂跳一跳。當你改變自己的動作，可能你心裡的想法就會不太一樣。因為任何人做任何事，如果沒有改變好心情，就沒辦法做好事情。只要有好的心情才能夠做好事情。比如說你要去旅遊，假設心情不好，就算去再好玩的地方，也很難玩得盡興，去旅遊最

重要的是跟誰去，以及有沒有好的心情，而好心情的存在，就算有時候只是去家裡附近走一走，只是去逛逛夜市，就會感覺非常快樂。

我以前擺過好幾年的地攤，因為擺地攤的時候，常常要蹲在地上，過幾年之後，偶爾我還會不自覺地蹲在地上，像是在等人的時候等著等著就蹲在地上，直到有一天有人經過時，叫我的名字說，你怎麼蹲在這邊呢？我突然猛然驚醒，這是以前擺地攤的習慣，應該把它改掉。因為當你蹲下來的時候你會覺得你在擺地攤，當你站姿非常挺拔的時候，你會覺得自己非常有自信。當你感覺到你非常有自信時，臉上就會浮現更好的微笑，就會有更好的肢體動作，你可能就會有更美好的一天。當你感覺到你需要靈感的時候，可以去運動。因為每次我去游泳、做瑜珈，或者健身時，我都會在旁邊放上手機，有時候會把它錄音錄下來，或是放本筆記本，隨時把自己的靈感寫下來。所以隨時隨地發現自己的靈感，讓自己的大腦去運動就會輕鬆運轉。有時候當你遇到困難解決不了，或是碰到坎坷過不去的，或是需要靈感，或者是你需要做一些選擇跟決定，比如你在工作上，在婚姻上，在感情上，在升學上你需要做任何選擇的時候。其實，當你心情不佳的時候，去選擇一項你所喜歡的運動，去做運動，搞不好事情就會突然解決了。因為在運動的時候，大腦會分泌一種物質，讓自己身體可以放鬆，身體一旦放鬆就可以有更好的表現。

比如聯考時，為什麼有時候成績很好的學生，考試沒辦法考好，因為太緊張了。為什麼有人上臺演講，總是不敢講話，有些人準備很久的講稿，臨場時卻沒辦法好好的表達，那也是因為太緊張。在我的課程裡面有一堂課在教如何演講，如何做銷售型的演講，課程中我會透過很多的方法，包括科學的方法，包括很多語言文字，還有一些訓練，讓一個人在上臺之前，除了準備好講稿之外，能夠更展現自信，能夠放鬆，自然而然他

就可以表現得更好。

　　我不知道你是否有發現，有時候，當你需要做簡報時，需要向國外廠商做簡報，需要向你的主管做簡報，需要向你的老闆做簡報，或者需要跟員工訓話，只要你能夠放鬆，就算你準備的不是很多，仍然可以侃侃而談，好像行雲流水一般，可是當你無法放鬆，那麼即使準備得再好也沒用。考試或者做任何事都是如此，而運動就能夠幫助你放鬆，經常養成運動習慣的人就會懂得如何放鬆，而不會緊繃，不會緊繃就能夠發揮的比平常更好。

　　運動雖然有神奇的功效，但不要一次運動太久，一天做一點點，養成保持持續運動的習慣，或者是你突然有些事情，或者有些需要讓自己心情變好的時候，運動是一個很棒的方法。去試試看，寫下一個你喜歡的運動，並且持之以恆的去做，不用一次做太久，一次做一點點，最重要的是要能夠持續。

練習 POINT

　　要活就要動。勞動與運動是不同的。讓你自己接受與平常習慣不一樣的運動，鍛鍊不同的肌肉與刺激你的大腦。那會是什麼樣的運動呢？

生存法則 53
音樂可以影響心情

　　我們都知道人的大腦裡面，分成兩個部分，一部分叫做右腦，另一部分叫做左腦。左腦主要掌管的是批判、是文字、是語言；而右腦又叫做潛意識，因為左腦又叫做意識。我們都聽過潛意識這個詞，而潛意識主要掌管的是圖像、聲音、畫面。右腦比較發達的人通常他的想像力比較豐富，做事情可能比較沒有限制，因為他比較不會批判，右腦之所以叫做潛意識，就是潛意識有時候無法分辨真假，潛意識有時候會直接讓人接受，不會經過左腦的批判。

　　音樂，就是能夠影響潛意識非常有效的途徑。你是否曾經有過音樂聽著聽著就不小心流下淚來，為什麼會流淚呢？因為你可能想到這音樂是在你十年前、八年前跟你的初戀男友分手時，當時正流行的一首歌曲，而經過幾年之後，你再聽到這首歌會流淚，是因為你的潛意識聯想到當時的畫面跟情景，這就是音樂的力量。

　　我喜歡很多、很棒的經典歌曲，比如我思考或寫作時候常聽的理查克萊德曼的鋼琴曲；需要激勵的時候常聽的是：「Beat it」、「在路上」、「上海灘」、「男兒當自強」、「亞歷山大」、「向天再借五百年」、「洛基」、瑞奇馬丁的歌等；夜深人靜的時候也喜歡聽，「My way」、「新不了情」、「I believe」、「Because I love you」；還有我喜歡的不

同的席琳迪翁的「The power of love」以及很多的流行歌曲或者任何能讓你有觸動的音樂。

　　再比如說「上海灘」，我到上海就是因為在數年前，我看了一部電影「上海灘」，那個上海灘的旋律跟音樂，只要一播放出來，我就彷彿想像到劇中的男主角，丁力跟許文強，一個賣橘子的，一個是窮學生，竟然能夠在上海灘成為上海大亨。我又想像到馮敬堯，在上海灘上可以成為叱吒風雲的上海灘老大一樣。所以當上海灘這個音樂一響起的時候，就會讓我有努力奮鬥的想法跟感覺。所以藉由音樂可以達成一些你所想要結果的一些鏈接，效果非常好，因為直接進入潛意識，不用經過左腦的批判，可以讓人的大腦自動運作起來。當你想要達到什麼樣的效果，你就去搜尋那樣音樂，就去聽那樣的音樂，多年以來，由於一方面我的工作是很多企業的顧問，也必須要幫很多團隊做訓練，舉辦很多場演講，所以我搜集了非常多的音樂。

　　從以前開始，自從有錄音帶開始，我就搜集了許多錄音帶的音樂。後來有CD，我就用CD來收集，現在有硬碟，我把它收藏在硬碟裡面，甚至收藏在手機裡面，並且我還會把它分類。比如說哪些音樂可以增強自己的自信心，哪些音樂可以提升行動力，哪些音樂適合悲傷的時候聽，會變得比較樂觀，哪些音樂是遇到挫折的時候聽，會想要讓自己能夠發奮圖強，奮發向上，哪些音樂聽了之後會讓自己放鬆，哪些音樂聽完之後會讓自己充滿動力，哪些音樂聽完之後會心情非常愉快。

　　所以，我建議你可以把音樂做這樣的分類，然後當你想要達到什麼效果的時候，你就會聽這個音樂，因為音樂的效果實在太可怕了，演講可以改變人，音樂可以感動人。所以我教學員演講，演講可以透過語言，透過文字，透過動作，幫助一個人的思想轉變。教育訓練之所以稱為教育訓

練，就是教育可以改變一個人的思考模式，訓練可以改變一個人的行為模式。當思考模式與行為模式同時被改變的時候，一個人的結果可能就會被改變。而音樂，卻是所有改變最有效的其中一種方法。

我記得這幾年我協助中國大陸幾家大型的餐飲連鎖集團在上市之前做整體的顧問規劃，包括幫助餐飲連鎖集團做數千人的企業內部培訓，還有包括幫幾百位店長定期做培訓，也包括幫內部的高級主管、總經理、經理人做培訓，並且參與決策，參與董事會。在裡面我曾經提出一個方法，因為這家大型的連鎖餐飲店有兩個品牌，第一個品牌做的是速食，另外一個品牌做的是高級餐廳。所以我就特地選擇一些音樂，在速食廳裡放一些比較熱門的，比較快節奏的音樂，讓翻桌率提高，也就是讓人們吃完之後可以趕快換下一批客人。假設速食店放的音樂是屬於抒情的薩克斯音樂，那人們就會慢慢吃，最後導致翻桌率很低，也就是客人流動的速度就變得非常慢，那生意就不好了。但是在那種優雅浪漫的西餐廳，如果播放快節奏的音樂，那人們不想坐得久，那生意就變差了。所以，你做的是生意，必須要知道在什麼時候，在什麼地方，放什麼樣音樂，能夠達到什麼樣的效果，這是一門學問，這是一個很重要的心理暗示與技巧。

我建議你，在任何時候都維持著讓音樂陪伴。比如說你在思考的時候，固定播放思考的音樂，可能是類似阿甘正傳，或者是輕音樂，輕節奏的音樂，用以幫助思考。比如說你在跳舞的時候，你就放一些跳舞的音樂，就能讓自己的心情特別嗨起來，如果你在跳舞的時候放一些抒情的音樂，那可能就動不起來了。不管是做生意或對於你生活而言，其實音樂都可以徹底改變一個人的心情。前文曾提到，心情好的時候才能夠把事情處理好。所以隨時隨地準備好不同的音樂，尤其拜科技所賜，現在的手機裡面都能存放不同的音樂，或者是iPad、MP3裡面也可以儲存很棒的音樂，

隨時就能聽到很棒的音樂，讓自己的心情隨著音樂而改變，朝向美好，去感受一段好的音樂可以左右一個人的情緒。

在做生意的時候，你的餐廳，你的店，包括你的公司在辦公室裡要播放什麼音樂，都會影響整個公司的狀態。比如說我有好幾年的時間，都一直帶著業務團隊在衝鋒陷陣、在成交客戶、在開發客戶、在市場上打滾，這個時候我就經常播放「亞歷山大電影」的配樂，我經常放「男兒當自強」的音樂。有一次我很久以前的一個員工對我說，以前我經常放「男兒當自強」跟「亞歷山大」電影的音樂，他們後來在別的地方工作之後，猛然聽到這熟悉的音樂，就會聯想到當時我們業務團隊在運作的情景，那種緊張感，那種快速刺激感，腦中就立刻浮現當時的情景，好像很想要達成業績目標的感覺，為什麼？這就是一種音樂的鏈接。在很多學理的書上面，我們又稱之為心錨。

什麼叫心錨呢？比如說，有一個人他的父親過世了，在喪禮上因他所站位置的緣故，親友前來致哀時，都拍他右邊的肩膀，因此當他被拍右邊肩膀的時候，就是做心理暗示，假設好多人告訴他說，不要難過，不要難過，請節哀，經過十年之後，他的父親過世了這麼多年，時間慢慢沖淡了這些事情，但是只要有人拍他右邊的肩膀，他就好像彷彿又回到當時的狀況，立刻感覺到悲傷而流下眼淚，這是一個案例。人之所以有時候會突然感到悲傷，有時候會感到沮喪，或許是被種下了心錨，而音樂就是種下一個好的心錨或不好的心錨的重要工具。

所以在各個地方，各個場合，各種狀況，養成聽各種不同的音樂，不但能陶冶人的性情，更能促進你的行動力，變得比較樂觀，或是偶爾可以讓自己放鬆，讓自己快樂，音樂是很重要的。不管是你喜歡聽什麼樣的音樂，找出你喜歡的音樂，並做好分類。

在我的課程中，也有教別人如何用音樂治療人的心靈，怎麼樣來讓自己冥想、讓音樂來治療自己的挫折、讓自己的生活更快樂、更幸福。音樂這種偉大的力量，千萬不要忘了，經常去聽演唱會，經常看你喜歡的歌手的MV，經常去聽你喜歡的音樂，在什麼時候聽什麼樣的音樂，通常會達到不一樣的效果跟結果。好好去享受它吧。

練習
POINT

　　教育可以改變人的思想，訓練可以改變行為，音樂可以感動人。

　　挑出一些對你有行動力、思考力、冥想、自我激勵、激勵團隊、給客戶聽的、給孩子聽的各種不同的音樂，那會是哪幾首呢？

生存法則 *54*
去看電影、電視劇

電影長久以來改變了非常多人的心情，改變了歷史，改變了文化，改變了很多行業，帶動了很多行業，帶動了很多人的內心，很多的情感，是一個巨大無比的產業。透過電影可以幫助一個人成功，當然也可以讓一個人頹廢或失敗。

為什麼電影具備這麼大的功效呢？因為電影是聲光、影像效果同時並進的結果。看電影會讓自己彷彿置身電影故事裡，我自己就有很多這樣的經驗。我非常喜歡看電影，我不知道你喜不喜歡看電影？看電影可以學到很多無法想像的事，會讓你得到許多現實中無法得到的體會。當然也可以滿足更多現實生活所得不到的強項，有幾部電影改變和影響我的人生非常巨大，在這裡跟讀者們做個推薦與分享。

比如在前幾章所提到的那部電影「楚門的世界」，這部電影激勵我改變自己的命運。還有一部電影對我影響深遠，叫做「康熙王朝」。其實，這不是一部電影，是一部電視劇。這是一個真實的故事經過改編的，在很多年前，我至少看超過十遍以上。或許有時候並不是從頭到尾都看，但是到現在為止，仍然在華人的世界，華人的社會，不管是臺灣還是大陸，或者各個地方，都還在重播這部電視劇，裡面的主角康熙是中國歷代皇帝裡面在位時間最長的，長達六十一年。從他小時候怎麼樣去應付黨爭，怎麼

樣去除鰲拜、滅格爾丹、除三藩，如何鬥智，如何在夾縫中求生存。一般人以為當皇帝是很痛快的事，但殊不知高處不勝寒，其實皇帝就如同電視劇裡面所提到的身處在刀山火海當中。我從這部片裡面學到了領導，學到了管理，學到了溝通，學到了談判，學到了演講，學到了非常非常多的技巧。所以看這部片的時候，我邊看劇邊寫筆記，我覺得任何領導者，只要你有帶人的，不管你是什麼角色，一定要重複看這部片，並且要邊看邊寫筆記。

我還看過「雍正王朝」，因為康雍乾盛是中國古代歷史非常令人傳頌的三個時代，它裡面談到雍正非常勤勉政事，如何排解種族的糾紛、化解官員之間的糾紛，可惜在位時間不長，很快傳給了乾隆。在「乾隆王朝」裡面，我學到了和珅怎麼樣應對他的上級長官，怎麼樣和他的主管相處，他的眼神、他的動作、他的微笑、他的肢體……等等，而且讓我學到很多如何為人處世跟倫理道德。

我在看「成吉思汗」這部片的時候，學到了怎麼樣去開疆辟土，短短的三十集，卻說明著中國古代一代君王在全球征戰、開疆辟土，如何運用速度，在別人出手不及的時候，攻其不備，而得到偉大的疆域跟版圖。

我看過「三國」這部電視劇，學到了怎麼樣領導，如何用人。學到曹操、劉備、孔明是如何運用謀略。這些電影、電視劇都是值得一看再看，值得傳世的好片。

我看過「女人香」這部電影，學到怎麼樣才能讓一個人在商場上成功，在競爭的社會當中生存，我看「上海灘」這部電視劇，看裡面的人物從白手起家，到最後兄弟反目成仇，甚至有些哀傷，有些離愁，有些激勵，有些悲哀，情緒起起伏伏，深刻動容。我看過「新不了情」這部片，體會到愛情的偉大，以及如何珍惜生命，珍惜自己，感人肺腑，令人久久

無法忘懷。

推薦的電影或電視劇：「楚門的世界」、「海闊天空（中國合夥人）」、「鐵達尼號」、「新上海灘」、「三國」、「康熙帝國」、「雍正王朝」、「乾隆王朝」、「大染坊」、「埃及王子」、「成吉思汗」等。

練習
POINT

感性與理性都要兼具，因此享受不同類別的電影多去刺激你的左右腦，一定能對你的大腦運轉有很大的幫助。本週就選一部好電影與家人或團隊隊友一起欣賞吧！

生存法則 *55*
做有累積性效應的事

你現在做的事是屬於挑水喝還是修水管呢？什麼叫挑水？就是你現在做的工作，只要你願意去挑就有水可以喝，馬上挑馬上就有水喝，但是如果你不挑了，就沒水可以喝了。什麼叫修水管呢？假設你現在是在修水管，在修水管的過程是沒有水喝的，但是如果你的水管修好了，就有源源不斷的水可以喝，打開水龍頭就有水。

修水管叫做長期的效益，挑水叫做短期的回報。為什麼大部分的人都選擇挑水喝而不去修水管呢？因為他們說我要生活啊，有房租要繳啊，貸款要繳啊，有父母要養啊，有子女要教育啊，沒有錯，我們每個人都有生存的壓力，每個人都有現實的問題要解決，都有燃眉之急。但是我想建議你的是：想辦法慢慢調整你的時間分配，或許你現在在挑水，你要開始積極地去修水管，等到水管修好就可以打開水龍頭喝水，就不用再去挑水了。如果你因為挑水而不去修水管，認為你現在所做的事過一天算一天，那麼未來你將面臨更大的煩惱。

 ## 現在看起來沒煩惱，不代表未來沒煩惱

很多眼前的事看起來很安全，其實長期是危險的；很多現在看來危險的事長期看起來是安全的。人們都想追求穩定的生活，穩定的工作，穩定

的家庭，什麼叫穩定呢？持續的成長才叫穩定，如果沒有持續成長，只是當一天和尚敲一天鐘的事情，那麼這不叫穩定而叫固定，很多人都把固定和穩定搞混了。例如很多人領一份固定薪水，並且可以預見未來二十年自己的薪水大約是如何，清楚明白無法抵抗未來的通貨膨脹率，但是他不敢嘗試新的學習，也不願意去參加課程，不敢接受新的知識、新的刺激，但是把頭埋在沙子裡，事情就不會發生了嗎？世界依然轉動，科技依然發展，也許現在你碰過沒錢用的時候，不代表你未來不會碰到，因為未來不可知，難免都會碰到一些突發狀況，每個人的生活及生命都會有臨時的挑戰。所以，我們要想辦法變成更有錢的人，想辦法變成更能幫助別人的人，想辦法讓自己的生活變得穩定而不是固定的人。問一問自己現在多做的工作是否具有累積性的效益？

年輕時我曾經挖過下水道，工資是當天現領；發海報，也是當天可以領到錢；去五星級酒店當服務生，每天領日薪；去當家教，也是每天領錢；最誇張的是去賣血，賣完之後就能拿到一筆錢。我為什麼要這樣做呢？因為我喜歡每天領到錢的感覺，但是如果我沒有放下這些，跑去做銷售，沒有放下這些去創業當老闆，沒有放下這些重新出發改變自己的生活形態，依然過那樣的日子，幾十年之後，搞不好我現在還在挖下水道，發海報、當服務生、還在賣血、當家教。

你一個月想要賺一萬元的薪水，每天工作8小時，如果想要一個月賺兩萬就每天工作16小時，如果想要賺三萬元的薪水，就每天工作24小時，如果你想要一個月賺五萬元是不是要一天工作48小時呢？但是一天沒有48個小時，那怎麼辦呢？所以這個線段叫做窮人的線段。那麼，什麼叫有錢的射線呢？就是兩邊都有箭頭，而且有錢人的射線所做的工作是有累積性效益的。

問一問你現在所做的事能不能不斷地累積？為什麼我們說「滾石不生苔，短線不聚財」，因為不斷換工作，不斷換領域，不斷換自己所做的事，是沒有辦法長期累積而達到長期的效益和結果，所以對於你從事的工作千萬不要想一直換。

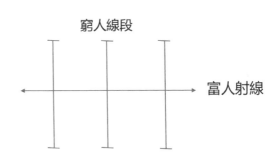

很多大型五百強企業的老闆在面試時，會特別強調不喜歡經常換工作的人。因為經常換工作的人沒有專長，沒有聚焦。你知道冰能生火嗎？把冰一直放在太陽底下照，下面放一張紙，最後紙會燃燒，因為聚焦。所以請刪掉一些沒有累計效益的事，多做那些有累計效益的事。在我很窮的時候，我還是不想找領固定薪水的工作，因為那沒有辦法有長期累積的效益。我想去做業務員，因為業務員跟老闆很像，業績做得多就能得到更多，雖然壓力很大，風險很大，短期的壓力跟風險對長期而言可能是安全，而短期的安全對長期可能是壓力跟風險。

所以說，你做的每一件事能不能被複製，能不能量大，能不能越做越輕鬆，如果可以的話，那麼這件事才是具有累積性的效益。

練習 POINT

要有長久效益的系統幫你持續賺錢或是勞動收入外，也要創造自己的被動收入。

請列舉自己目前的勞動收入與被動收入。

生存法則 56
除了需求，還要注意供給量

　　早期我之所以選擇去中國發展、開設公司，是因為很多人都說中國的市場非常大，中國人口非常的多，是比臺灣人口多幾十倍甚至上百倍。有些人未來商機就是要發展中國大陸市場，要發展全球市場。不管發展哪裡的市場，抱持的認知都是覺得人口多需求量就大，所以生意一定可以做得很好。其實，我們必須要注意的一點就是，人口多並不一定能把生意做好，要瞭解供給的人到底多不多。中國大陸很大，省份多，地方大，人口多，的確是，但是跟你一樣供給產品的人可能也很多。比如大陸的需求量是臺灣的十倍，也許供給量是臺灣的十五倍，那麼就算需求大，而供給又比需求更大，競爭顯然是更激烈了，生意也不見得好做。因為競爭大，所以必須要在競爭中強調差異化，才能夠發展出更好的商業模式。

　　這些年來，很多臺灣人到上海來開創事業，比如賣奶茶，比如餐飲，但是我看到更多的是臺灣的商店或臺灣的品牌到中國大陸來發展，其中有70%～80%甚至更高的比例，做了半年之後就陣亡了，然後又回臺灣去了。為什麼會這樣呢？除了眾所皆知上海房租很貴之外，還有就是產品的品質，開餐廳的話還有食材的問題等各種差異化。當你看到需求很大，市場很大的時候，千萬不要樂觀地以為只要去做就會成功，反正人口很多。如果我們能夠瞭解你的行業或者是你的工作在某一個市場很大的地方，你

的競爭對手前幾名到底是誰，他是怎麼做的，他是怎麼成功的？如果能學習競爭對手的優點，避免他的缺點，再發揮自己的優點，改善自己的缺點，做好市場評估，就更有成功的可能性。

中國大陸的培訓事業在這幾年，如雨後春筍般發展，在十來年的時間，發展了幾萬家甚至幾十萬家類似的公司。2007年我發現這個行業在大陸有將近7000億人民幣的市值，過了幾年在網路上一查有9000億的市值，這個數字是很多小的地方無法想像的數字。市場這麼大，很多人看了都很興奮，就算賣雞排臺灣一天賣一塊，在大陸一天可以買十塊雞排，但是由於模仿和競爭的速度非常快，可以在很短的時間內發展出一百家、一千家相同類似的店，而在臺灣最多不過就十家店。這就是筆者在這裡所強調的——做任何事的時候必須要注意供給量不能只看需求量。比如一個女孩要結婚，有十個男人在追求一個女人，那這個女人就可以從這個十個男人裡面挑選一個來結婚，如果假設有十個男人在追求二十個女人，那麼女人的優勢就降低了，所以供給量和需求量是絕對要一併考量探討與關注的因素。

記得，在你做任何事的時候，注意市場上兩個因素：需求量，供給量。如果只關注需求就會形勢誤判，如果只關注供給，那麼就會忘了需求。兩者同時進行

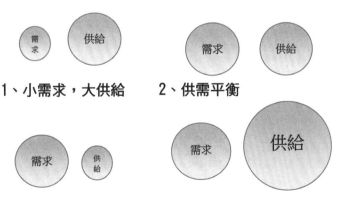

1、小需求，大供給　　2、供需平衡

3、大需求，小供給　　4、需求大，供給更大

考量才能夠把產品賣出去，才能夠在市場上得到更大的滿足，才能夠在事業上成功、在工作上得到更多的機會。

練習
POINT

你的行業環境若是供給小於需求＝機會來了，若是供給大於需求＝你需要有差異化的競爭力。

練習列舉5項做法，好讓你的產品或商業模式有差異化的競爭力。

別人成功的方式不見得適合自己

　　從小我就喜歡看很多勵志和別人成功的書籍，比如《王永慶傳》他是一位非常令人佩服的企業家；《李嘉誠傳》他的故事成為很多人的楷模；《比爾・蓋茲傳》知道他是如何從大學輟學一步步成為世界首富的；《華倫・巴菲特傳記》他是投資之神，不僅非常成功而且非常節儉；《郭台銘傳》他像成吉思汗一樣開疆辟土，非常不簡單。

　　我看過很多古今中外非常多成功人士的傳記，在看這些傳記的過程中我深深受到激勵與鼓舞，閱讀過後心裡卻又萌生一絲絲的失落與落寞，為什麼？因為比如李嘉誠跑到香港去，從塑膠花開始起家，在當時的政策及時代背景下慢慢變成地產大王，成為香港乃至華人首富，甚至有人說：沒有李嘉誠就沒有中國城。看到王永慶這位商業鉅子，甚至教父級的人物，從賣米開始，他發現服務很重要，送米到客戶家時都會主動把新米放在下面，將舊米移到最上面，並一邊計算這位客戶一家幾口人，大約什麼時間可以把米吃完，這種服務精神讓白手起家的他慢慢成為巨富。看到比爾・蓋茲自大學輟學在自家車庫裡面創辦了公司，看到谷歌的創辦人在車庫開始起家……我感慨的是，我覺得他們的成功方式不適合自己，而且自己也不知道怎麼做，他們的故事雖然可以帶來很多啟發，卻不知怎麼去運用。其實，每個人的時空背景，生長的環境不一樣，所以我們很難用別人的成

功方式成功。別人的方式因為已經得到結果，用結果來看過程當然都是好的，而當我們身處在過程當中要取得那樣的結果卻是另外一回事。

如果你是開設公司的，到底是分散式管理比較好，還是集中式管理比較好呢？如果你是開店的，到底是加盟還是自己開創品牌呢？如果你是上班族，到底是繼續工作還是離職去創業好呢？如果你是一位學生，到底是念建築系還是數學系呢？你是本科畢業就好了呢？還是要繼續考研究所攻讀碩士呢？其實這些都沒有一定的定論。

到底什麼是對的？只有結果好的時候，人們才會認為是對的。當我們不知道結果如何的時候，如何踏出第一步呢？這些偉人傳記成功人士的經驗大部分可以被拿來當激勵、鼓勵自己。我們要踏出第一步，在成功的這條路上怎麼樣賺到第一桶金，才是一般人想要知道的最實際的做法，這才是最重要的問題。

這個生存法則裡面談到第一步走出去，就會有第二步，因為每個人的成功條件都不一樣，只有少數人能享受到成功甜美的果實。綜上所述，在我輔導了這麼多企業，開設這麼多的課程（創業的、演講的、系統和團隊打造的課程、識人用人的課程）之後，我的建議是，如果你不知道做什麼，又想要追求成功的話——

第一步先選擇一個銷售、業務員的工作做。

第二步就是這個工作至少堅持一～三年，想辦法把自己變成永遠不是只領固定薪資的人，而是根據自己的努力及天分發揮的結果領取報酬的人。

第三步，想辦法創造一個系統或跟隨一個系統，並且建立團隊。最後一步，用你賺到的錢想辦法去賺更多的錢。當然這個比較困難，是很多人畢生研究的學問，沒關係，如果你的狀況不明，先踏出第一步，然後就有

第二步。

　　總之，先往前走吧，每個人的成功模式不一樣，但是在現今的社會，去學習銷售的技巧，去帶領團隊，成為銷售高手，相信你這輩子都餓不死了。我有開設一個課程，主題是教別人如何做銷售式的演講，不僅只是演講而已，而且是一對多的銷售，學會這樣的本事和技能，相信你走到哪裡都窮不了的。

你要什麼樣的結果，就反推自己現在該做什麼樣的努力。

生存法則 58
大錢、中錢、小錢都要賺

有句話叫做「大處著眼，小處著手」意思是說，想要想得海闊天空，做要做得腳踏實地。

以前我剛加入一家公司做銷售員，發現這家公司大部分都是女性，男員工非常非常的少。於是我問業務主管：公司怎麼女性那麼多，幾乎沒有男的呢？她告訴我說因為大部分男人都沒辦法把業務做好，放不下身段，只會講大話，沒辦法一步一腳印踏實地去做，都是說的比做的好聽。

我聽完之後就深深引以為戒，告訴自己絕對不能變成那個樣子，結果沒想到大部分男人真的沒辦法把業務做好的原因是喜歡說不喜歡做。反而女生想法沒那麼多，目標沒那麼大，夢想沒那麼遠，看起來格局沒那麼大的樣子，卻能一步一腳印地去落實。我也時時刻刻警惕自己不要只是說不做，光說不練，成為那位主管口中所說的那種人。沒想到慢慢的我就越做越好。

在這裡給所有的男性朋友一個建議：說可以說，夢想可以有，理想可以有，但千萬不要變成光說不做的人。有時候我覺得女人比男人更偉大。因為女性有時候看起來就像小草一樣，看起來毫不起眼，但是不管日曬雨淋，颱風來了，地震來了都堅韌不拔，屹立不搖。男人就像大樹，當颱風來了，閃電交加，被雷一劈就成了兩半。男人要像大樹能替人遮風避雨，

但是也要學習小草的堅韌。

我的媽媽就有很強的韌性，小時候家裡發生了一些變故：父親遭受到生意破產的打擊之後，變得非常憔悴，始終不能釋懷並振作起來。母親雖然也非常難過，但她想日子總是要過下去，於是她做做塑膠花，做做手工藝，賺的雖然是一些小錢，生活還勉強過得去。如果能夠把男人女人的優點結合在一起，就完美了。難怪上帝要讓男人女人結合，生活在一起，把各自的優缺點相互融合。所以不管你做多大的生意，都是從小生意累積起來的，長江黃河也是由一滴一滴的水聚集而成。

不管你生意多大，小錢該省還是要省，小錢也還是要賺。不管你的生意有多小，都可能會接到大case，你需要大客戶，大客戶也需要你，只是你不知道、你不瞭解而已。

有時我們看到一些有錢人連小錢都要省。我們也會看到沒錢的人卻花大錢，為什麼？因為他省了半天，省了一些小錢，不願去學習，不願付出代價，最後卻突然花了一筆大錢，甚至被別人騙走一筆大錢，我自己就曾經有過這樣的狀況，一下子虧的錢比省了好幾年的錢還要多。

所以，做生意大錢、中錢、小錢都要省，如果你是家庭主婦建議你大錢、中錢、小錢都要賺。賺小錢的人不要不敢賺大錢，賺大錢的人不要看不起小錢。當然有時候有些錢是省不得，比如學習，像投資自己的大腦，投資孩子的教育，投資員工的培訓，這些錢花得越多越好，省不得的，反倒是因為「省」而讓自己日後要花大錢。而有些小錢卻是花不得的，有個很有名的故事：王永慶每次喝奶茶的時候，都會把奶精倒完之後，再用水倒進奶精裡再倒出來，一點一滴都不浪費。你說他這麼有錢的人為什麼會這樣做呢？因為他明白大錢中錢小錢都要省，但有時候他投資一個事業，幾億幾億的都不眨眼，而有時候不該浪費的，他連一分一毛都要計較。

每個人對於錢的看法跟對於錢的觀念及用法都不一樣，這就導致每個人的成功與失敗。其實這和人的聰明才智並沒有這麼大的差別。

練習 POINT

大錢、中錢、小錢你看好它，它也看好你，也會跟隨你。寫下今年你能收到的大錢中錢小錢各有多少？以及怎麼進來？而自己的大錢、中錢、小錢怎麼進來？

生存法則 *59*

要像黑社會一樣要有個老大帶著，永遠找到讓你又敬又畏的人

　　永遠要找到一位讓你又敬又畏的人。那些香港黑幫的電影或美國黑幫的電影，都有一位老大，有位大哥穿著披風帶著圍巾，戴著黑色墨鏡走在最前面，後面跟著一幫兄弟，這是香港或美國電影經常看到的畫面。為什麼這些人會跟著這個老大呢？你說他們有薪水嗎？他們有保險嗎？他們休假嗎？不，他們可能連命都會賣給這個老大。人都需要有一位領導者。很多人不管在做生意或處於什麼角色跟地位，都很希望有人引領著他，甚至幫他做決定。

　　從小到大，如果你能跟著一位貴人，或許這個貴人會換，在你小學的時候可能是你的小學老師，念國中的時候可能是你的國中老師，高中的時候可能是高中老師，大學的時候可能是大學教授。當你踏入社會你可能就失去了這個領導者。人有一個特性是喜歡找一個人幫他下決定，因為人都有缺乏安全感的一面，如果有人可以幫他下決定，通常這個人就可以變成領導者。

　　我認識很多的大老闆，他們都是虔誠的佛教徒或基督徒。為什麼他們要去做禮拜，跟神父說「我有罪」？為什麼要跟佛行三跪九叩之禮？就是因為人如果沒有一個大哥，沒有一個大姐，沒有一個老大帶著，那麼這個人就很沒有安全感。人是群居的動物，更是領袖的動物。大老闆們因為這

個世界上沒有人可以帶領他們、沒有人可以幫他們充電，可以幫他們下決定，所以他們需要神，需要神給他們指引，給他們方向。

在我們的人生路途當中，每個階段都要尋找一位貴人，這個貴人的標準很多，其中一點就是讓你又敬又畏。我這裡說的貴人並不是看不到的，或者已經不在的，跟偶像不同，偶像可能是已經不在的，古人或不存在的人，而這裡說的貴人是在你身邊看得見、摸得著的，在日常生活隨時指引你的人。或許他是你的父母、哥哥姐姐、上司、好友等，為什麼要又敬又畏呢？因為敬是尊敬，他讓你尊敬的話，勢必你會執行他所說的話，對你有相當的影響力。為什麼要畏呢？因為人無完人，難免都有一些缺點弱點。在《人性的弱點》這本書裡面談到很多人性弱點的問題，人可能會貪婪，會早上不想起床，可能會嫉妒，可能會有險惡之心，在別人看不到的時候亂丟垃圾，所以如果能找到讓你畏懼的人，你就可以隨時讓他監督你的工作，讓你的工作更勤奮，讓你因為他的關係不敢隨便偷懶。但是人總會有偷懶的時候，總是會有情緒低潮的時候，總是有時候不想做事。假設在你的生命中，在你的日常生活裡面有個讓你又敬又畏的人，這個人讓你尊敬又不敢亂來，不敢在他面前造次，說狂語，如果你有這樣一個對象的話，他就能指引你一步一步走向成功。

在我的生命裡面，很幸運的是在我人生中的每個階段都有這樣的一個人。因為有了這樣的人我不敢遲到，不敢偷懶，我想要變優秀給他看，想要得到他的鼓勵、嘉許與讚揚。我非常感謝這樣的人一步一步帶領我往前進。這樣的人並不是完人，或許他只是適合這一個階段帶領你，下一階段你還是要再找一個這樣的人，若是未來你登上高峰，這樣的人找不到了，那你可以尋求神的指引。

小時候爸爸是天，對你而言爸爸媽媽就是你又敬又畏的人，他們會打

你罵你，讓你害怕但你又想賴著他們。如果從小你就沒有這樣讓你又敬又畏的對象，那你很可能失去了敬畏之心，失去了可以鞭策你驅使動力的人，失去了你願意聽他話的人。現在就找出讓你願意聽他話的人，他是正面的積極的、有力量的，他是對社會有貢獻的，他是對人生及生命有相當領悟的，讓你想要成為那樣的人，找出那個讓你又敬又畏的人。聽他的話，完全徹底地服從他的指令，甚至跟他模仿，跟他學習，學他講話的樣子，學他走路的姿勢。當然你選擇的對象非常的重要，因為他會改變跟影響你的一生。

練習 POINT

學習可以從模仿開始，再加上創新成就一番新局面。

你想要模仿哪個企業成功的模式，你想要模仿哪位偉人的演說，你想要模仿哪位成功人士的穿著與氣質？

生 存 法 則 *60*
投資軟體永遠比投資硬體值得

在我的課程中，有很多是講企業經營的技巧，企業經營的方法，業績倍增的方式，商業經營的模式，講解各種不同的銷售、行銷、演講或者是各種不同的技巧。在所有的技巧講述之前，我都會重新來談一談為什麼要這麼做，也就是重新梳理一下為什麼要怎麼做。英文中有兩個詞，一個是why，為什麼？一個是how，怎麼做？「為什麼做」比較重要呢？還是「怎麼做」比較重要呢？很多人會認為告訴我怎麼做，我就可以去做了？為什麼要跟我講那麼多理由呢？事實上一個人要更成功，why占80%，也就是為什麼做，為誰而戰，為何而戰占80%，而怎麼做、方法技巧只占20%。

如果你想要學習領導，去書店就可以找到一大堆有關領導的書籍，你想要學管理，上網可以找到一大堆管理的內容，想學任何東西，只要去書店或是上網，都可以找到一大堆的文章，方法和技巧，但是為什麼這麼多人看完這麼多方法，學完這麼多技巧，仍然沒有辦法得到自己所想要的提升呢？

重點在於為什麼？當一個人心中萌起「一定要」的決心的時候，他就一定會去找方法，用各種方式去達成想要的結果。當一個人不要的時候，你給他再多的方法技巧，有用嗎？如果客戶不想購買，你給他再多的好處

也沒有用，首先要解決的是心裡的心結，不是嗎？一樣的道理如果人想要達到任何事情的成功，最重要的是「到底為什麼一定要成功」的理由，還有「到底為什麼一定要做到」的理由，還有「為什麼一定要去做」的理由，所以你可以寫下為什麼一定要成為有錢人不可的100個理由。如果你可以說服自己，那麼就可以說服別人。如果連自己都無法說服的話，怎麼去說服別人呢？

　　任何的成功就等於是自我說服的成功，自我說服就必須要擁有更多的理由，當有更多的理由時，你就會去找更多的方法和技巧。如果我們可以學習投資軟體，想辦法參加各種不同培訓的課程，那麼我們首先要建設的是自己的心情和心態，不然很多的銷售技巧，很多的管理技巧，很多的企業經營技巧，其實在網路上和書店都是找得到的，沒有效果的原因就是因為心態出了問題。如果我們可以投資我們的員工，投資我們的孩子，最重要的就是要投資軟體，投資學習，改變大腦的思考方式。改變想法可以投入最多的錢，雖然感覺看不到，但是沒有折舊，不會變糟，不會變壞，而且日久彌新，又有價值，越多越好。而投資硬體，看起來是有形的，但是卻會折舊，經過一段時間之後可能就用不著或者必須換新的，只有透過投資軟體才能夠越來越好。所以不要怕投資孩子、投資員工，只有投資自己的頭腦，花再多錢都不怕。

練習 POINT

投資軟體會有數倍回收的成長，投資硬體只有折舊汰換的結果。請試著列出你想投資的人？

生存法則 *61*

浪費時間等於自殺

　　時間可以浪費在美好的事物上，這是一句廣告詞。但問題是許多人的時間都是浪費在一點都不美好的事物上。我曾拜訪過一位日本富商，猛然發現他房間的某個角落，有個很像沙漏的東西，我印象中的沙漏裡面是放沙子，但是那天我在他家看到的沙漏裡面裝的好像不是沙，還閃閃發光的。於是我問他：「這裡面放的是什麼？他說是鑽石，磨碎的鑽石。」我說：「為什麼要放磨碎的鑽石呢？」我從來沒有見放過磨碎的鑽石，他回答之所以這麼做是要提醒自己，就是因為他緊記著一個成功的祕訣就是時間不止大於金錢，時間大於鑽石，任何時間任何地點，千萬不要浪費自己的時間，才能脫貧走向成功。

　　前文提到，要把時間浪費在美好的事物上，但是很多人的人生總是花在對自己沒有幫助，渾渾噩噩的生活上面，到底什麼才是美好的事物呢？例如和家人的相聚、親子的互動。比如說，美好的事物是業務員去見客戶，提到這一點，很多做銷售、業務的人，或者很多當老闆的人，他們總是在白天整理資料，然後混著混著一天就過去了，因為早上一大早開個會，然後就到中午午休時間，下午再整理一下資料就到了下午四點多，喝個下午茶，一下子六、七點到了，該下班回家了。感覺一整天好像過得非常充實，事實上，所做的事情並沒有生產力，並沒有產生實際的績效和效

果，因為對銷售人員而言，最重要、最有生產力的事，就是面對客戶談生意，而不是整理資料。你應該問自己，是不是你在工作的時候，每分每秒做的都是最具生產力的事。其實看電影，也很有生產力，因為在看完電影後，或許會學到很多的東西，或許你因此放鬆了心情，或許你可以跟你的另一半相處，反正對任何事而言，對任何人而言，對任何時間而言，只有你做的事是能夠在那個時候達到結果，就是有生產力的。比如懶洋洋躺在沙灘上，有沒有生產力呢？如果說一個人沒事躺在沙灘上，越躺越無聊，越躺越發慌，那麼這件事就沒有生產力。但是如果有一個人他非常喜歡曬太陽，所以在連續辛苦工作了二十五天之後，和家人在沙灘上曬太陽，孩子在旁邊踏著海浪，自己的另一半在旁邊聽著音樂，偶爾和你聊聊天，躺在沙灘上的每一天就非常有生產力。其實有沒有生產力是相對的，而不是絕對的。前者所說的狀況一樣是躺在沙灘上，但卻是把時間浪費在沒有意義的事情上面，但後者卻是把時間浪費在美好的事物上面，一樣是躺在沙灘，卻是非常美好的一天，所以你要問自己，你現在所做的事到底有沒有生產力呢？

 ## 時間是需要被安排的

如果你去參加課程，沒有認真聽，沒有好好利用時間，對你來說也是浪費時間，浪費時間等於慢性自殺。你讀一本書也好，看一本偉人傳記也好，甚至是看消遣的電視也好，或者是看電影，做同樣的一件事，有時候就是慢性自殺，有時候卻是在珍惜生命。

珍惜時間的人等於比別人更長壽，有人活了四五十歲，但是他的每分每秒都浪費在美好的事物上。有人活了七八十歲，但是他的每分每秒就好

像在地獄般痛苦，所以你必須要規劃出你現在的身份、地位，現在的工作、現在的職業，現在所要達到的結果和目的，從這裡去計算出時間的安排。有幾個時間的安排是你絕對不能忽略，也不能減少的，例如：和家人相處的時間，有時候我非常忙，往來於世界各地演講、寫書，給企業做諮詢顧問，所以和家人相處的時間就變得非常少。雖然我沒有辦法每天和家人相處，但是我會提前規劃旅遊，也就是說我把平時零散的休息時間，變成完整的假期，和家人一起享受和親人在一起的快樂。

　　時間是需要被安排的，有人成為時間的奴隸，有人成為時間的主人，我聽過一句話說，人生最痛苦的一件事，並不是沒有錢，而是活得太久，有時候活太久沒有意義，也等於自殺，因為只有軀殼，沒有靈魂。不要浪費時間，有時候一轉眼一下子就到了四五十歲，有時候想想，我仍然覺得自己十八歲、二十歲時候的狀況，一轉眼距離十八和二十又好多年的時間，浪費時間等於在自殺，或許浪費時間已經不止慢性自殺，浪費時間就像是不愛惜自己的身體，甚至是生命。

　　　　愛惜時間大於愛惜生命。就從今天開始重新安排時間的配比，開始你的調整計畫。

不要做些平凡無味的事

　　若不能追求卓越，就只能追求平凡。

　　創新，到底什麼是創新，在課堂上我與跟很多的學員、老闆、各行各業的人都曾談到創新這個詞，我幫創新下了一個新的定義就是，將目前所擁有的一切想辦法讓它更好，比如你現在用的手機，三年前應該沒有這些功能，外形可能也不太一樣，為什麼你的手機會變這個樣子呢？是憑空捏造出來的嗎？都不是。其實是從最早期的大哥大演變過來，只是功能越多，外觀越來越好。

　　不創新就等於死亡，你必須要創新，做生意的人最需要的就是創新。也就是說找出目前你所擁有的產品，找出目前別人所擁有的產品，找出別人所擁有的定位，找出別人所擁有的方式、模式，找出別人所擁有的一切，加以改良，就會變成更好的，當變成更好的時候，就是一種創新。因為人通常很難做到從無到有，只能想辦法改良，而改良之後，找到別人的優點，去除自己的缺點就會更好。

　　而創新的更高境界就是發明，很多的發明也不算是憑空捏造的，而是藉由過去的狀態、過去的方法，所有只有更好，沒有最好，只要能夠想辦法想出更好的，就是一種創新。而不斷地創新，就能夠吸引別人眼球，是讓別人心甘情願拿錢出來購買你的產品最重要的動力之一。

　　創新在於事業上能夠幫助我們賺更多的錢，如果我們只想用平平淡淡的方法，只能用以前自己想過的方法，或是現在大家都已經在使用的方法，那麼必然平凡無奇，如果你想要自己的生活和生命過得更精彩，那就積極去做一些別人想不到的事，而怎麼去想別人想不到的事呢？

　　有一個好方法，第一遍先想自己能想到的方法和事情，再把第一次所想到的方法刪除掉，因為這些方法別人也有可能能想得到，你要不斷地練習創新，要不斷練習語不驚人死不休的事，不斷去練習做別人做不出的事，當你這樣做的時候，你的大腦就會分泌出一些平常想不到的點子和靈感，這些是需要練習的，或許剛開始還沒有辦法不斷創新，不斷地追求卓越，去改變思維，練習久了，就會變成反射動作，變成你不這樣做就會很痛苦。

　　再者你一定要去想辦法參加一些培訓和學習的課程，透過吸收別人的經驗所得到的資訊，大腦激盪，震驚自己的神經系統，何謂震驚自己的神經系統呢？也就是說讓自己本來的想法有了新的突破和創新，有了新的震撼和震盪，如此一來，你就會讓自己一步一步變得更好、更厲害，或許有些人覺得，這輩子就這麼過了，反正我也不知道該怎麼辦，反正我也不知道自己該幹嘛？其實沒有能不能，只有要不要，當你想要的時候，你就會去接受更多的資訊和刺激，你就會想辦法去學習，透過學習，你可以反覆訓練自己的大腦，讓自己的大腦反應更靈敏，因為你所做出的事如果平凡無奇的話，那別人也沒有感覺，自己也沒有動力。

　　在工作上問自己，是否能做出讓自己和別人都驚豔的事呢？如果一定要做出這樣的事，該做哪三件事呢？具體量化地去練習這樣的事，然後透過不同的方法來刺激自己的右腦，就像書上所提的，運動、聽音樂、看電影、參加課程，去旅遊等等這些方式，不斷持續，就會造成良性的迴圈，

增加自己的思考力。

思考力是成功的重要因數，但是如何思考，怎麼思考，如何突破和創新，這些要經過不斷的演練和練習，沒有人一生下來就知道要做卓越的事，但是如果假設你現在做的事和二十年之後也差不了多少，那麼這樣平凡無奇的人生一點都不精彩，有什麼意義呢？一名中國歌手說了一句很經典的話：「要嘛精彩的活著，要嘛趕緊死掉。」所以不精彩活著的人生和死掉有什麼差別呢？（見後文彩頁P4，照片9）。

要建造一棟100層的大樓，必須要畫好藍圖，才能夠精彩的蓋好，而自己的人生藍圖是什麼？你的感情藍圖是什麼，你想要擁有什麼樣的感情，請把它寫下來，然後去思考它；你想要有什麼樣的健康狀態，請把它寫下來，然後去思考它；你想要擁有什麼樣的事業狀態，請把它寫下來，然後去思考它。你想要開拓國際市場的事業嗎，你想要擁有一台好車子嗎，把它寫下來，然後去思考它。你想要擁有美滿的婚姻，深愛你的另一半嗎？你想要擁有乖巧、聰明、孝順、感恩，又有能力的小孩嗎？把它寫下來，然後去思考它。

我記得在很多年前，我就曾經想像過，如果可以在全世界很多國家演講，並且將自己的書翻譯成好幾種語言，出版到很多國家，可以分享很多成功的經驗給其他人、幫助更多人，那不知道會有多好。只是當時我聽到別人有這樣的夢想和目標，然後我也這樣想，這樣想了之後，並沒有達成，過了好幾年之後才慢慢有些眉目，所以只要不斷醞釀，不斷去做，記得一定要去做，如果沒有朝這個方向前進，天上是不會給你掉下了禮物的，只有自己去做，才能夠自助、人助、天助。讓自己更精彩地活著，在百年後，當你離開人世間，想到做夢都會笑。因為你至少曾經去過，至少曾經做過，至少曾經拚搏過，至少曾經愛過。

練習
POINT

平凡人可以用偉大的愛去做點小事，這事或許看來平凡，但卻不平凡。

如何給自己一個不平凡的明天，從明天做起，你要如何規劃你的不平凡的第一天呢？

生存法則 *63*

變成賺錢工廠

你是一台賺錢的機器嗎？還是你擁有一個賺錢機器，還是一個賺錢工廠呢？設定目標讓自己變成一個賺錢的工廠，成為一個擁有很多賺錢工廠的人物吧。

我曾看過一本書《這一生一定要變成有錢人》，在此我要開始激勵你變成有錢人，激勵你要養成月入百萬的習慣，激勵你這一生一定要變成億萬富翁。或者這些話你聽過很多次，看過很多次，或許你之前聽過別人這樣說，你自己可能也這樣想過。當然也有可能你從來沒有這樣想過，你聽到這樣的說法覺得非常的可笑，但不管你怎麼想我都激勵你要養成月入百萬的習慣，我還是要激勵你這一生中一定要變成億萬富翁。因為有錢的滋味真的相當美妙，美妙到什麼程度呢？美妙到開高級名車備受尊重，美妙到住豪華美宅，可以給另一半過好的生活，可以孝順父母，可以享受到人人稱羨的人生。

我曾經舉過一個例子，假設你是一條魚的話，魚在水缸裡面或在大海裡面游得很快樂。因為是魚，所以不需要開好的車子，不需要住好的房子，不需要孝順父母，不知道魚快不快樂。以前讀過一個寓言談到：你不是魚你怎麼知道魚快樂不快樂？但是我們是人，跟魚不同，魚不需要，但是我們需要。所以我們要積極打造很多的賺錢工廠，一開始就要有這樣的

念頭。

 ## 想法比做法更重要

　　為什麼我要一開始就跟你分享這段話呢？因為想法比做法更重要。當你沒有這樣的想法，你不願意，甚至排斥成為有錢人，放棄這輩子成為有錢人的夢想的話，那麼即使學更多的方法都是無效的，打造很多賺錢機器、賺錢工廠，並且擁有很多的分廠，實現這些的實際做法是什麼呢？

　　第一點，去學習一些別人沒有學到的東西，學校的教育教的很多都是基本的常識，我並不是排斥學校的教育，只是學校學的只是基本，而且大家所學的都差不多。當所有幾千萬人口，幾億人口所學習的內容都差不多的時候，最後得到的結果是不是都差不多呢？如果你想得到跟別人不一樣的成就，擁有跟別人不一樣的目標，首先一定要去學一些跟別人不一樣的東西。學校教育之後所學的東西決定一個人的人生。每天上班之後的時間你都在做什麼？這段時間決定著你是否可以升官發財，因為只有在其他時間做一些不一樣的過程，才可能產生不一樣的結果。

　　第二點，想辦法請教那些你想成為那方面專家的事情。什麼意思呢？像我不斷在教別人東西，從臺灣包括大陸的幾十個省份，以及海外其他的國家，將近二十年的時間我教別人如何打造系統，如何去建立團隊、如何去演講、如何去銷售、如何去行銷，這些事我不斷在做，不斷在學，並且不斷地教。如果只是學習能不能吸收很難檢驗，沒辦法像學校考試一樣有考卷。如果去做的話會得到實際的經驗，而最高的境界就是去教。也就是說如果你想成為銷售天王，就想辦法去教別人銷售，又沒有人要聽我教啊，而且不像老師還可以賺到錢啊。其實我以前教課的時候也沒人給我

錢，以前我教的是我的徒弟，漸漸地我開課不收錢，然後收很少的錢，慢慢地我幫很多更成功的人推廣課程，送客戶我自己的課程，慢慢地收費越來越高。整個過程現在我說起來只要幾分鐘，卻是經歷了將近二十年的時間。如果你能去教別人什麼，你就會成為什麼專家。

第三點，打造賺錢的工廠。你一定要先把自己打造成賺錢的機器，然後把自己的工作和功能複製給別人，讓別人也變成賺錢機器，你就變成了廠長，去管理很多的賺錢機器。如果你是剛開始，不知道如何下手，那麼你可以跟我一樣去協助別人去推廣他的課程，也就是去做銷售、去做業務員。不見得你一定要做培訓這個行業，也可以是別的行業，我所說的是你想辦法去做業務員，去找陌生人談生意、賣產品，會被拒絕，但是你只要賣出去就可以得到獎金，去做這樣的工作，那麼你就等於踏出把自己變成賺錢機器的第一步。把自己變成賺錢機器的第二步是什麼呢？就是去對很多人演講，就是在單位時間裡面賺取更大報酬的方法，這就是一對多。假設你一對一的講，講十次可以賣出一個東西，如果你把十個人集中起來，同時對這十個人講，搞不好就可以賣出三個東西，練習銷售型演講就是把自己變成賺錢機器的下一步。

再則就是除非你有特殊的專長、特殊的才能，並堅持個三年五年十年，比如跳舞，彈鋼琴，你擁有的這樣熱情、這樣的天分，當你擁有這些特長的時候，想辦法用這些特長去賺錢。或許你會覺得把它變成賺錢的方法不就抹殺掉我的興趣了嗎？其實，如果你的興趣可以變成賺錢的方法，那麼這個興趣就能持續下去，越做越好。就像我最早對別人演講授課，沒辦法得到報酬，現在我對別人演講是要收費的。你會覺得我本來就是靠演講賺錢，但是我是有區別的，因為我會去慈善機構演講，我會教別人怎麼改變自己的人生，也就是說我是選擇性的免費，那麼為什麼要收費呢？因

為沒有收費的學生質跟量通常都不會太好。只有把興趣和賺錢相結合才有辦法長久，舉例像很多的畫家本來畫得很好，後來就畫不下去了，因為他的收入沒辦法跟他的興趣結合。把自己變成打造賺錢的機器，並且複製很多的賺錢機器，讓自己升級成賺錢工廠的老闆才能提升自己的格局與收入進展。

練習 POINT

　　我是賺錢製造機，我是賺錢工廠的老闆，我可以複製賺錢的人與系統，我可以變得更有錢，為社會公益付出的能力。請試著列出，你如何讓自己的工作變成可以複製的呢？

一年佈局，兩年延續，三年收割

　　怕麻煩就會更麻煩，想要少麻煩後面就會多麻煩，想要一開始不麻煩，可能結局就會很麻煩。

　　以前我曾聽過一句話：複雜的事簡單化，簡單的事重複做。有些事是這樣沒有錯，但有些事卻剛好相反，就是要變得複雜才會成功，要把它變得麻煩，最後才不會惹出更多的麻煩。怎麼說呢？假設你要辦一場會議行銷，什麼叫會議行銷呢？就是透過辦一場活動讓你達到展示、銷售產品的目的，甚至招收加盟等等。舉辦會議行銷首先要關注的是先關注你要的結果是什麼？有些人要的結果是創造營收，最後卻只做了宣傳，所以一定要明確你要的結果。創造營收跟宣傳是兩回事，只是宣傳坦白講沒什麼壓力，結果難以評估；假設你要透過展售或會議行銷的方式收到五百萬的現金，那一定要做好完整細緻的規劃。

 ## 只有完美的準備才有完美的結局

　　建議每場會議一定要有收益，而不是沒有結果。如果你要做這件事，事前準備工作一定要做好，包括提前一週的排練，包括策劃，包括選出這場會議的總領導，與會人員及其工作的安排與音樂的配合，至少要有三到五次的排練。有些錢不能省就是不能省，包括會議中進行時的配合工作，

會議結束後的跟進工作。我在中國發行的著作《打造系統複製人才》裡面講到招聘人才之前，不管是透過報紙、網路、人才市場找人，不管你用什麼方式，千萬不要當天就去。很多事前準備工作有做，和做好，和得到結果是完全不同的。我會教別人如何做好事前細緻的準備工作，包括提前一個禮拜開始搜集名單，開始打電話，寄出郵件，更要提前更新網路招聘職位資訊等，必須要有一組人讓新人來面試，盡力讓來面試的人變多，從裡面找出我們要的人（在我的課程「複製CEO」第一天就會談到如何尋才、養才、留才、用才），如果一開始就把人找對，後面就能避免很多資源的浪費。

成功的會議在於事前80%的佈局，佈局造勢才能夠擺平。佈局很重要，但是一般人不願意做是因為第一年佈局通常看不到什麼結果。比如你有個事業佈局一年，在剛開始做準備的時候，做好調研，事前規劃，寧可花一年的時間來做產品的測試，寧可做問卷，花很長的時間做佈局，也不要莽撞開始，然後賠錢，事業一下子就結束了。任何事都必須要有一年的準備期，要有一年的適應期跟調整期。新人進到一間公司，力求調整跟適應。為什麼新鞋子穿著會痛呢？就是因為不適應，男女朋友也需要一年的磨合期才能夠知道彼此是一時衝動還是真愛。一個你挖角來的人或者是合作夥伴，如果沒有經過一年的磨合培養，也很難知道接下來能不能一起配合，創造雙贏。

我剛到大陸發展的第一年，其實都在做準備工作，因為我確信只有完美的準備才有完美的結局。不管做任何事情，不管在任何領域，第一年是佈局準備。第二年開始延伸，所謂延伸就是去落實，去把第一年的準備工作做好，第三年才會慢慢收割。任何事情都有三年的迴圈，每個人在做任何事情的時候，都會經過三年才會成功。所以在你心裡面要先有一個算盤

跟盤算，就算你從事新事業，從事新行業，銷售新產品，進入新公司，都必須要有三年的佈局醞釀。隨時告訴自己進入一個新領域，不管在各方面，給自己一年的準備期，兩年的延伸期以及三年的成就期。

佈局決定結局，好的佈局才有好的結局。佈下一個三年計畫的局吧，開始迎接你的三年藍圖計畫。

生存法則 *65*
每家公司只有業務員

如果你經營一家企業，或者你是一家店的老闆，不管你是線上的還是線下的，有形的還是無形的，任何行業，只要是老闆，我都給一個具體的建議：從老闆到總經理到副總到各部門主管，到企業的每個員工，都要讓他們都接受業務訓練。你想想看，如果客戶到你的公司，對櫃台小姐說他不滿意你公司的產品，想要請求協助。櫃台小姐告訴他：「我是櫃台我不知道，請他找業務人員。」或者他問什麼問題，櫃台小姐都一問三不知。如果你是消費者你會有什麼樣的感覺呢？相同的道理，假設櫃台小姐不用問別人，自己就解決了客戶的問題，你的感覺又是如何呢？

每一個員工都必須是業務員

二十一世紀是行銷的時代，是通路的時代，是業務的時代，是賣得出去就能夠生存的時代。所以我建議你要讓公司全體員工接受培訓：一是銷售的訓練，二是記憶力激發潛能訓練，三是客戶服務訓練，四是標準化客戶問答訓練，就是客戶問你任何一名員工問題時，他們都不可以說你去找我們的業務人員，或是我請他們告訴你等，不可以這樣回答客戶。要立刻回答及解決客戶的問題，你公司的業務員可以不是研發者，但是每個人都必須要是業務員，可以的話就讓全體員工在上班之餘（如果他不是業務

員）也能銷售公司的產品，不管做什麼都一樣。

記得我以前做業務員的時候，常常和後勤部門發生爭執，起衝突。因為為了達成業績目標，公司會舉辦一些獎勵，當時還沒有刷卡機，我為了達成某種獎勵很積極地跟客戶收現金，最後一天或很晚的時候，我拿著一筆現金交給財務，通常他們不但不讚許我，還給我臉色看，我非常地生氣，後來我轉念一想我收錢回來可以領獎金，而他們卻什麼好處也沒有。所以如果他們也接受業務訓練，平時下班之後也做業務員的話，除了能幫公司增加業績，最重要的是他們能站在業務員的心態來思考、來做事。

曾經我是一家公司的代理商，也是一家公司的主管，有一次發現公司的財務主管非常討厭我，原因是她一天工作十多個小時，我也一天工作十幾個小時，而我一個月的薪水是她的幾十倍，甚至有時是上百倍，所以她對我一直沒有好感。我曾看過某位老闆教育他的財務人員說：做業務的人是從市場拿錢回來公司，自己留一部分，不是我給他的多，而是這是業務人員他自己從市場上賺到的，而後勤人員所得到的每一塊錢都是公司支出的，並不是你沒有貢獻，只是你們的工作性質不同。所以，如果要讓所有的人員接觸市場，最好的方法不是空談，而是讓每個人都成為公司的業務員。

我曾協助過很多的企業、公司，他們的老闆帶各部門的員工來上我的課，我不斷地灌輸教育他們這種觀念，並且教給他們如何提升業務的技能，順便自己也能多賺點錢。在中國，甚至海外好幾個國家，有很多公司邀請我去做顧問，我也把這樣的理念，自身的經驗灌輸到各行各業不同的公司裡。其實，公司只有一種人，就是業務員，就算他是行政人員，他也是能做標準化業務的行政人員。在未來，銷售的時代來臨，不只是銷售產品，我們看到蘋果每次新產品一推出，都是由前CEO賈伯斯對著眾媒體

召開新品發布會產品展示，你說他是研發者，是經營者，是老闆嗎？我覺得他是最偉大的業務員與銷售者。他銷售著改變人類對於3C用品的習慣，銷售著面對新時代的來臨人們需要跟隨的必需品。只要他一上臺演講全世界就瘋狂賣出了幾千萬台的蘋果產品，他真是一個超級會公眾演說又有銷售實力的超級業務員。

練習 POINT

我就是最偉大的業務員，我銷售我的服務和產品給合適的人，我要我公司與團隊的人都跟我一樣。我現在該做些什麼事，好讓大家跟我一樣成為銷售員？成為業務呢？

生存法則 **66**
給父母一大筆錢

　　烏鴉尚知反哺，為人豈能不孝？在我協助企業發展，包括我自己的公司本身，都非常鼓勵並且提倡孝順的文化。一家公司的文化非常重要，假設你是一家公司老闆，能夠宣導孝順文化的話，那麼對公司而言也是非常有幫助的。或許你會說孝不孝順是個人的事，有必要大費周章地成為公司的文化嗎？曾經有位前輩告訴我說，如果一個人不能孝順他的父母，那麼最好不要跟這個人合作。那些落實得更徹底的公司，甚至還會把員工的一部分薪水存到其父母的戶頭。當然，各種不同的狀況及特例，執行起來不見得容易，我想強調的是你能夠設定目標，編列預算給父母更多錢的話，相信這也會成為你工作的動力。

　　像我就曾經我設定一個目標，要在我媽媽的戶頭裡面存一百萬，或許你的父母並不看重錢，但是在做這件事的時候不只是孝順父母，還會讓自己更快樂，讓自己更心安。孟子說人性本善，人會有同情之心，會有憐憫之心，會將心比心；聽到荀子「人性本惡」的論點時，我就想人到底是本善還是本惡呢？原來荀子說的是人性有惡的一面，是指人會貪婪，人會嫉妒等。所以透過教育訓練、培訓可以感化掉人性惡的那一面，人心的善是可以激發出來的。如果你能固定給家裡錢，對父母好，也是你的動力之一。

幾十年前，有些人或是有些家庭，這樣的方式對他們是很有效的，但是社會慢慢改變，結構不一樣，有些人不見得認同要這樣孝順父母，因為並不是用錢就能表示對父母的孝心。但也不容否認這確實是一種具體衡量的方法。父母可以不收，但是你必須要給。如果我們能鼓勵，並且當成公司文化的話，相信大家工作起來，更能感受到公司的正面、積極的正能量。去設定你的公司行善跟行孝的文化，設定你公司感恩積極的文化，設定你的公司先付出再求回報的文化，從老闆開始，去培養、設定，不斷用各種方式宣導這些文化。

我相信激發人內心善的一面這件事，對經營企業文化有巨大的幫助。設定目標什麼時候給你父母包紅包一百萬，如果父母還健康的話這是你的福氣，也是他們的福氣。

練習 POINT

百善孝為先。如何落實你的行善與行孝的感恩計畫，現在開始動筆寫出來，做出來。

生 存 法 則 *67*

善心比不過善行

　　你是否想過在未來你有錢的時候要去做善事呢？多年前我的公司開始慢慢步上軌道，越來越好，自己的存款也越來越多，生活從貧窮走向小康，手頭日益寬裕。於是我請我的秘書幫我找一家孤兒院，打算捐錢給孤兒院，我領完錢後，想親自拿去捐贈給這家孤兒院。當我來到孤兒院門口時，外觀、設備不怎麼樣，看起來的確很需要幫助。進去之後，才猛然發現這不是一家孤兒院而已，大概有一百多個兒童，他們除了都是孤兒之外，大部分身體都有缺陷或智障。記得當時我走進大廳的一剎那，感覺空氣瞬間凝結，心情非常沉重，也非常難過，那一幕讓我久久無法忘懷。本來我心裡想的是會有很多的小孩在那裡玩，他們感謝我捐錢給他們，然後我會因為做了善事而覺得快樂，結果沒想到完全不一樣，這裡面一百多人幾乎都是不健全的兒童，甚至是重症患者。

　　這是一位愛心人士建立的，很多的父母發現小孩健康有問題而遺棄了他們，院長不但收留他們，還醫治了他們，雖然很多人醫治不好，但至少讓他們活下來，儘管也有中途夭折。這位院長實在是太偉大了，我就問他們是怎麼幫助這些孩子以及這家孤兒院生存下去呢？他們說都是靠社會救助。沒多久，就在我打算離開時，院長特意出來感謝我，我才發現院長是坐輪椅出來的，內心非常驚訝，問他怎麼了，他說自己要長期洗腎，雙腿

不良於行，沒辦法站起來，還是很謝謝我給他們一些幫助。

回來我就想為什麼這麼好的人，上天還讓他承受這些病痛呢？過了幾年之後，我慢慢領悟一些：上天並不是因為你做了好事就賜給你福氣，讓你一切都好。你必須自己想辦法讓自己生活得更好，我想到那位孤兒院的院長就非常敬佩他，又想到這個世界上有很多的慈善機構，很多的教會及寺廟，蓋得非常富麗堂皇，生活過得非常好。假設我們能夠把慈善機構當成企業來經營的話，先讓自己活下去，活得好才有機會去幫助別人，只有善心是不夠的，還要有善行。如果某個地方發生了地震，地震之後人們需要幫助，雖然心理的重建也很重要，但更重要的是先幫他們活下來，有命才能夠談心理重建。有時候善行比善心更重要。如果未來你希望可以做更多善事的話，想辦法先把自己顧好，想辦法讓自己活下來，讓自己活得好，你才有辦法幫助更多人。

練習 POINT

施比受更有福，每個月找一個你可以施行善行的事來作或地方去拜訪。

請列出你想幫助的慈善單位5個。

投資房地產

有錢人賺的不只是現金流，更是賺長期的差價。

　　從小到大，我曾經搬了無數次家，尤其小時候，一天到晚都在搬家。因為繳不起房租被房東趕出去，不得不另找新的地方，或者是因為各種原因，房子不能住租了，又得搬家。多次的搬家經驗告訴自己，一定要買很多的房子，一定要讓自己的房子多到住不完，這是一種補償的心理。慢慢長大，生活過得更好，在事業上軌道之後，我開始不斷地買房子。我想各位應該常常聽到很多故事，就是有些人在幾年前買了房子，現在房子漲了好幾倍，類似這樣的故事不只在臺灣有，在中國大陸有，在新加坡有，在馬來西亞有，全世界各地通常都有這樣的案例。甚至是那些沒有念過很多書，也沒有高學歷的媽媽，他們也擁有很多房子，他們的人生過得很精彩、富足，甚至還可以傳給下一代，原因是土地和房產是稀缺資源，我們觀察全世界所有的富豪，其實他們都喜歡投資房地產。而我因工作的關係必須經常到世界各地去演講，所以我也定下一個目標，在當地演講完之後，就拿在當地所賺的錢拿來買房子，這樣就可以在全世界置產。

　　我曾經看過一本書，裡面提到要想辦法創造現金流，尤其是透過房子創造現金流，意思就是想辦法先付一點房屋的頭期款，然後把房子租出去，用房租來繳貸款，如法炮製，這樣你就可以有很多很多的房地產。假

設你的房租是一萬元，你的貸款是八千元，你就有兩千元的現金流，如果你有一百個這樣的房子，你就可以擁有每個月不工作也可以賺錢的現金流，這是我看到有些書上面所寫的道理，坦白講聽起來是很有道理的，也真的是很不錯的方法，但是套用在現實的生活和現實的狀況，經過我的考察，這套方法幾乎已經行不通了，怎麼說呢？

首先在很多地方，房子被人為炒作了，為了預防投資客的投機，頭款都設得很高，你已經沒有辦法用一成的頭期款去買房子；再者，很多地方的房貸很高，但是租金很低，所以根本沒有辦法用房租來繳房貸，所以不但沒有現金流，每個月還多了一筆支出，所以你就會考慮到底要租房子還是買房子。即使是如此，我還是建議你要買房子。

我研究過世界百大富豪，電影明星，大企業家，包括我認識很多公司的老闆，其實大家都對買房子很有興趣，那怎麼辦呢？我的建議是，不要想辦法只是去省錢，而是想辦法去賺錢，因為賺的錢就可以付房子的頭款，甚至付40%、50%。也就是說賺錢的本事其實比省錢的本事重要多了，這是我們在這本書中不斷的談到的。

我有出一套有聲書《複製賺錢力》，裡面也不斷談到，賺錢永遠比省錢重要，省錢是那些有很多錢的人要做的事，因為他的量很大，相對地他就可以省很多。如果沒什麼錢的人，再怎麼省，也省不了多少錢，你必須要做的是想辦法學習賺錢的本事，然後去買房子，去付40%～50%的頭款，甚至你買了房子之後也不見得要出租，為什麼？因為只要你買的是最好的地段，買的是豪宅，它的貶值程度是很低的。如果你把房子租掉，賺一點點的租金，其實並不划算，還不如放著，因為你頭期款付了大部分，甚至是一次買斷，你可以自己住，也可以給家人住，或者經過一段時間後，你把房子賣掉所賺的錢，可能是剛才第一種說的賺進現金流的錢的好

多倍，也就是你收十年的房租都抵不上你轉賣一次，原因是因為你買最好的房子，最好的地段，所以只要是好產品，只要是好房子一次買對就足夠了，就是賺了。想辦法在全世界各地最精華的地方置產，方法是提高賺錢的本事，方法是學習賺錢的能力，方法是想辦法學習銷售、演講、系統、團隊、一對一、一對多、行銷、談判，學習這些賺錢的本事，然後去買房子，賺取長期的資本。

讓錢為你工作，讓錢提升你的回收報酬，讓錢滾進更多的錢。

如何分配你的錢到正確的管道，你現可以好好思考一下你的配置。

生存法則 69
錢真的很容易賺

　　現在請和我大聲念三次：「賺錢真的好簡單！」「賺錢真的好簡單！」「賺錢真的好簡單！」我想這句話這輩子很多人說不出口，也不會說，也認為怎麼可能這樣說呢？但是很多人就是這麼覺得。賺錢這種本事和學習腳踏車，跟學游泳一樣，只要學了就會。而賺大錢的本事也是學了就會，重點是很多人不想學，不願意學，或抗拒學，會覺得學這些沒有用，沒必要，那麼你將成為你持續重複不斷思考的結果，最後就真的沒有效。

　　我記得有本書上面寫著，賺錢真的很容易，合法的生意很好做，所以何必去做非法的生意呢？合法的錢很好賺，幹嘛要鋌而走險去犯法呢？

　　首先，第一點你要知道學習賺錢的本事，這是你必須要做的第一件事，就像這本書我們講到，哪些是賺錢的本事。

　　第二個，經過反覆不斷的練習、演練，就算失敗了也沒關係，因為可以成功、可以失敗，但是不可以放棄。

　　第三，去找一位貴人來幫助你。也就是你要常常去列名單，列出誰能幫你，成功最重要的關鍵之一在於，不是多努力，而是多去想誰能幫我。你認為你終其一生都做不到的事，很困難的事，說不定只要別人不小心，眨眨眼、動動手，三、五秒鐘就可以幫你達成你這輩子最想做到卻一直都

做不到的事。

接下來，運用思考的能力讓自己發明更多的東西，什麼意思呢？我們的大腦有無限的潛能，你必須經常在夜深人靜的時候，或者是沖泡咖啡喝的時候，或者是在你可以得到靈感的時候，寫下我要如何賺錢的方法，常常練習寫下三點、寫下五點，或者是去參與一些培訓課程，去聽別人的經驗，激發自己的靈感，然後寫下到底你要怎麼賺錢的方法。經常思考，你就會得到你所想要得到的結果，因為錢真的很好賺。

當你經過醞釀、經過學習，你會發現賺錢的速度很快，上個月的錢還沒有花完，這個月的錢又進來了，可是有時候當你沒錢的時候，或者公司狀況不好的時候，上個月的錢還沒進來，這個月的錢就沒了，所以你要學習賺錢的能力，要學習複製賺錢的能力，這也是我要即將出版的有聲書的名字，叫做《複製賺錢力》。

所以對金錢有正面的看法，喜歡金錢，愛錢，絕對都不是壞事，教育你自己，你的配偶，你的下一代，愛錢，喜歡錢，與錢為伍。

練習 POINT

錢是香的，是友善的，是容易賺的。寫下錢為什麼特別愛你的七個原因。

第四篇

系統為王

System is the king.

Viability

生存法則 70
不要隨便投資股票

　　這裡所講的投資股票，還可以用一個更好的形容詞叫做：不要隨便買賣股票，或者不要想投機致富。因為我看過太多的例子，很多人都知道股票應該買在低點，賣在高點。但是大部分人股票都買在最高的點，賣在最低的點，為什麼會這樣呢？因為人性很難克服的一點就是貪婪，當股票在漲的時候，你一定認為它還會繼續漲；而股票在跌的時候，你同樣會認為它還會繼續跌下去。其實好的股票在跌的時候，你應該要認為它會漲上來，有些股票已經很高了，你應該認為物極必反，它會跌下去。但是人很難與這些人性做對抗，而能夠跟這種人性做對抗的人，大部分都是股票投資的成功者，或者是長期獲利的投資者，或者是世界首富華倫‧巴菲特。我自己在投資股票這方面並沒有那麼專業，也沒有這樣的經驗，所以我不太投資股票，就算投資股票，我也是把它交給專業人員以長期投資的方式，不是賺短暫的價差，所以長期投資，長期獲利，我想股神巴菲特所說的話應該是不會錯的。

　　找到好的時機，找到股價在低谷但是有價值的股票，長期持有，耐心等待，運用複利，這些形容詞或許你聽過，可是做起來真的很不容易，於是我乾脆把股票投資的事委由專家來幫我操作。但是大部分的錢和資產，我還是放在房地產。

三條賺錢的鐵則

1.專心自己的本業。投資報酬率最高的就是投資自己懂的、了解的事業，而投資別人的事業，你不知道、不瞭解，也無法掌控。所以，最好的方法就是投資自己的事業，專注在自己的本業上，十年、二十年、三十年、這是最好的方法，也是最棒的賺錢守則。

2.長期投資最好地段的房地產。我們在書裡面不斷談到投資房地產的好處。

3.透過專家協助長期投資股票。

我想成功致富大概也只有這三條路。國內外很多富豪，大部分也是透過這三種方式創富成功，大富大貴的。當你設定目標要變有錢人之後，請積極想辦法把自己的資產擴大，到全世界各地去置產，到世界各地去賺錢，到世界各地區買房子，並且專注在自己的本業，成為億萬富翁，並把這個財商知識傳授給你的下一代。

別人貪婪的時候你要恐懼，逆向思考財富人生。做好自己的投資與理財。1、如何投資及擴大自己的本業？2、請寫下何時開始購買你的房地產及土地？3、能提供多少比例的資金請專家協助你長期投資股票？

生存法則 *71*
寫作出書

　　如果你想要在各領域成功，請在現在或者是不久的將來，趕快寫一本書，然後讓它成為暢銷書吧。

　　想想看，古今中外在各領域成功的人，是不是都有著作呢？沒有錯，你看從古代的孔子，不管是他自己寫或者是後人幫他出的，他之所以能夠影響人類幾千年，就是因為有著作《論語》。我們追溯到幾千年前的人也是如此。

　　現在所有企業成功、宗教成功，或者是各領域成功的人，哪一個是沒有出書的呢？所有暢銷的電影或名人，你能舉出誰沒有出過書嗎？或許會有人說就是因為他們那麼成功，才會出書呀，這句話反過來說，他們出書才會成功呢？我不知道你有沒有想過，在你一生當中，你要寫一本書，可能是要改變更多人，可能是要影響更多人，可能是幫助更多人，或者是宣傳公司的品牌，或者是增加企業的知名度，或者是讓個人取得更多的成功，或者是證明你公司產品更好賣，所以出一本書，讓它更暢銷，是通往成功非常重要的捷徑，但是這個時候你心中可能會萌生更多疑問。

你的書就是你的名片

　　例如，我又沒有像他們那樣成功，比如我又不知道可以寫什麼書？比

如我又不懂怎麼出版？比如我從小作文就很爛，不知道怎麼寫，比如說寫了之後，印刷會不會很貴？那要出多少錢呢？比如說寫完之後會不會沒有人買，賣不出去不是很丟臉嗎？……其實也就是這種種的問題，才會讓更多人對於暢銷書作者有多一份尊敬，甚至崇拜。我通常不使用名片，因為很多人看到我就認識我，那是因為我出了很多書，或者有人跟我要名片的時候，我拿出我的書給他看並且告訴他，很多書店都有在賣，就好像取得一種權威、或專業認證。大部分人並不知道出一本書沒有那麼困難，即使你不會寫作也沒關係，只要口述你的故事就可以請人幫你寫成一本書。可能你會覺得我又不知道怎麼出版，其實你上網打出版書籍，或投稿，或自費出書，就會發現很多的網站或公司都有這樣的服務。剛開始可能你是要花錢自己出書，但是只要你懂得行銷，自己花錢出書也不見得不好，為什麼呢？因為你可以從賣書中賺回你花錢出書的費用。

比如我在中國大陸，協助很多的企業家寫書，就算他們目前已經很成功了，他們還是有一樣的疑問，他們自覺不會寫，寫出來不知道怎麼樣，而且還會很不好意思。人怕出名，豬怕肥。寫出來擔心太出名，被別人知道他富有，而猶豫再三，其實書是一種宣傳你的品牌，宣傳你的公司、宣傳你的產品非常好的管道。因為音樂可以感動人，書可以打動人心，而影片可以在最快時間影響別人的想法跟觀念，不只要出一本書，你甚至要製作一個自我介紹。可是有人會說，我又不像明星，也不像你們這種行業，我不想出名啊。是的，就算你不想出名，你也可以去宣傳你的產品、你的公司，你可以請你公司的某一個人出來當代言人。就算你現在沒有那麼成功，你都可以把你的過去拍下來，因為每個人都有自己的故事。我記得有一次，我在課堂上教別人演講的時候，我請學員講一次她的故事給我聽，我聽完之後，並記下她講的大綱，雖然她說自己是一個平凡的家庭主婦，

出身背景也沒有值得稱讚的地方，生活也沒有什麼起起伏伏。我聽了她的故事後，立刻再把她給我講的故事重講一次，沒想到她邊聽邊流著淚說，直說是好感人的故事，我說這不就是你的故事嗎？她聽完之後覺得不可思議，為什麼她自己覺得自己的故事平凡無奇，沒什麼了不起，卻在我講完她的故事之後令她很感動，很興奮，甚至激勵人心。

同樣的一句話，怎麼說很重要，辭彙具備非常偉大的力量，文字具備非常大的力量，說話的方式具備非常大的力量。我教別人如何演講，我教別人如何表達，我教別人如何說話，但是書上面的文字，更可以達到深遠的效果。以前有人說，筆的力量比槍還要強大，就是因為文字的力量非常巨大，就算你不想宣傳你個人，你也可以為你的公司寫出一本傳記。

我曾協助中國一家企業，它的目標是想要開拓5000家連鎖店，目前只有一千多家，但是他不知道怎麼做，我建議他們出一本書，書名叫做《我要開5000家連鎖店》，你想想看，如果擺在書店平台上，有誰看到這本的書名，會想要拿起來翻一翻呢？沒錯就是那些開店的人，於是他在書的後面附上他的加盟說明書，附上公司的理念，書裡面有他公司的計畫，產品的推廣，宣傳的方式，千萬不要以為出書就是在沽名釣譽，其實他可以達到你要的結果。因為各行各業不一樣，所以我在我的課程中也會教別人如何透過書打開知名度，銷售自己的產品。

我協助過一家連鎖餐飲業，就在書的後面附上折價券，並且我協助這家企業做團隊和內部的訓練，訓練完之後，讓每個人每個月賣出四本書，也就是一個禮拜要賣出一本書，賣給誰呢？賣給上門的客戶，自己的親朋好友都可以，因為後面有附折價券，無形當中就帶動了客流量，所以書是能協助你生意做得更好，協助你打開知名度，協助你賺錢的一個法寶。

你也可以聯絡我的公司來協助你出書的計畫，就算你不會也沒有關

係，因為可以找人寫，就算你不知道也沒有關係，因為任何事情剛開始你都不知道，你只要知道全世界很多優秀的人都是因為出了書，才改變了他們企業的狀況，改變了產品的銷售狀況，以及改變自己的知名度，甚至改變他的財務狀況。請現在問自己：什麼時候你要出書呢？從書名到所有的行銷企劃你都可以不用擔心，因為這些都可以交給專業的人，只要你先有這樣的概念，有這樣的想法，並且願意去接受、去瞭解怎麼做，這樣就夠了，趕快跟我們聯繫吧。

出書是你的宣傳品之一，是分享知識與愛的管道。想一想，你想出的書名會叫做什麼呢？

生存法則 *72*
趕上在中國大陸賺錢的末班車

　　在寫這本書的時候，我人不在中國，剛結束了一場在泰國的演講，人還在泰國。再過兩個月又要去日本的東京演講，再過一個月又要去美國的洛杉磯演講，包括新加坡、馬來西亞，還有臺灣，一整年的行程全部都排定。有時候想想很難令人相信，想到我在十二歲的時候，家裡很窮；在十八歲的時候開始做業務員；在二十四歲的時候第一次到中國大陸；二十七歲的時候正式創業；三十二歲的時候改變自己家族的命運，存了一些錢，但是過沒多久公司竟然倒閉了；三十七歲又重新到中國發展，如今已經四十幾歲了。回想這二三十年的發展過程，能夠讓我到全世界各地去演講，這一二十年來可以幫助這麼多學員改變，幫助這麼多企業更成功，甚至協助很多企業做上市前的規劃，或協助很多大型的集團做內訓，舉辦數萬人的演講，這一切都要歸功於我二十四歲的時候，第一次離開臺灣到中國，覺得中國的發展將很可觀，但是那個時候不知道怎麼做，也沒有人帶路，沒有人引路，根本不知道如何去切入。

　　你為什麼會知道很多好吃的餐廳呢？可能你上網搜尋，可能你看到某一本書，可能有人帶你去，也就是說要有一個入口，你才能知道怎麼進入。二十七歲的我再度到中國大陸發展，不到一年的時間又回到臺灣。一直到了三十幾歲，經過三次的經驗，應該說是三次的起伏，又重新進駐上

海,雖然是需要很大的勇氣,人生地不熟,沒有人脈,完全要重新出發,到全中國最難生存發展的地方——上海。我知道只要可以站穩上海,就可以站穩全中國,進入的行業就是培訓行業。我的運氣算很不錯的,因為在中國培訓業快速發展的十幾二十年的機遇被我搭上了,所以在這個行業還有一點立足之地。

從臺灣到中國的發展其實並不容易,文化的差異、說話方式的隔閡、風俗的差別、生活習慣的改變以及在他鄉做客的遊子心情,各方面有形無形都不具備的情況之下,也算是殺出一條血路。以前台灣人到中國大陸發展,感覺起來好像有一定的優勢。中國這二三十年快速發展的情況之下,整體都在快速提升,差距越來越小,兩岸的往返密切之後,臺灣人也好,外國人也好,要到中國發展的優勢已逐漸的消失,依照我的判斷大概剩下最後的三、五年,最多到十年。

不管你的想法是什麼,或是和我一樣搬來大陸居住,我都建議你不要放棄這片市場,就算你人在臺灣,還是可以透過網路,透過其他方式賺到中國快速崛起的財富。世界500強都進駐了,全世界開始注意到中國的發展,如果這接下來的三、五年,十年以內你沒有搭上這班列車,就猶如幾十年前你沒有搭上臺灣經濟成長的列車一樣。時機很重要,所以掌握時機,時間+機會,就像走在機場快速運送道上,道路正在往前進,你也在往前走,速度就比別人更快。

三十七歲的時候,我重新從臺灣來到中國來發展,就帶了幾個人來上海。採取的做法就是想辦法讓公司的幾個業務員把我的書賣掉,然後在書的後面,附上免費課程的折價券,把學員吸引到公司來,其實那時候根本也還沒有公司,只是租了個小小的場地,由我來講解銷售世界上知名專家權威的課程,然後順便送我們自己的課程,這是當時剛開始發展的策

略和方法。聽起來雖然可行，但是執行起來卻有非常大的困難，因為書都是賣給過路人、車站的人，因為課程價格比較高，也沒有辦法有後續的發展。後來我改變策略，想辦法去找到精準的客戶，我曾說過佈局占成功的80%，最好的客戶就在你的競爭對手手裡。於是我帶幾個人去同行的會場，然後邀請同行的學員來上我們的免費課程，讓客戶得到比較大的好處之後，再慢慢介紹我們的產品給他們。各行各業不一樣，但是有一些是共用的，不管你是誰，職業是什麼，如果你能夠搭上中國發展的列車，那麼這條快速通道，可以幫助你累積更多的財富，累積更多的經驗。

任何事沒有人帶你入門時很困難的，有很多臺灣的朋友來中國上我的課程，大概要花二三十萬的台幣才能上三天，我問他們為什麼要這樣做，他們說：「洪老師，你在中國那麼多年，我們來這邊上課不但可以學到知識，又可以認識這麼多人脈，這不是幾十萬可以得到的。」沒錯，這些人真是太聰明了，因為我可是三進三出，花了幾十年的時間，加上各種成敗的經驗，摸索出來一套方法，和在中國大陸結識的人脈，這些也不是花幾十萬可以買到的。所以珍惜生命最好的方法就是花錢，想辦法讓自己的時間更多。賺中國的錢的末班車即將開動，請問你上車了嗎？

練習POINT　慧根還是會跟重要？時間還是時機重要？想一想你要去中國發展，誰可以幫助你，請寫下10位黃金人脈！

真的可以賺到全世界的錢

　　很多人覺得在這個時代、在這個社會，我們不比上上一代的人，或不比幾十年前，我們少了很多的機會。我們錯過了臺灣經濟快速成長的發展期，也錯過了中國大陸經濟迅速起飛的一二十年。

　　其實，現在擁有的時機就是最好的時機，怎麼說呢？如果我們活在那個年代會覺得資訊太落後，就算有一些機會也有很多的問題，在那個年代有很多有錢人也有很多窮人。一樣的國家一樣的制度一樣的社會，同樣有乞丐也有巨富，所以沒有不景氣只有不爭氣，不是沒辦法，而是我們沒有想辦法。

　　有時候想想我們活在這個時代，有幾個很大的好處，首先我們的母語是華語，目前全世界很多地方都開始流行講華語。在以前，去別的國家發展如果不會講英文可以說很難發展，很難進入西方國家的市場，而現在我們會講華語，這是一個很大的優勢。

　　數年前我從臺灣到中國發展，我覺得這也是一個很大的優勢，因為臺灣的經濟比大陸發展早很多年，尤其是國際化程度，臺灣對於美國文化、日本文化、韓國文化等比大陸融合得快及早很多，這就是資訊差異的優勢。臺灣人到大陸發展，可以進軍全球市場，有時想想覺得自己非常的幸運可以掌握這個時機。另一個優勢是，現在有智慧型手機及通往全世界的

網路。

在中國比較不方便的是很多海外的網路是沒辦法登陸的，包括臺灣地區的網站也沒辦法登陸的，所以中國自成一個體系，有自己的通訊工具，比如像QQ，比如微信。而facebook，twitter，line等在大陸沒辦法使用，如果是外國人的話只能瞭解中國以外的通訊方式，而臺灣人到了中國還能瞭解一個自己玩自己的，自成一個體系，這就是中國。所以臺灣人具備兩種優勢：進入國際市場，進入中國市場。

記得二十年前我當業務員的時候，那時手機還沒有被發明出來，當時流行的是呼叫機。在那時能夠有個呼叫機就已經非常了不起了。當時開發市場只能去掃街或挨家挨戶敲門，現在想想真的是苦力活，非常不可思議。過了幾十年，竟然有這種走到哪裡都可以找到人的工具——手機，而且百家爭鳴。換句話說，再過幾十年會不會再有什麼我們想像不到的事情發生呢？我想一定會的。QQ、微信、facebook、twitter、line等工具以前想都沒想過。交通建設到哪兒國家建設就到哪，以前臺灣的十大建設，對照現在中國很多地方鋪鐵路，建高速公路，通地鐵（臺灣叫做捷運），隨著交通的方便，網路的發達，這個時代是過去幾十年甚至幾百年都沒有的時代。我們活在最好的時代，有著最好的機會，全世界因為交通及網路的發展已經像個地球村。當然你也會覺得我們會在最壞的時代，因為競爭太激烈了，根本就沒有機會，我同意這也是問題。

現在告訴自己發展全球市場，或許在以前聽起來這句話非常誇張，又不是什麼大老闆或什麼大企業家，也不是家裡有什麼巨額財產，怎麼談發展全世界的市場呢？但是現在因為有網路，只要在網路上開店那麼你就是通往全世界的人了。

我在全世界各地演講，包括在全世界各地做生意，是我以前從未想過

的。但是當我瞭解到現在的時代是這樣的狀況，幾年前設定目標要到全世界各地去發展，沒想到目標的設定，從臺灣到中國大陸，到日本、美國、泰國、韓國、新加坡等各地方的演講邀約不斷。希望這本書也可以發行到全世界各地去，幫助更多人。除了知道怎麼生存，還能知道怎麼樣可以活得更好更精彩。

相信我，真的可以做全世界的生意。現在就定下目標，賺全世界的錢。或許你會問我到底該怎麼做呢？你可以選定產品銷售，或者像我一樣進入培訓市場，或者你也可以跟我的秘書聯絡，說不定我可以幫助你進入中國市場甚至全球市場。現在的時代跟以前不一樣了，主動出擊，積極進取，用力尋找機會，當機會來臨的時候，緊緊掌握住它。千萬不要放棄：「這是一個最好的時代，也是一個最壞的時代。」在《雙城記》裡面 狄更斯講的這句話，永遠都適用。

練習
POINT

結交全球人脈賺進全球財富不是夢。為自己的全球計畫寫下一個如何開始的做法。

生存法則 *74*
大部分的人都不會溝通

　　大部分的人其實不懂得怎麼和別人說話，或者不懂得看別人的臉色。我常聽到別人說：「呃呃呃，我知道意思但不知道怎麼講、如何表達……」，「呃，他的心很好，只是不會講話，……」「呃，他是刀子嘴豆腐心……」當我聽到這些話的時候，心裡就在想：「為什麼這個世界上有很多善良的人，大部分都沒辦法成功，沒辦法過更好的生活，沒有更好的未來？」

　　其實，人類的社會是由人組成的，人是群居動物，最難的就是跟別人相處，以及跟自己相處。很多人真的不知道怎麼和人溝通，這裡的溝通有兩種：一是跟別人溝通，一是跟自己溝通。不懂得跟自己溝通的人遇到挫折時就會非常沮喪，情況嚴重的還會得憂鬱症或失眠，甚至跑去自殺。所以不知道怎麼跟自己溝通的人可能會失去生命。而不知道怎麼跟別人溝通的人會讓人討厭，甚至主動疏遠他。

溝通通往財富，溝通通往成功

　　記得我在對客戶進行一對一諮詢的時候，常常發現一些事情，我的一對一是收費的，通常是好幾萬人民幣的費用，所以時間很寶貴。遇到一些學員滔滔不絕說了半天，我卻聽不懂他在講什麼，不清楚他要表達什麼，

他到底想問我的是什麼。對於溝通而言，我有幾個具體的建議——

第一點，做任何溝通之前，先在心裡想過一遍自己講完後想要得到什麼樣的結果。也就是用結果推論你要說的話。

第二點，當你有了自己要的結果之後，寫下你必須要講哪三～六點來表達，有了這樣的步驟，才能順利有邏輯地表達出你要表達的內容。

第三點，在溝通的時候，最好選擇一個比較好的、合適的地點。比如你去國外旅遊心情會不會突然放鬆。想像一下一個心情很苦悶的人，當他坐上了雲霄飛車，當飛車移動的時候，人就會出現笑容，為什麼呢？因為場合、地方會讓一個人改變心情，改變一個人的想法，所以選定一個適合的場合非常重要。如果你想要跟你的老闆談一件事，那麼你就要選一個他喜歡的地方，比如一個浪漫的咖啡廳，或者一個氣氛很好的酒吧，或者是有很棒沙發的餐廳。假設你想要跟你的合作夥伴溝通，或和你的客戶談生意，除了辦公室，建議你常常更換地點：可以是風景視野開闊的高樓，氣氛良好的餐廳等，這些對於溝通都有很大的幫助。

第四點，溝通的時候，除了一對一，還可以找一個搭檔，這樣跟別人溝通起來就更順利。因為多找一個人可以扮演不同的角色，人與人之間如果可以多多互補的話，那麼可以達到1+1>11令人意想不到的結果。

大部分人都是死在不知道如何跟人溝通。很多的學員常常跑來找我談事情，甚至排隊要跟我溝通，但他們一見面就跟我講他的產品有多好，他的公司有多好，有多麼需要幫忙，而我一直看旁邊，不斷看手錶，他仍然沒有感覺，自顧自地說個不停，彷彿我在他面前是空氣一樣，他不斷在跟空氣講話。所以，當你在說話的時候，要特別記得看對方的臉色，還要隨時觀察對方眼色，是不是對方不想說了、不想聽了。所以，你要記得你要說的並不是你想要說的事，而是會讓對方感興趣的事，然後切入到你要要

表達的事。和另一半的相處也是一樣，包括老闆對員工也是只顧自己講，完全不管員工想要什麼。其實，你應該先瞭解對方想要什麼，然後在想清楚自己想要對方做什麼之後，用對方能夠接受的方式去表達。

最後一點，溝通方面最重要的就是傾聽。平均一個人專注聽了3～5分鐘就會不自覺打斷別人的話，建議你拿出一個本子，問他想要達成什麼結果。當他回答你的時候，如果他不知道怎麼說，你就要貼心地幫他整理：第一點是什麼呢？第二點是什麼呢？第三點是什麼呢？哦，好，那我把它寫下來。這樣的舉動會讓對方感覺自己被尊重及重視之外，你也能清楚對方所講的內容，最重要的是也不會離題。所以溝通很重要。

在我的課堂裡面，有教別人如何領導團隊，有教怎麼跟自己的孩子溝通，跟另一半溝通，跟自己的同事溝通，跟家人溝通，跟朋友溝通，甚至生意場上如何跟客戶及競爭對手溝通。我的課程在教這些東西的時候，還會做現場演練。學會溝通就能通往財富，相對的，不會溝通的人就會失去財富。除了課程，我的光碟也有教別人如何在商場上談判，溝通的最高境界就是談判。談判並不是把對方除掉，而是讓對方感覺非常好，並且能夠進行下一次的合作。從今天起去學溝通的本事，去學溝通的技巧吧。

練習 POINT

溝通通往成功幸福的道路。好的溝通讓多方愉悅，壞的溝通傷心又傷財。請列出自己現在最應該改變和那六個人的溝通方式。

學習銷售型演講就像搭火箭一樣快

　　美國總統歐巴馬因為太會演講，所以當選總統；孫中山運用演講募款，推翻滿清。你是否看過一部外國電影，當外星人進攻的時候，一位領袖集合太空人，發表一篇篇的激勵性演講，讓外太空人擊退想要進攻地球的外星人，從而解救了地球。很多的老闆不知道怎麼對員工演講，例如不知道在尾牙時跟員工說什麼可以激勵他們來年繼續奮鬥的鬥志；不知道在早會時怎麼說話激勵員工的心情，又或者是在公司出現挑戰、出現危機需要處理時，不知道怎麼把大家集合起來做信心喊話。一家公司最重要的不是財務危機，而是信心危機，當大家團結一心，很有信心之後，自然就能度過財務危機。

　　我看過很多遍的電視劇「康熙王朝」裡有一幕孝莊太后召集君臣說了一段話。那時是康熙碰到吳三桂造反時心慌意亂，孝莊太后也就是康熙的祖母把大家集合起來發表了一段精彩的演講，目的是讓君臣一心，她說：「大清最重要的敵人並不是外部的敵人而是內部的敵人，只要咱們君臣一心沒有過不了的難關。」講完之後，大家慷慨激昂，義憤填膺，並且團結一致，終於在不久之後平定三藩。古今中外有太多這種因為演講救活企業，解決危機的例子。我之前做生意並不順利，一路上起起伏伏，而開公司本來就要面對很多事，包括的你的客戶及員工本來就會出現很多需要處

理的危機。身為領導者需要學習或者具備很重要的本事就是危機處理，當然危機處理有很多的方法，其中很重要的一個就是發表一篇三、四十分鐘的演講，讓團隊的士氣迅速激勵起來，並且馬上指揮接下來要處理的工作。

在「複製CEO」進階班裡，就是在教你如何在公司早會的時候跟員工說話，如何在團隊或公司遇到問題的時候，透過對眾談話迅速化解危機，並且激勵員工、凝聚士氣。假設你能學會這些本事的話，雖不能保證在順境的時候能做得多好，卻能在遇到逆境的時候能助你反敗為勝。人生最重要的並不是你在狀況好的時候能賺多少錢，而是在碰到低潮的時候要怎麼樣迅速度過低潮，不止自己度過低潮，並且可以順利的解決團隊的信心危機，化危機為轉機，化干戈為玉帛，化腐朽為神奇，化不可能為可能，轉危為安。而透過演講就可以做到扭轉乾坤。

這裡說的銷售型演講就像剛剛所表達的一樣，不是只有說說話，不是只有是口才，不是光聽起來很有道理，而是還要達到我們所要的結果。我在中國大陸開過這堂課，發現效果實在太好了，還順便培養了很多競爭對手，後來不敢開了，只在少數地方偶爾開一個「如何做好銷售型演講」的課，這個課程中，我會教大家如何在現場講完之後確實收到客戶的錢，如何讓客戶馬上做決定購買你的產品，這是個求生存而且快速成功的本事，在我教會學員說法和做法之後，還不止能收到客戶的錢，甚至還能吸引人們還想要加入你的團隊。這是個如何收人、收錢的課程，如果有機會你來學習的話，就能學到我已經研究二十年的本事，並且是經過實驗證明成功有效的方法，除了具備中西合璧的理論，還加上了實踐的步驟。這也是我個人從臺灣到大陸發展所用到最重要的一個技能，我覺得這個技能就像你開車一樣快，是像開法拉利一樣快，還不夠，其實就像坐噴射機一樣快，

這應該是像搭火箭升空的一個方法，這就是銷售型演講。如果可以的話，請你也來領略一下銷售型演講如何收人、收錢、收心的祕訣。

練習
POINT

銷售演講通往倍增財富之路，是收人、收心、收錢的工具。
寫下日期，何時開始你的銷售型演講？

學習催眠

在二十幾歲的時候，我有幸代理一個課程，雖然當時銷售得不是很好，但因緣際會讓我學習了這門高深的心理學。中文翻譯過來的名字是「催眠」，我剛開始一聽以為是讓人馬上睡覺的課程，待我真正學習之後才發現並不是如此。那時來自美國的催眠大師在臺灣開班授課，我代理他的課程、銷售門票，並且有機會跟他合作這個課程。我在臺灣學完之後覺得不過癮還跑到美國的拉斯維加斯去上課，雖然那個時候我沒有什麼錢，生意也做的不好，公司正面臨倒閉邊緣，但是當我學完這門課程之後，剛開始沒有多深刻的感覺，只是在課程上有很棒的經驗，還不清楚對自己的人生及事業有什麼具體的幫助。

事隔二十年，裡面所講的每段話深深震撼並影響我，當時不止學習催眠，還學習如何講授催眠的課程。在美國拉斯維加斯幾次的學習可以說改變了我的生命、事業以及很多心理的想法。在這裡我把當時所學的精髓跟各位分享——那一年，我在美國拉斯維加斯入住當地最好的酒店，儘管我沒什麼錢，但是因為課程開在那個地方，我帶著幾名學員去上課，不得不住。看到那邊有很多、很棒的商店、購物中心，身上沒錢，甚至負債，心理有極大的落差。上課的那個酒店是在賭城的裡面，美國拉斯維加斯賭博是合法的，我們就在那裡學習。

我們先幫「催眠」下個定義：催眠就是毫不抗拒地接受指令。也就是說如果你的老婆毫不抗拒、不批判地接受你的指令，那麼你就催眠她成功了。如果你的孩子毫不抗拒地接受你的指令，那你就成功催眠了你的孩子成功了。如果你的員工毫不批判地接受你的指令，那你就成功催眠了你的員工。如果你催眠你的老闆，老闆很聽你的話，那麼你就催眠成功了。也就是說催眠並不是叫別人睡覺，而是讓別人毫不反抗地接受你的指令，這才是真正催眠的定義。如果你是一家公司的老闆，你的員工向心力非常強，你是否已經成功催眠他們了呢？如果你是做生意或開店，不管你做什麼，只要你的員工、你客戶非常地信任你，那就等於是成功催眠他們了。

 ## 你能成功催眠多少人？

人生的成功就是在比誰能成功催眠更多人，比如孫中山當時催眠很多人跟著他推翻滿清。不知道你有沒有感覺到，如果你可以學習這門知識，你就可以催眠更多人加入你的團隊，你就可以催眠更多人跟著你行動，可以催眠更多客戶購買你的產品。所以催眠是很多學問的根本，是一門心理學，是行為學，是生物學。

當時我學到了催眠可以運用到很多的地方，包括我在講很多課程的時候，把裡面很多的步驟融合進去。催眠裡面有兩個很重要的步驟：一是重複。你的另一半每天都跟你講，每天講同樣的一件事，雖然你有點受不了，但如果你聽進去了，那麼你就會受他影響深遠。你的配偶不是催眠你成功就是催眠你失敗，他每天不斷重複跟你講，就算你沒認真聽，他的話也會進入你的潛意識。為什麼有些孩子會跟父親或母親從事一樣的工作呢？比如爸爸是歌星，孩子很大機率也是歌星；開公司的爸爸也是白手起

家的，就是因為耳濡目染，久而久之被催眠了。就像各位看這本書讀了很多遍，甚至有些人買這本書，一下子買十幾本幾百本，也有人一下子買一千本。在中國有人一下子買三千本我的書，我問他買這麼多的用途是什麼，他說一部分送給他的客戶，最重要的是讓他的員工都能讀一讀我書裡面的內容。因為他想要做一個動作叫做集體催眠，自己又不知道怎麼做，只好找大家一起來念書，重複閱讀來達到這個效果。

另一個步驟叫做：催眠測試。也就是說你沒辦法討好所有的人，你只能針對喜歡你的人。一家企業不是為大多人服務的，而是為少數人服務的。有些人喜歡買某些產品是基於他有興趣，而有一部分人是任你說得天花亂墜，他都不會買，如果你花很多時間在你怎麼講他都不會買或是說服很久他才會買你產品的人身上，那真的是浪費了時間。經過催眠測試之後，你就會發現誰才是對你有興趣的，我們沒有辦法說服所有的人，我們只能說服願意被你說服的人。記得在學習催眠課程的時候，老師曾經說過這句話，他說：「我只能說服願意被我說服的人，我只能催眠願意被我催眠的人。」如果有些人一開始就非常地抗拒，你是沒辦法說服他的，就算你花很多的力氣去說服了他，那也是浪費時間。如果套用在企業經營方面，就是要想一想到底你要把產品賣給誰，你要招募什麼樣的員工？

有句話說：「酒逢知己千杯少，話不投機半句多。」說的就是人跟人之間的頻率，一見面就很有話聊，那就是酒逢知己千杯少。對客戶而言，對結婚對象而言，對你的交友而言，找到這樣的人就是相互催眠的人。相反地，如果有些人即使你們認識了十年，但是沒什麼話說，這就是話不投機半句多。到底怎麼樣才能和別人有共同的頻率，包括你的客戶，你的合作夥伴。到底怎麼樣才能互相催眠越來越成功呢？有個很好的方法就是你帶著他一起來學習。讀一樣的書，說一樣話，學一樣的東西，彼此的頻率

就會越來越相合，就會有相同的振幅，你們就會有共同的話題。

　　以前我聽過一句話說：「好的朋友不見得是好的事業夥伴。」因為好朋友沒有共同的目標，沒有做相同的事情，時間久了，很容易就淡掉了。而好的事業夥伴通常都是好朋友，因為彼此有共同的目標，有共同的未來，共同的利益，久而久之就變成好朋友。這也是日久生情這句話的由來。

　　你的朋友，你的另一半，你的事業搭檔，任何你身邊親近的人不是催眠你成功就是摧毀你。如果你想要他們催眠你成功的話，就一起來學習，一起參加更多的課程。

練習
POINT

　　你的話語不是催眠你成功就是摧毀你迎向失敗。成為一個催眠高手往正面積極的道路邁進，請練習一下，如何催眠自己為銷售天王的五句話？

生 存 法 則 *77*

貴人相助，天上人間

　　如果有貴人的幫助，你很可能可以減少十年的奮鬥，貴人相助的一分鐘就像你在人間奮鬥一年一樣。貴人為什麼要幫助你呢？首先要讓自己先貴起來，因為貴人通常是某些方面比你更好的人，例如他比你事業更成功，比你更富有，年紀比你長。這樣的人可能給你最直接，最有效，巨大的幫助。問題是他為什麼要幫你呢？

　　我曾經開了很多家公司，有成功當然也有失敗的，還幫助了很多人創業成功，以及企業家轉型，協助小企業一步一步發展成為大企業，甚至上市、上櫃。我發現那些大企業他們有個共同的問題是想要尋找接班人。這裡的接班人並不只是他們的孩子，而是尋找職業經理人。成功的人每天想的是如何把自己的成功延續下去，因為每個人都會變老，都會有精力不濟的時候，我記得「雍正王朝」裡有句話說——做大事者必須先培養接班人。

　　談到這裡，如果你是老闆，會想到尋才，尤其是找接班人，也可以考慮把公司賣掉或被併購。歐美國家流行公司開設沒多久，發展成功了就立即賣掉，獲利了結，然後再去開設另外一家公司。而中國的企業家，在華人的觀念裡，認為公司就像自己的兒子，不可以賣掉，要想辦法延續下去，如果要延續下去就要尋找接班人。這是你必須考慮的事情，我常會

建議老闆用一個方法就是：尋找一個接班人企業小組，也就是接班人是以一個團隊的概念來呈現，就像古代的內閣成員一樣，也還是要有個首輔大臣，需要一個頭。那麼這個頭要怎麼尋找呢？當然這需要經驗的累積，並不是個簡單的話題。這時候可能需要貴人，每個人都需要有貴人相助。

我以前看過一本書《馬上成功》裡面談到：人的一生如果要成功，必須要騎上一匹好馬。有些人騎上一匹跛腳的馬、生病的馬，那麼這一輩子就跑不快，沒辦法快速成功，持續成功。有些人騎上了一匹好馬、一匹千里馬、赤兔馬，那麼他就比別人更省時省力。這本書裡面談到馬有很多種，其中一種是貴人馬，這個貴人馬會爬上一個階梯再爬上一個階梯。

如何讓你的貴人幫助你呢？在以前我尚未學過這個道理的時候就做的很好，這一點叫做「態度」。我對我的主管、我的老闆，帶領我的人，都維持非常良好的態度，這個態度好到其他和我一樣在這個主管下面的同事，沒法和我比。怎麼好呢？除了我對他們的禮儀非常周到，比如他們在講話的時候我就站起來，必要時寫筆記，他們教導我的時候我就不斷點頭，指示我去什麼事情，我會迅速去做，甚至我還會幫他們買早餐。或者這些不是我本分要做的事，但是你要貴人相助，那就要多去做一些本分不該做的事，貴人就會看到你和別人的不一樣、差異點，可能他就會把一些機會給你。就像我現在常常在尋找接班人，找更多的徒弟，找到能把我教導的知識傳承下去的學生。很多人跑來希望能夠應徵我們公司的十大講師，很多人都向我表達希望跟我一起做。而我的標準並不是他有多高的學歷，多好的能力，而是他的態度到底如何，因為態度永遠大於能力。我們應該在態度好的裡面尋找能力強的，而不是直接找能力強的。

我在我的課程「複製CEO」裡面有談到怎麼樣去尋找態度好的人。甚至新人進公司的時候，我還設計了一套系統，讓新人舉辦一個演講比賽

叫做：「如果我不領薪水，天天加班，我仍然想要爭取待在這家公司的原因」這個題目聽起來很奇怪，很誇張，很不可思議，但是你想想看如果你是這間公司的老闆，員工有這樣的態度你會不給他薪水嗎？你會不重用這個人嗎？在你考驗他一段時間之後，你會不會考慮把公司交給他呢？

沒有錯，先付出，先不求回報的付出。或許你會覺得不求回報的付出，被別人騙了怎麼辦呢？這當然也是很有可能的，但我相信經過一次失敗之後你會看得更準。如果你能持續不求回報地付出，總是設身處地替老闆想，換位思考你是老闆的話，你會不會把公司交給這樣的人呢？搞不好你都想把女兒交給他了，是不是？

曾經有好幾個學員跑來說要當我的助理，他們本身就是老闆，想利用空擋的時間來協助我的工作，他們不但不拿一毛錢，而且還願意付出，他們都是自己買機票跑來找我，他們追求成功的欲望非常強烈，很有企圖心。如果你有這樣的態度，怎麼不會有貴人幫助你呢？那麼貴人幫助你的一分鐘，就是別人的一年。所以，現在請列出誰可能是你的貴人，或者誰可以幫你介紹貴人，請你現在就去做，並且再列出你有哪十種態度讓貴人拼了命想要幫助你，他不幫你他都不好意思的十種態度，現在就用紙筆把它寫下來。

練習
POINT

你的貴人無所不在，處處都是你的貴人，貴人沒有一定的長相與地位。

練習寫出十種態度，讓貴人不得不幫你。

不要得罪人

　　多年的工作生涯和創業的日子裡，我常常會因為情緒的關係，不小心說了一些或做了一些連自己都會後悔的話，殊不知一個情緒化會毀了一切美好的事物。我剛開始帶領團隊的時候，還很年輕，才二十歲左右，那時我很討厭別人遲到，可是有時候我自己也會遲到，但是人往往對自己很寬鬆，對別人很嚴格，當有人遲到的時候，我就會罵他，而且罵得非常嚴重，最嚴重的一次，我還拿東西丟他。從那次之後，他就離職了，再也沒有回來了。事後我非常後悔，當時不應該做得那麼激烈。我聽過一句話說：監獄裡面關的都是一些情緒失控的人，或許有許多不是壞人，卻都是因為情緒失控而做出讓人無法原諒的事情。

　　如果你的團隊裡面有這樣的人，或你自己就是這樣的人的話，請你一定要非常的小心。因為多年的建設、苦心的經營，只要一個情緒失控，可能就會被毀掉。帶領團隊也好，經營企業也好，開店也好，如果你得罪一個人，可能在你不知道的情況下，他會回來找你的麻煩。明槍易躲，暗箭難防。有時候得罪一個小人，就算養一大群君子也沒有用，因為有時候事情就壞在有些人報復心很強。俗話說：「和氣生財」，幫自己留一條後路，也幫別人留一條後路。不要因為一時的情緒失控而去得罪人，難保他不會在你脆弱的時候補你一刀，而讓你萬劫不復。

　　在多年的創業過程中，我也有好幾次這樣的經驗，由於自己行為不

對，或是情緒失控，而不小心得罪了一些不該得罪的人。「成功」，有時候比的不是你做對多少事，而是你比別人少做錯多少事；比的不是你培養了多少人脈，而是你去注意到不去得罪多少小人。

但是，這裡所說的不是讓你當爛好人，什麼人都不得罪，什麼人都要喜歡你，這裡所說的是當你覺得有些事情是對的，你要堅持，但是處理的方式非常重要，是不是該自己去處理，是不是該請別人去幫助你呢？把事情處理得比較周到、圓滿，才不會在你需要幫助的時候，有人卻落井下石。我們看到很多電視、電影，都曾經演過某個大老闆或是黑社會老大，在某個時候不小心的得罪某個人，結果在後來的某一個時間點，壓倒駱駝的那根稻草，就是他曾得罪過的那個人。

還有一點是不要得罪你的客戶，因為有些人在他對你不滿的時候，他會選擇默默離開，並不會告訴你他為什麼不滿。就像你去麵店吃一碗麵，麵不好吃，你會不會囉嗦地向老闆反應，這麵不好吃的原因是因為太鹹、太淡……下次你再改進我再過來。我相信很多客戶都不會這麼積極地做這件事，反正不好吃下次頂多不來。所以不要去得罪你的客戶，不要去得罪你的員工，不要去得罪你的老闆，不要去得罪你的幹部，凡事留一條後路，不是完全去迎合別人，而是處理的方式要圓滿。我相信為未來留條路，會帶給你更寬廣的明天。

練習 POINT　說好話結好緣，做一個懂得情緒管理的人。寫下讓自己情緒轉好的六種方法。

花錢買失敗就會成功

　　有好幾次我虧掉幾筆大錢，當時對我而言，那些錢真是大過天了。比如說我曾經被騙走了兩千多萬，當時好不容易存了一大筆現金，但卻因為自己貪圖利息，而被騙走了，血本無歸。想想如果那筆錢拿去買一塊土地，或是去買一支績優的股票那該多好。有時候想想這些錢如果拿去買許多我喜歡的西裝、我想要買的休閒服、衣服、鞋子，或是去旅遊，甚至去買一台法拉利都夠了。但就這樣被別人輕輕鬆鬆騙走了，為什麼會被騙走呢？

　　其實該怪的還是自己。以前我的父親曾告誡我：「不要去貪別人的利，當你想要別人的利，他就會要你的本，最後你連本金都沒了。」很多年前我就知道這樣的道理，但是知道不代表悟到，悟到才能得到，所以知道、悟到，才能夠得到，以前我在教別人領導、教別人管理，教別人創業，大部分我能教的都是我做過的，但是我做過的也不見得都是成功經驗，甚至有更多時候我教別人我的失敗經驗。所以，我們有時候學習的不見得都是成功學，而是失敗學，而是如何避免失敗，如何解決失敗之後所面臨的情緒問題、債務問題、如何東山再起的問題、如何重新出發的問題。

　　所以當時我明明知道，而且從小就知道，因為我爸爸之前吃過這樣的

虧，我還是沒有辦法學會，真正能夠學會的方法竟然還是得交學費，直到讓別人把這筆錢拿走，我就真正的學會了，再也不敢因為貪圖利息而借別人錢了。

後來我看到華倫‧巴菲特的書的時候，才恍然明白，他也是透過年收益百分之十幾，長期持有，經由複利來賺錢，來成為世界上最有錢的人，而他的複利都只能百分之十幾，所以千萬不要相信那種會給你很高利息這樣的事情，因為就算如此，也是有風險的。也就是說利潤和風險是成正比的，有相當的利潤就會有相當的風險，而風險如果你可以承擔，那麼你可以去做，如果風險你無法承擔，那請不要過多的樂觀，因為可能最後也會血本無歸。

很多事要繳學費，成功總要繳學費，只是看你早繳還是晚繳，看你是多繳還是少繳，而繳給市場、繳給實際經驗的一定比較多。有些人省吃儉用一輩子，一次被騙就什麼都沒了，一生的積蓄付之流水。最好的方法就是去學習，去上課，去學習領導、去學習演說，去學習銷售，去學習行銷，去學習系統，去學習團隊，去學習如何激勵自己等等的，所以去學習雖然要花很多學費，但這是一種模擬的戰況，就算我不是做這個行業，我也要鼓勵你去花錢學習，因為有些學問不是你想學就可以學的到。

課堂上，我會和學員開玩笑說，你要學國學，最好的學習對象是誰呢？孔子、李白、杜甫，可惜這輩子你再也無法和他們學習了，怎麼辦呢？還在人世間的人，如果有人願意出來教你東西，就算你以為會被騙，也騙不到哪裡去，最多就是沒有學到東西。就算我的學費在中國要好幾萬元人民幣，我的顧問費用要好幾百萬人民幣，但是不管怎麼樣，也許你被騙掉或是虧掉的錢，可能就不止這些。多年來的經驗告訴我，反正只要有那種很貴的課程，我就想辦法去上，為什麼？因為有意願花這麼多錢來上

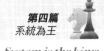

課的同學，我如果有機會結識這麼多的人脈就值得了。如果老師把這麼多年的經驗，要總結三天裡面教給我們，可以學到這麼多別人多年的經驗，我相信也是很值得的。所以成功總要繳學費，要得到，總要付出代價。

花錢買的經驗是最划算的。有人會說如果花錢買的經驗到時候沒有好的結果怎麼辦？其實你花的錢只要不會讓你萬劫不復，往好的方面想，做最壞的打算，都可以去做的，因為早做和晚做都得做，還不如看到這本書的時候趕快決定，時間是最寶貴的，錢是最不值錢的，因為時間永遠不會再回來，花的錢得到了經驗，學會了，就不會下次再犯同樣的錯誤，因為避免了重複的錯誤，就節省了時間，所以時間永遠大於金錢，甚至我前文所談到的時間大於鑽石。

失敗如果可以買到保險，總比自己嚐到失敗後的血本無歸與傷害算是便宜很多了。

學習成功者的成功方程式，也要瞭解失敗的原因。找你喜歡的企業家，把他成功與失敗的具體案例，好好研究一下。

生 存 法 則 *80*
喜歡變動，適應變遷

　　以前我在拓展分公司的時候，我記得有好幾次我把公司的幹部、主管找來，對他們說：下禮拜我要給你一個任務，你要出發前往上海，擔任上海公司的負責人，去深圳擔任深圳公司的負責人，去北京擔任北京公司的負責人，出發的時間是下禮拜，準備買機票吧。他們個個都一臉驚訝地反應說：「下禮拜就要走了！怎麼那麼快呢？會不會太快了呢？」最後他們仍然如期出發。為什麼呢？因為這個世界上，變化的速度實在太快了，世界上不變的真理就是變。

　　你能適應變動嗎？如果你是公司的老闆，你能不能適應很多事情在三年之內就改變了，比如說產品。現在不管是多好的產品，都會在接下來的某一個時間過期，而這個過期的時間會越來越快，越來越短。所以，不管你認為現在多好的模式，會在很短的時間內就沒有效果了，而這個時間會越來越短。如果你是員工，你能不能隨時去適應，並配合老闆給你的任何變化。例如，說好今天要休假，突然臨時叫你來上班；本來說好這幾天不出國了，又臨時派你出國，甚至一去要三個月、半年，你能不能適應這種變化呢？我聽很多公司的高管說，他們的老闆說話喜歡變來變去，其實只要大原則不變，變來變去是正常的，而你就要想辦法讓自己能夠適應，能夠理解，並且能體會，設身處地，世界的變化實在太快了。

以前沒網路，現在有網路，這個世界的變化，快到你無法想像，如果你沒辦法創造變化，至少你也要去適應變化。

一等人創造環境，二等人跟隨環境，三等人喜歡抱怨環境，什麼是抱怨環境呢？就是當有任何變化變動，他無法適應、他無法接受，甚至他就躲起來，或者他一直跟別人說公司不好、老闆不好，市場有問題，事業做不起來。這是三等人的做法，喜歡抱怨環境，喜歡到處倒垃圾。二等人是跟隨環境，也就是你願意跟著環境的變動而去變動，首先有願意接受改變的心態。一等人是創造環境，也就是說你是引領時代潮流的，你願意在別人還沒有變之前先變。

請讓你自己至少要成為二等人，去願意接受環境，如果無法接受變動，是很有可能被世界所淘汰。這裡所說的並不是三分鐘熱度，而是堅持一個方向，中間有很多的過程，很多的計畫，永遠還是趕不上變化。

練習 POINT

孫悟空都能有72變，你說現今的社會我們能不變嗎？改變自己的服務模式，改變自己的說話方式，改變自己的管理模式，現在就開始你的72變吧。

生存法則 *81*
每個人都是CEO

CEO在中國大陸翻譯成首席執行官，在臺灣或其他地方可能翻譯成執行長。不管怎麼翻譯，我們都知道就是領導者的意思，其實是誰要學如何成為一個CEO呢？

如果你是公司的領導者，就要學習如何成為CEO，成為CEO要學習的範圍很廣，包括從怎麼找人，怎麼招募人，如何訓練員工，如何激勵人，如何培養人才，如何領導人；如果你是家庭主婦，你覺得需不需要學習如何成為CEO呢？是不是可以改成要學習怎麼樣去訓練小孩，怎麼樣跟小孩溝通，怎樣培養小孩成長，如何培養小孩更成功；如果你只是公司的普通員工，只是公司普通的上班族，我需要學習如何成為CEO嗎？你可以畫一圓，把自己放在中間，你可能有你的朋友、工作、家庭、子女、父母，其實你也是你生活和生命的CEO，所以每個人都是CEO。

在這裡我提出一個理論，叫做360度CEO，就像剛才所講的一樣。自己畫一個圓，把自己放在裡面，把你的名字寫上去，把你後面加上三個字叫做CEO，話說你現在要領導、管理、帶領、溝通所有你會接觸到的某一個人，你就是你生活中的CEO，所以你是360度的CEO。假設你只是公司的員工，那麼你的任務是務必把你的工作做好，所以你的工作就是第一個要去執行和領導的領域。如果你有家庭，那麼你更需要去跟你的家人做

好溝通、管理，所以你就是一個家庭的CEO。因此，每個人都是自己的CEO。

　　首先你要先認定你是一個領導者，通常一個好的領導者也是一個被領導者，一個好的領導者通常也是從一個好的被領導者做起的。你先認定你是領導者，你是CEO，你要學習成為CEO的本事，要學習CEO必須要會的技能，甚至要做演練，才能夠

　　扮演好自己工作和生活中的角色。讓我們每個人都成為生活和生命中的CEO。如果你的婚姻成功，那麼你就是婚姻中不被解聘的CEO；如果你親子關係成功，你就是不被孩子解聘的父母CEO；如果你的工作成功，那麼你就是不被老闆解聘的CEO；如果你自己是老闆，那麼你不但要成為CEO，而且你還要學習如何培養CEO，成為一個培養領導者的人。因為如果只要培養人，你自己會越做越累，如果你可以培養領導者。人人都成為CEO，成為360度的CEO。

練習 POINT

自己成為CEO，培養你的CEO，複製你的CEO，讓CEO自動為CEO運轉成功模式。請練習CEO必學的八大技能。

複製CEO

「複製CEO」，又名叫做「打造系統，複製團隊」，這個課程中教的不只是在於工作方面。如果你是店面老闆，你要拓展店面；如果你要開設分公司，這套課程都非常好用。

我把這個課程的精髓在此做個說明和報告，第一天我會談到如何招募人才。人才是企業最重要的根本，我參觀過蘋果公司、谷歌公司，本來我以為這些高科技的公司不需要人，我去日本參觀過豐田公司，我以為這些高科技的公司，會用很多高科技的機器人來取代人，卻還在不斷招募大量優秀人才。讓我想到多年前學到的一句話：「人很多，人才很少；人好找，人才不好找。」所以怎麼樣找到更多優秀的人才呢？

尋找人才更重要的是如何找到更多人，從更多人裡面挑選優秀的人才，量大是選人才最重要的關鍵。為什麼你的企業找不到好的人才呢？為什麼你找不到好的店長呢？為什麼你的公司找不到總經理呢？為什麼你的公司找不到接班人呢？為什麼你的公司找不到做事、辦事、開發市場的人呢？不是因為人找不到，而是因為知道你公司正在召募人才的人太少。為什麼一個男人娶不到老婆呢？為什麼一個女人嫁不到老公呢？其實不是因為男人長的不好看、沒有才華、或是沒有錢，而是因為知道這個人正打算找老婆的人太少。也不是因為女人長得不漂亮，而是因為知道這個女人

正在找老公的男人太少。中國大陸有一個非常有名的電視節目是「非誠勿擾」。節目很紅，不只在中國，其他國家也非常受歡迎，有英國專場、紐西蘭專場、法國專場、澳洲專場、美國專場，這個節目服務了全世界的華人，想要找男朋友、女朋友的人，都可以參加。我看過各種不同條件的女人在上面，獲得很多男人的喜歡。我也看過更多不同條件的男人，得到更多女人的親睞，最後成功找到自己的另一半。為什麼在台下找不到好的另一半，卻在這個節目中找到好的另一半呢？最重要的原因是因為知道他們想找對象的人多了。每個人都有不同的喜好，有些人喜歡可愛型的，有些人喜歡高䠷型的，有些人喜歡俊俏型的，有些人喜歡很MAN的，所以什麼樣的人都有人喜歡，同樣的道理，什麼樣的產品都有人買，再貴的產品都有人買。再便宜的產品也有人買，重點是知道這個產品的人多不多。打廣告就是一個很好的方式，但是打廣告最重要的是要花很多的成本，所以我在「複製CEO」這個課程裡面，就是在教別人如何不要花這麼多成本打廣告，卻可以讓很多人知道你的公司、你的產品。

所以量大就是關鍵，第一天我會講到如何找到最適合你的人。第二天當人來了之後，要怎麼樣訓練他呢？訓練最好的方法就是舉辦PK，我會教別人如何導入一個PK的系統，如何激發別人的潛能，人生最大的快樂叫做潛能激發，人生最大的痛苦叫停止成長。

第二天我所導入的是如何激發自己和團隊的潛能，第三天我所談的是如何讓業績比去年增加4.8倍，這個4.8倍是有根據的，如何運用陸軍策略、海軍策略、空軍策略、如何運用ABC的方案及備胎的策略，來增加營業額，和提升業績的辦法，所以複製CEO也就是在複製領導者，如果你只是培養CEO，或者你自己是CEO，那就可能不斷工作，工作到死為止，但是如果你能夠複製更多的領導者，那麼你就能開更多的分店，開更

多的分公司，甚至把你的產品賣到全世界的每個角落。這就是複製CEO的由來。

練習 POINT　複製人才，複製系統，複製賺錢的模式你將無所不能。你將如何開始複製CEO的具體步驟1.2.3.各是什麼？

做系統

　　系統是什麼呢？我幫系統做了四大注解：第一，系統就是步驟；第二，系統就是流程；第三，系統就是公式；第四，系統就是方法。

　　首先我們先談一下何為「步驟」：有些人做事情沒有好的結果，或者是學了很多不知道怎麼開始也不知道該怎麼做。有些人想賺錢不知道要怎麼賺，有些公司想要越做越大，但是沒有頭緒，或者找了很多管理顧問公司協助，聽了很多課，讀了很多書，還是不知道怎麼開始。我提供一個很好的方法就是步驟，所謂步驟就是列出1, 2, 3, 4, 5，知道第一步該做什麼。很多人學習完之後不知道第一步該做什麼，第一步很重要，有一就有二。開了燈往前走，可能就可以走到終點。你在做所有事情都應該問自己的問題：第一步應該做什麼？第二步應該做什麼？第三步應該做什麼？知道前五步怎麼走，後面就越來越能走下去，這就叫做步驟。

　　何為「流程」呢？流程就是：當做了A或產生什麼B的結果，如果你想要得到D的結果，你就應該去做C，所以你只要知道你要的結果是B？還是C？或者D？你就知道自己要去做A還是B或者C了，這就是流程。你應該在紙上畫出流程圖，知道自己做什麼會產生什麼結果，先做什麼又會產生什麼樣的結果，會有什麼問題，該怎麼解決。解決之後再次確認，然後再往下做下一步。

什麼叫做「公式」呢？公式的定義是：照做就會產生類似的結果。假設你想要把你的產品賣到某個地方去，或者你想要成為你所處行業的頂尖，或是你想要一個月賺一百萬，想要在某個方面非常成功等，請你先去瞭解別人是怎麼做的，你用它類似的方法做改良，得到啟發跟靈感，你就會得到類似的結果。有個英文叫做lag time，lag就是延遲，time就是時間。也就是把A地的東西拿到B地去銷售，把A的時間的事情，拿到B的時間去做，可能會因此而賺到一筆錢，這筆錢叫做時間差的錢。所以公式就是照做就會產生類似的結果。我們可以學習別人的過程，然後搬到另外一個地方去運用，那麼就會產生差不多的結果。

最後一個就叫做「方法」。方法就是我們提到的陸海空策略，ABC的方案，以及備胎方案。所以如果你可以學習系統的話，你的店就可以越開越多家。如果你可以學習系統的話，你就可以複製更多、更標準化的店或者是人或者公司，可能由於量大而賺到更多的錢。學習系統是我們越做越輕鬆最重要的方法之一。不只是在事業上，工作上，在家庭，在各方面我想都是一樣的道理。

練習 POINT

系統就是要focus 持續下去到成功為止的過程。練習在你的工作中，做成系統的第一步該是什麼？

一生必學的領導課

　　我曾經學過美國五星級上將Colin Luther Powell講授的領導，也學過紐約時報排行榜暢銷書作者John C. Maxwell（約翰・麥斯威爾）所教的領導學，還有其他更多世界權威教授領導力的學問。最後發現人生所取得的成就都是由於領導力的關係。也就是說如果成就很高，領導力就很高，如果成就不高，領導力就不夠高。怎麼說呢？

　　因為每個人都是領導者。John C. Maxwell著作《360度全方位領導》裡提到每個人都是領導者，你要成為領導自己改變自己的人；而每個人也都是別人的領導者，你以為你在聽你的上司或者老闆的話嗎？沒錯，或者你聽他們的話，但也有可能你讓他們聽你的話，由你去改變他們的想法。你的孩子，你的另一半，由你來領導，讓你的兩性關係更好，讓你的孩子更成功。或許你另一半你的配偶也是你的領導者，你分公司的總經理，你的店長，你的員工，他們之所以表現得不夠好是因為領導者的領導能力可以再提升。任何一切的成就，任何一切的成功，都是因為領導力的成功。

　　我開設「複製領導力」的課程並不是要你成為一個領導者而已，還要學習怎麼讓自己所帶的人也成為領導者。不是只增加領導力，而且要去複製領導力。人是最難管的，而我們的社會卻是由人組成，學習領導的能力，不止領導的能力，任何學問都可以透過學習而改變。

　　有人問我說洪老師你為什麼可以教別人領導力，我回答他說因為我在還很年輕的時候就開始帶人，不是因為我帶人帶的很好，而是我帶死了很多人。由於我那時的領導能力太差，領導無方，使得手下的人狀況非常不好，讓他們蒙受了很多的冤枉和損失。多年來我不斷嘗試帶人，從十八歲開始我就從三、五人開始帶人，就經驗來說我絕對是夠格的。你可以不斷找時間，找可以讓你帶人的環境去學習怎麼領導別人，提升領導力，你就會越學越好。我教領導力的原因是我帶死的人夠多，當然學了更多帶人的理論，也有成功帶人的經驗，所以我能開設課程「複製領導力」。

　　去練習帶人，去練習帶領別人，去學習領導別人，學習領導別人的課程，學習領導別人的本事。那麼，你的成就就會越來越高。

練習 POINT　領導力就是一切。如何發揮與練習你的領導力，你現在可以開始做些什麼？

策劃能力決定暢銷與否

　　策劃的能力就是規劃的能力。規劃能力對一個國家而言就是規劃一個國家的未來發展、一個國家的城市。對於做生意而言，從產品的企劃，到產品的研發，到產品的銷售，到產品的售價，到產品的廣告方式及市場策略，以及如何運用產品體驗讓別人試用產品。其實產品最重要的就是體驗，如果你的產品賣得不夠好，銷售得不夠多，你要思考的並不是如何把產品賣好，或是把客戶變多，而是想著如何讓更多人願意試吃、試用、試做你的產品，如果按照正常購買率是3%而言，想要什麼樣的結果，就只要擴大體驗量就好。對於生意而言這就叫做策劃力。

 ## 任何一件事情的成功就是整體企劃的成功

　　對於人生而言，策劃能力就是規劃未來人生的能力。有些人過日子是走一步算一步，得過且過，不去設定目標，不去訂定計畫，不知道接下來每一年每一天該怎麼做。所以策劃一個人未來的能力會跟一個人生活的幸福力有絕對關係。我在演講的時候會思考怎麼策劃出更好的方案，協助客戶解決問題，策劃出更好的方案讓客戶願意購買我的產品，甚至願意現場購買並付清款項。

　　策劃能力決定暢銷的程度。你必須要問自己的問題是：「為什麼客戶

願意購買我的產品？」「為什麼客戶會轉而投向競爭對手呢？」「如果一定要客戶購買我的產品，我該採取哪六個行動方案？」「如果現在客戶就必須立刻購買我的產品，那我應該要提供什麼樣的好處？」所以，任何一件事情的成功就是整體企劃的成功，任何一件事情的失敗就是整體企劃的失敗。我們稱之為商業模式或盈利模式。你必須要練習一件事情：思考從頭到尾究竟是哪個地方出了問題？很多事情的成功並不是一個單點的成功，而是整體的成功。相對的，很多事情的失敗，並不是一個單點的失敗，而是很多事情的失敗。

　　一個人心臟不好，會影響到呼吸的功能，有時會導致休克甚至死亡。一個企業的失敗可能是產品出了點問題，研發出了點狀況，沒有針對市場的走向，每個部分出了點小問題，於是形成了大問題。因為一個人不是離成功越來越近，就是離成功越來越遠。客戶決定要購買你的產品也是一步步決定購買的小細節，最後導致真正的成交。當然，客戶不購買也是一個個小細節最後導致不購買。都說細節決定成功，不，應該說是細節中的細節決定成敗。懂得策劃人生的人未來會過得比較快樂，懂得產品企劃的人，並不會只是策劃產品本身，而是所有跟產品相關的一條龍。

　　現在你可以寫下你想要策劃的人生，策劃的產品，你想要策劃的任何事情，請寫下來。在中間畫一個圓，並寫下你想要達到的結果，如果要達到這樣的結果你必須要做的是哪十件事、二十件事？做這些事會產生什麼問題，最後怎麼解決？

　　策劃能力是可以思考學習來的，所以思考的能力就是賺錢的能力。思考過後才知道要在什麼地方努力。牙醫看牙之後才知道拔哪顆牙才不疼，重點不是拔牙，而是知道要拔哪顆牙。企劃也是一樣，去練習你的思考能力，你的企劃能力，練習用紙筆寫下來分析判斷的能力，不要用空想的，

用紙筆寫下來去分析產品，分析定價，分析市場。練習實際的決定，甚至練習實際的犯錯就會得到更多，練習的成功就是實際的成功。

我的課堂上也會出這些題目讓學員練習，會場就是商場，商場就是戰場。做更多的練習，因為完美的練習才有完美的結果。平時多流汗，戰時才能少流血，學習和練習都是讓戰時少流血的方法。企劃能力決定產品的暢銷程度，不只是產品好不好而已。就好像一個男人之所以能娶到自己理想中的另一半，一個女人之所以能嫁到好老公，都不只是長得美不美、帥不帥，而是因為氣質、談吐、習慣、溝通等所有的原因造成的結果。當你知道為什麼原因不夠好的時候，就好像腳踏車、機車、汽車爆胎後師傅都會拿爆胎的輪胎放到水裡才知道哪裡有漏洞，知道哪裡有漏洞就在那裡修補。企劃能力就好像是把輪胎放到水裡去一樣，可以檢測出是產品的問題，還是定價出問題，所以任何事的成功是整體的成功，任何事的失敗是整體的失敗。企劃就是研究哪個地方出問題，哪個地方可以做得更好。

策劃力＝暢銷力，要有策劃的能力才有好的銷售金額與成績。

策劃一場比平常多出一倍營業額的活動，你會設下什麼主題與流程呢？請開始動動腦！

生存法則 **86**
活下來、活下來、活下來

　　電視新聞上我們看到不少類似報導——一家經營二十年的公司由於一時不察，產品品質出了問題導致企業一夕倒閉。也有超級巨星因一時想不開服藥自殺，也聽過非常強壯或是肌肉男因一時疏忽意外身亡，還有為官幾十年的人，因為一個貪念導致萬劫不復。這些都是不管成就多大或者多小，無法活下來的例子。常言道：「留得青山在，不怕沒柴燒。」這個青山就是讓自己免於死亡，免於萬劫不復，堅強活下來的意志以及做好最壞的打算，絕對不要做出一些無法彌補的錯誤，絕對不能做出一些連存活都活不下來，青山全部燒完的事。

　　我認識很多優秀的老闆，他們有驚人的才華，白手起家，從零到一，從一到大，從大到億萬富豪。有些人只是希望活得更好，沒有把活下來當成一個基本水準，做了很多灰色地帶的事情，挑戰著法律與道德底線，雖然風光了五年、十年，最後出現問題的時候，可能再也沒辦法翻身，甚至連活都活不下來。不管你做任何決定，投資任何產品，做任何事的時候，我一再重申要做最壞的打算，其實就是要想辦法活下來，因為活著就有希望。有些錯誤犯了之後一輩子都無法彌補，縱然你再有才華依然無法翻身。有些很有才華的人總是無法自由的、快樂的、富有地走完自己的一生。

　　不管你現在的決定是什麼，最底限的事就是想辦法當風險來臨的時候，無論如何都要存活下來。不要把所有的籌碼一次全部押下去，就算你現在的狀況再好。如果產生風險活不下來的時候，就什麼未來都沒了，不管是創業，或工作，或感情都是如此。想辦法先活下來才能追求一切，請永遠記住這個準則。很多年前發展很好的人，現在不但萬劫不復，甚至有人選擇自己結束自己的生命，那些都是沒有把活下來當成是這一生做任何事的底線指標。記得，所有的事，只要能活下來，就有翻身的機會。

練習 POINT

**　　活著真好，呼吸每一口空氣就告訴自己我在天堂。活下來的理由是為了什麼，請列舉12點。**

87

不拼命合作，就只能拼命工作

　　船大不爭港，同行非敵國。請現在就列出誰可以在哪個領域和你合作？找出電話裡面的通訊錄，一個個查看名字並思考，他可以怎麼和你合做。成功沒有捷徑，如果要說唯一的捷徑的話，那就是與人合作。單打獨鬥的時代已經結束了，但是談合作又豈是容易的事呢？

　　不管你現在銷售任何產品，你必須先問自己：「我的產品可不可以和其它相關的產品打包一起賣呢？」「假設你現在在開店，請問可不可以和相關的店一起共同合作呢？」「如果你是開公司，請問我的公司可不可以和別的公司產生互補的效應呢？」

　　問自己你可以不可以找同行一起合作呢？或許聽起來很誇張，怎麼可能找同行合作呢？十幾年前我曾經聽過金氏世界記錄保持人，曾經把自己的產品賣給自己公司的人，這是多麼誇張和不可思議，我想同公司的人跟他買車，一定是他提供了別的附加價值。所以你可以想一想你的產品能提供什麼附加價值，可以讓產品售價提高呢？創造更高的營業額呢？

　　這幾年我進諮詢公司、管理顧問公司、培訓公司、教育訓練的公司，也學習模仿那位世界第一，邀請了很多同行來合作，其實同行有時候也想找你合作，只是他不知道你願不願意和他合作，也不知道到底該怎麼和你合作。這幾年來，我曾經與全中國最大的培訓公司合作，也曾經和專注在

服裝行業的培訓公司、和專注在美容行業的培訓公司等近十家這樣的大型培訓公司合作，他們和我一樣都是做培訓的，非常感謝他們還邀請我訓練他們公司的員工。也就是說我自己在做培訓，他們也在做培訓，但是他們卻找我去給他們公司的員工培訓，這是多麼不容易，我非常感謝這些公司的大度。但是他們為什麼願意和我合作，並請我幫他們做培訓，還讓我做他們公司員工的導師呢？甚至是他們集團的顧問呢？這就像是保險公司的再保公司一樣，我做了培訓公司的培訓公司，那麼最難的是什麼呢？除了要誠心誠意、要自身能力好之外，最重要的是要問自己能夠提供給對方什麼？對方目前需要的，對方目前做不到的，對方目前想要的。或許你會覺得同行怎麼會願意向你購買產品呢？同行怎麼會跟你這樣合作呢？你們是競爭對手啊，但是換句話說回來，為什麼我當時能夠很幸運地讓很多同樣的行業，甚至比我的公司規模更大的同業來邀請我跟他們合併，並且請我做他們公司的顧問，幫他們訓練公司的員工呢？其實有時候優點就是缺點，缺點也會變成優點，當時雖然我們是同行，由於是同行，所以我就更瞭解這個行業，看似這是缺點卻也變成優點，因為這樣的關係，他們請我來培訓他們的老師和顧問。

比如我和王鼎琪老師共同合作開發臺灣市場，共同合作開發美國市場，甚至共同開發全世界的市場。十幾年前我認識她的時候，她是一位剛從英國留學回來的高材生，而我沒有去國外念過書，自然也不是什麼高材生。因為我年紀很輕的時候，就有很多開公司成功或失敗的實戰經驗，但是她也不嫌棄我，我也不嫌棄她，十多年來我們就共同合作。

有時候我講課會邀請她過來，她講課也會邀請我過去，並且還合作成立了公司，互相成為對方的經紀人，而在這些合作當中，最困難的有以下幾點，是我們必須要突破的——

　　首先就是利潤的分配。利潤的分配在於雙方彼此有良好的感覺之下進行，沒有一定的規矩，只有在什麼情況下，雙方都還可以合作愉快且不分你我地在自己本位做好。有時利潤代表金錢，有時代表名氣，有時代表地位，有時代表成就感，也就是彼此有互惠的想法和思考模式。

　　第二點叫做舞臺，你一定要真誠地去捧對方，真誠地互相為對方著想，誠心誠意地認同對方，並且說對方的好話。我之前有個合作夥伴，我們共同合作了好幾年，但是他表面上說我很好，私底下卻為了要拉幫結派，去跟別人說我如何如何不好，久而久之沒有不透風的牆。這些話自然也會傳到我的耳裡。所以只有你始終保持真誠的心，這樣的合作才可能長久。

　　第三點叫做感覺。我們知道一山不容二虎，但是如果你告訴自己，你就是一個山脈，你可以創造山脈的話，你可以讓每隻老虎在不同的山頭，每個人在不同的領域，那麼大家就都有自己的空間，都有自己的舞臺。比如你成立一家公司，他也成立一家公司，而你們再成立一家公司各占50%，你們又各有自己的產業，如此一來就比較不會有無法合作不下去的問題。這就像和夫妻相處一樣，熱戀的男女為什麼總是比較快樂，成為夫妻之後為什麼總是在柴米油鹽的問題上開始吵架，有的還不得已以離婚收場。就是因為沒有不斷地說：請、謝謝、對不起。沒有相敬如賓，沒有像初戀的時候一樣。婚姻如此，事業夥伴也如此。要把感謝的話常常掛在嘴邊，現在你可以用line、facebook、短信等各種方式表達你的感謝，但是不要因為太熟了你就不說。如果愛你在心口難開，對方怎麼知道他真的愛你呢？婚姻是如此，合作也是如此。

　　如果你合作幾次之後就害怕了，就不合作了，想要什麼事情都自己做，那麼就只能拚命的工作。所以與其拚命工作，還不如拚命合作，雖然

也會有失敗的可能，但是只要合作成功，互補所產生的威力，會是你無法想像的。比如你很會邀約，別人很會成交。比如說你很會創業，他很會守成，比如說他會研發產品，你可以做銷售。但是千萬不要認為，你的貢獻比對方多，好像他付出的比較少，大部分之所以合作失敗的原因往往就在於，可能可以共苦，但是沒有辦法同甘，都是因為你覺得自己付出的比對方多，憑什麼分的一樣多。其實就算你付出的比對方多，分的一樣多也無所謂，這樣會有更多人和你合作，那麼你就可以節省更多的力，你可以節省更多的時間，有些人和你合作，通常這些事你自己也可以做，但是只要他能夠幫你省力，能夠幫你省時，這樣的合作就是值得的。

列出可以合作的名單，拚命工作不如拚命合作。如果你也想找我合作的話，非常歡迎你和我聯絡，我們來談一談用各種方式來合作。永遠不要放棄和別人合作的念頭，這樣才會越做越輕鬆。

合作洽談專線：

電話：+86 15000577022；0988257877

E-mail：2502677005@qq.com

合作是金，大量合作是金礦。寫下你現在最想要合作的對象是誰？

生 存 法 則 *88*

要想別人要什麼，
而不是自己想說什麼

　　我認識很多從事保險的人、從事房地產、從事直銷的人，或是他們公司有很好產品的人，他們每次一見到我，就不斷地告訴我公司有多好，產品有多棒，又研發出什麼新產品。其實你的客戶並不想知道你的產品有多好，他們想知道的是──

　　1. 這件事到底和我有什麼關係；

　　2. 我可以從這件事中獲得什麼好處；

　　3. 先看我對你的感覺好不好，其次才是對你的產品的感覺好不好。

　　優秀的高手會花80%的時間用在建立親和共識，花20%的時間來談他所想談的事；笨拙的溝通失敗者，用80%的時間來說自己想說的，比如自己的產品、理念等等，而只用20%的時間來拉近距離。所以跟別人建立親和共識，找到共同點及對方的需求點，讓對方感覺你是他的朋友，而不只是一個業務員，這點非常的重要。

　　有的人賣房子，一見面就和客戶稱讚這房子有多好，房價後市看漲。有的人在做股票經紀人，一見面就對客戶說明天股票就會大漲。有的人賣保險，甫一見面就問別人有沒有買保險，要不要幫忙規劃。有的人是做直銷的，一見面就跟對方聊自家公司健康產品、化妝品是世界上最好的。一見面就市儈地談這些，大部分人會對你打退堂鼓，比較客氣一點的，對你點點頭，以後再也不敢跟你見面，不客氣的立即掉頭就走。

　　所以溝通要有效果，是要知道對方想要聽什麼，想要什麼，而不是你

自己想說什麼？自己想讓對方接受什麼？為什麼有些父母和孩子關係不好，因為父母希望孩子讀好的學校，希望孩子找好的公司，但那都是父母的希望，並不是孩子自己希望的。在與人說話時你知道對方想要什麼嗎？在想說自己想說的話之前，請先瞭解對方想用什麼方式來聽，並不是你不能表達自己的意思，而是你要用對方能夠接受的方式來說，才有效果。

你有沒有先讚美對方呢？有沒有先肯定對方呢？有沒有先說一些好聽的話呢？有些人天生不會講好聽的話，天生不會迎合別人，若不改變那又怎樣呢？沒有錯，你可以這樣子，最後你卻得不到你想要的結果。

如果你是老闆，你是否常和你的員工直接講出你想說的話，而完全不考慮採用對方能夠接受的方式呢？有些人一天到晚說自己想說的話，卻渾然不知道他想說的話別人是如此的厭倦，最後也沒辦法達到自己所想要的結果，當你說什麼之前，你一定要先問問自己：「到底你要的結果是什麼？」所以用對方能接受的方式，先讚美，先傾聽，先寫下來，先問自己要怎麼做對方才能接受，先一個字一個字說清楚，不用情緒化，不要喋喋不休地說自家的產品有多好，而是先瞭解對方是什麼性格、星座、血型，是什麼樣的人，用他能夠接受的方式和他溝通，最後才能夠得到自己想要的結果，這才是真正的贏家，應該說是雙贏。（見後文彩頁，照片：10,11）

練習 POINT 站在對方的立場去想他要的結果是什麼！溝通與銷售，都是按照對方的需求來規劃你的腳本。

生存法則 **89**

要為自己著想，先幫自己活著

多年來我領導團隊、創業開公司、從事企業顧問，開課、講課的過程當中，我經常發現有些人非常認真地學習，對我的態度也很好，他們努力工作，但最後卻沒有好的發展，為什麼呢？因為他們只是努力工作，因為他們只是態度良好，因為他們認為他們只要努力工作，就會有好的結果，我就要給他們加薪，就應該分紅給他們，甚至要對他們比別人更好。事實上態度和努力是成功必備的條件，也是基本條件，最重要的是能不能幫別人創造價值，人只有幫自己創造價值，才能夠得到相對的報酬，人只有幫別人創造價值，才能夠得到相對的回應。

 ## 能不能創造價值是關鍵

在臺灣、在中國大陸、在其他國家，那些我所認識的朋友，他們向我提出想要來應徵我的助理，態度非常誠懇，看在之前的感情和交情我就用了他們，但是大部分從事後勤工作的人，只能得到比較固定的薪水，久而久之令他們感覺不平衡，為什麼沒有辦法向其他做市場開發業務工作的人，甚至很多分公司的總經理、合夥創業人那樣，賺和他們一樣多的錢。

其實我不否認這些人的貢獻，但我更看重的是能否在別人需要的時候，創造別人需要的東西，比如說這個時候我們非常需要把業績擴大，他

能不能在業績方面提供協助呢？比如說這個時候我們非常需要把產品製作得更好，那他能不能協助產品的研發呢？比如這個時候我們需要的是擴展我們的知名度和影響力，他能不能拿出實質的辦法，積極做出這樣的結果呢？所以當你沒有辦法幫自己著想，不能對自己好一點，沒有辦法自己創造價值的時候，連自己都活不下來，那麼別人會覺得你這個人不錯，卻沒有辦法幫助你。

我在開發國外市場的時候，曾經碰過一些不錯的人才，他們有付出的精神，甚至不計酬勞地協助我們公司發展，我也很感謝他們，並且想要給他們更多機會、給到他們更多的酬勞，最後才發現他們沒有辦法成功的原因是，他們一碰到一點挫折，就會躲起來，手足無措，不知道該怎麼辦，最後這個爛攤子還是要我來收拾。收拾完之後，他又出現了，流著淚哭著對我說，他真的很努力了，只是那個時候壓力很大，他只好躲起來，你想想看，如果你碰到這種動不動就逃避的人，你敢和他合作嗎？有些人說他想要和我合作一輩子，但是三、五個月、一、兩年之後，就對我說自己狀況太差了，想要和我借一大筆錢。我記得我以前說過一句話：「如果你想害兩個好朋友翻臉，你就鼓勵其中一個人向另外一個人借錢。」因為這是一件很難處理的事，因為你借了，不管你多有錢，對方向你借了錢又不還你，而你又不好意思要求他寫借據，最後不了了之。你心裡會不平衡，損失了金錢，最後對他敬而遠之。如果你不借他，對方以為你們是好朋友，為什麼不借呢？最後變成他感覺不好，或者他不好意思再跟你見面，最後你們也會日漸疏遠。

我的辦法是，就是不要欠人情債，要借錢就去跟銀行借，但是不能找地下錢莊。最好的方法就是想著怎麼自己去賺這筆錢，但是如果你的時間非常的緊迫，那就去跟銀行借錢吧。想辦法去跟銀行借錢也好過背人情

債，破壞彼此的關係。

　　你要想辦法讓自己過得好，才能夠去幫助別人，先自己富有起來才能去幫助別人。先為自己著想，再為別人著想。坐飛機的時候我們都會聽到一段逃生廣播，講到緊急逃生的時候，先幫自己把氧氣面罩戴好，再幫孩子戴。很多年前我聽到飛機上這段廣播時，我很好奇，為何不是先幫自己的孩子活下來，怎麼會先幫自己呢？有一次我問空姐，規則為什麼是這樣定的呢？她回覆的一句話真是太簡單，也太有道理了，她說：「你自己都活不下來，你怎麼幫助孩子呢？」所以先幫自己活下來，先幫自己有錢，先幫自己過得好，才有辦法去幫助別人。

練習
POINT

活出自我的美好，讓你的愛滿溢，才能把滿出來的美好與愛去滲透他人。

你最想把愛與誰分享呢？

強者定規則，弱者守規則

　　我曾經看過一段話：「樹上結著累累的果實，才會引人垂涎，躺在路邊的野狗只能讓人可憐。」你想做令人垂涎的果實，甜美多汁，還是要當令人可憐的野狗？想辦法讓自己強大起來，讓自己的內心壯大，就算你現在失戀了，也要打扮得漂漂亮亮，強迫自己去做一些可以令自己快樂的事。例如，去運動，去聽音樂，去結交下一個男朋友，去尋找下一個女朋友。如果你現在事業破產了，你的工作沒了，不要自怨自艾，不要流淚，尤其是不要在別人面前流淚，你可以流下感動於喜悅的眼淚，但不要流下無助與彷徨、可憐的眼淚。人們對於你的可憐只會是一時的同情，而樹上累累的果實，那樣地光鮮亮麗，別人才會想要摘下來啃一口。

　　多年前創業的時候，有段話不斷激勵我。這段話是：「天下有兩難，登天難，求人更難；天下有兩苦，黃連苦，貧窮更苦；天下有兩險，江湖險，人心更險；天下有兩薄，春冰薄，人情更薄。」這段話真真切切地點出現實的冷酷，但卻是實實在在地激勵了我。

　　我曾經在一個會議看到有個跟我同行的，一樣是做代理商的，他年紀比較大，當時已經五十多歲了，他也風光過、輝煌過。但那時的他被後起之秀追趕上，他的公司甚至一蹶不振，生意越來越差，瀕臨倒閉。我們同是一家公司的代理商，在一次開聯合會議的時候，他老淚縱橫，著實可

憐。他說現在景氣越來越差了，他不知道要怎麼辦，好無助，希望大家可以救救他、幫幫他，我們看到他的眼淚也都覺得好可憐。過了幾個月之後，他退出戰場，後來聽說還負債不少，在場的人當下雖然覺得他很可憐，卻沒人伸出援手，這才明白有句話叫做救急不救窮。

只有強者、有條件的人才能玩自己想玩的遊戲，而瘦弱不堪貧窮的人只能遵守有錢人的規定。如果你沒有想辦法讓自己變強，你就沒辦法制定自己想要制定的遊戲規則，你就沒辦法掌控自己的時間，去做自由的安排，只有強者才能自由安排自己的時間，玩什麼樣的遊戲，做什麼想做的事，弱者呢，就只能服從規定。

制定遊戲規則的人通常都會變得富有，更成功。這個制定遊戲規則裡面有個很重要的因素就是你要變得更有錢。在這裡，我無意把金錢當萬能，因為有很多事情的確是金錢買不到了，比如健康，家庭，親情，道德等這些都是金錢買不到的。而世界最偉大的力量「愛」，也是金錢買不到的。

曾經有個前輩說：金錢能買到99%的問題，只要是錢能解決的都是小問題。太有道理了，賺錢只是你這一生中要做的最基本的一件事而已，不要抗拒它，不要排斥它，不要對它說NO，不要對它有任何的負面，你要取得金錢的支配權，取得這個工具的使用權。讓自己的變得強大起來，讓自己永遠保持鎮定瀟灑的形象，不要裝可憐。

曾經有人說你可以去當乞丐，如果你跟全世界每個人都要一塊錢，你就有六十幾億，但是在這個世界上還沒聽說真的有人做到這件事。以前有人跑來跟我借錢說：「你那麼有錢幹嘛不借給我」，或者說「你那麼有錢，幹嘛借了還要還你呢？」每個人的錢都是賺來了，只要是合法的合乎道德的都是辛苦賺來的，沒有人是應該必須要給你錢，包括你的父母。

想辦法讓自己的內心強大起來，勝者為王敗者為寇。達爾文的進化論說：「大魚吃小魚，小魚吃蝦米。」讓自己變成遨遊在大海裡的大魚，你就可以掀起驚濤駭浪。強大的人可以讓自己的父母親過好的生活，雖然有錢不見得快樂但是沒錢帶來的痛苦更痛苦。我們看到很多的有錢人他們過得不幸福，子女也不孝順，失去了健康，而我在這裡所說的讓自己變強就是內心的強大，就是變得更有錢，有些人可能並不是很有錢，但是內心非常強大，這也是強者的表現。

教育你的孩子內心強大，教育你的員工內心強大，教育自己內心強大。

物以類聚，人以群分。強者吸引強者，弱者吸引弱者。寫下讓自己變強的十五種方法。

生存法則 91
讓人生無悔

　　你這輩子只能這樣嗎？你這輩子只能這樣過嗎？你到底怎麼了，為什麼變得平平庸庸？你忘記了小時候的夢想呢？你還記得你曾經做過什麼夢，想要達成什麼目標嗎？你是否想過如何讓自己的生命跟以前不一樣呢？想像一下如果你現在做的決定直到你生命終止的那一刻，你還會如此做決定嗎？

　　我曾經看過一部電影，講述的是一個四十幾歲成功的男士，經歷很多商場無情的殘酷打擊，有一天他竟然可以回到過去，碰到八歲的自己，於是他跑去跟八歲的自己說你應該去做什麼事，應該去認識誰，應該做什麼樣的決定，應該這樣不要那樣做……。這部電影給我很大的啟發：當你處在任何狀況的時候，不管是好是壞是喜是悲；或是你處在人生的十字路口想要做人生某些選擇的時候，你可以用這樣的立場告訴自己「如果再過三十年，三十年後的自己告訴現在的自己要做什麼決定的時候，請問你還會做一樣的決定嗎？」

　　我花了很多錢去學習，去上課，去投資自己的大腦。我為什麼要這樣做呢？因為三十年後的自己一定會跑來感謝現在的自己做出這樣正確的決定，以至於我的大腦產生這樣的變化和別人想的不一樣，有不一樣的思考模式，不一樣的行為模式，最後跟別人有不一樣的結果。

　　假設未來二十年後、三十年後的你跑來告訴你該怎麼做？你會不會好好和家人相處，會不會帶孩子出去走一走呢？請問三十年後的你告訴自己，請問你還會不會做現在決定，聘請現在的員工？有時候我覺得錢很重要，因為錢可以帶來物質的享受，可以孝順自己的父母，讓孩子接受好的教育，讓自己的另一半去買名牌，自己也能買套好的西裝，還可以買房子，彌補童年無法得到的生活，所以錢真的好重要。有時我又覺得錢不重要，如果你現在已經八十歲了還會覺得錢重要嗎？如果你即將進入另一個世界，你還會不會去吃你想吃的東西，去買你想買的東西，會不會想要環遊世界，會不會買一部你想買的車子，去見你最想見的一個人？如果你能用未來的自己來看現在的自己，你會做出很多不一樣的決定。

　　還有一個方法就是去尋找一個偶像。有句話說：告訴我你的偶像是誰，我將告訴你將有多大的成就。如果你有偶像的話，你的行為舉止就會跟偶像學習，有些殺人犯的偶像其實就是另外一個殺人犯，有些成功者的偶像其實就是另外一個成功者。如果你現在就有偶像的話，那麼這個正面積極、富有、成功的，令你羨慕的偶像如果附身到你的身上來，請問他會做出什麼樣的決定？

　　以前我在當業務員的時候，我就想如果世界第一的業務員附身到我身上，我會怎麼去跟別人溝通；我去跟客戶商業談判的時候，我就假想自己就是那個談判高手，他附身在我身上，我會怎麼跟別人談判。當我想做任何決定的時候，我會問我自己二十年後的自己以及你的偶像會怎麼做這樣的決定。假設你不知道你的偶像是誰，你也不知道二十年後的你怎麼想，那麼最好的方法就是去學習，去上課，去聽演講，就是去找到你可以學習與模仿的對象，想辦法接近他，想辦法跟他握手，請他簽名，買他的書，買他的光碟，跟他成為朋友。這樣你就能更多、更快、更好地揣測如果他

是你，他會怎麼做。

這輩子，你絕對不止這樣

　　這輩子其實非常的短暫。有時你感覺自己還年輕，但是一下子就過了。有句話說：年怕中秋月怕半。一年過了中秋節，一下就過去了；一個月過了一半一下子又沒了，很快就到三十歲、四十歲、五十歲。有時候想想，彷彿二十歲還只是昨天的事而已，但一下子就看到許多白髮在自己頭上。一個人最大的痛苦不在於他輸的到底有多慘，而是他差一點就得到勝利。去學習你想要學習的，去過你想要過的，去追求你想追求的，去得到你想要得到的，去玩你想玩的，去你想去的國家，馬上安排旅遊計畫，立刻聽音樂，馬上去跟你喜歡的人表白，立刻去創業……這些事都可以做，人生無悔。只要往好的方面想，做最壞的打算，只要風險能夠承擔，任何事都可以做。想像現在的你比過去的你更大膽三倍、五倍，你會做出哪些自己都無法相信的決定呢？

練習 POINT　　其實你比你想像的還要大膽三倍，富有三倍，幸福三倍。列出如果現在的你比過去大膽三倍，你會做出什麼不一樣的決定呢？

生活有無數種可能

有時候我常想，如果我當初沒有選擇去做業務，若我當初沒有選擇去創業，若我當初沒有選擇到中國大陸，若我當初沒有選擇開班授課，若我當初沒有選擇在全中國乃至好多國家演講、出書，若我當初沒選擇在上海重新再次開拓市場與新生活，一切都會不一樣……

如果當時我選擇的是去當一名上班族，去找一個企業公司好好待著，可能也會有快樂也會有悲傷，可能也會因為加薪2000元而興奮，可能也會偶爾為錢煩惱、為房租或房貸焦慮，可能會在假日看看電視或和同學聚餐，也可能中途突然去開個咖啡店或珍珠奶茶店後來又收起來了……。

生活，有無數種可能，可能你向左走或向右走，人生就有完全不同的現在與未來！可能每一個現在看起來微不足道的小決定將給未來帶給自己、家人、親朋好友，甚至下一代或下下一代，還是下下下一代，都會有完全不一樣的人生！

有時候，每一種選擇很難說是好事，還是壞事，看到別人的好壞也不是自己的，當自己不能承載自己過多的財富與地位時，就會在另一個地

方失去；當自己能夠靜下心，能夠專心地一步一腳印踏實地去行動，去學習正確的資訊與知識，找到對的方向，就不必慌，也不用懷疑，慢慢熬總能過上好日子！

　　而幸福是什麼？快樂是什麼？有時侯幸福快樂就是和爸媽吃個小火鍋，有時候就是帶孩子在草地上跑跳、嬉鬧，有時候就是全家一起看個電視，有時候就是過年全家吃個團圓飯，有時候就是穿著拖鞋去逛逛夜市，有時候就是一個人吃個泡麵加蛋當晚餐，……生活有無數種可能，生命有無數種活法，有時候這就是美，活得美就是快樂與幸福！謝謝你啃讀這本書，陪你度過更多的春夏秋冬與每個寒暑！讓我們把愛、把善的知識持續傳遞下去吧！

創業導師 洪豪澤
精彩實戰課程！

複製 演講力

您想知道透過一場演講，讓觀眾全都跟您走的關鍵？對您掏錢的祕密嗎？

課程將帶給您
1. 學會15分鐘震撼感人有效的自我介紹
2. 學會40分鐘快速銷售任何產品現場收錢的本事
3. 學會40分鐘讓人們加入你團隊的秘密
4. 學會複製演講力給團隊的能力

複製 CEO

找人才、培訓人才、用人、留人，教您做最輕鬆的領導人！

課程將帶給您
1. 如何標準化快速大量吸引優秀人才到你的團隊
2. 如何建立PK系統激發團隊潛力
3. 如何讓營收倍增4.8倍的系統
4. 如何複製分公司負責人或店長

複製 CEO【進階班】

解決您在建立系統、複製團隊時遇到的所有挑戰與問題，少走10年彎路！

課程將帶給您
1. 如何重新建立修正從定價到定位的整套營利的商業模式
2. CEO如何從團隊建立到任何狀況發表40分鐘演講達成結果及目標
3. 如何在團隊碰到任何狀況發表40分鐘演講轉危為安 超越目標
4. 如何將複製分公司負責人或店長的戰略戰術具體執行

熱情
效益
力量

您想知道自己、孩子及最重要夥伴一生真正的熱情和天才是什麼嗎？

課程將帶給您——

❶ 發現自己及孩子、最重要的合作夥伴的熱情與天才領域
❷ 學習學校沒教但很重要的賺錢能力及綜合能力
❸ 學會超強的執行力及持續力
❹ 當你80歲時會給現在的自己最重要的人生建議及幸福人生的密碼

複製
領導力

學習複製領導力，提升凝聚力、提升業績，創造全方位的成功！

課程將帶給您——

❶ 擴大團隊增強領導的具體步驟
❷ 對不同對象的溝通及領導力
❸ 如何複製領導者
❹ 如何建立複製領導者訓練的系統

複製
賺錢力

學會讓自己永遠窮不了的本事，賺錢其實一點都不難！

課程將帶給您——

❶ 如何賺到第一個一百萬的具體方法
❷ 如何賺下一個一百萬，複製一百萬
❸ 如何建立系統，越做越輕鬆
❹ 如何複製團隊，複製領導者

台灣專班
7/4 & 7/5

新·絲·路·網·路·書·店
silkbook○com

報名課程&相關諮詢，請洽——

◉ 電話：0988257877
◉ E-mail：cqmindcindie@gmail.com
◉ 中國地區E-mail：2502677005@qq.com
◉ 中國地區電話：+8615000577022

洪豪澤老師精彩實戰課程！

- 複製演講力
- 複製領導力
- 複製CEO
- 複製CEO【進階班】
- 熱情效益力量
- 複製賺錢力

各場次講座陸續開課中!! ——

申請免費講座及諮詢請洽詢以下電話及郵箱：

✉ mail：cqmindcindie@gmail.com

✉ 中國地區郵箱：2502677005@qq.com

📞 電話：0988257877

📞 中國地區電話：+8615000577022

特別叮嚀

◆ 憑本書或本券可免費入場2015世界華人八大明師大會洪豪澤老師之演講課程。相關課程資訊請洽官網：www.silkbook.com（新絲路）

◆ 因環保考量，大會不主動提供瓶裝水，請自行準備水壺或有蓋水杯。

◆ 每票只限一人進出使用。請妥善保存本書或此票券，作為入場證明，遺失恕不補發並請購票入場，影印無效。

◆ 如遇不可抗拒之因素無法如期舉行講座課程，將於官網公布，不再另行通知。

◆ 客服專線(02)8245-9896

世界華人八大明師課程&講座

詳細課程內容與講師介紹請上官網查詢，新絲路網路書店 **www.silkbook.com**

打造系統‧複製團隊

憑本書本券可享學費 **優惠價**，請於報名時出示本券並補足差額，即可全程參與亞洲第一創業實戰導師洪豪澤老師主持主講之「複製十倍速賺錢力」課程，領略大師風采，創造可持續大獲利的系統！保證讓您財務自由！

相關課程資訊請洽 silkbook com 新絲路華文網 **www.silkbook.com**

諮詢專線：0988257877

龍邦僑園會館
Longbon Resort · Beitou Taipei

地址：台北市北投區泉源路 25 號

電話：02-28939922

公車：搭乘【218】號公車於【新北投站】下車，選走泉源路，步行約 200 公尺可至本館，或轉乘【230、小 7、小 22】號公車於華僑會館站下車。

捷運：乘【淡水線】至【北投站】下車，至往【新北投站】方向的月台轉乘至【新北投站】下車，步行約 200 公尺即可至本館。

★ ★ ★ ★ ★ 註 → 持本票券需先至新絲路官網登錄並完成報名及繳費，始可參加本課程　★ ★ ★ ★ ★

特別叮嚀

- 憑本書或本券可免費入場 2015 世界華人八大明師大會王擎天博士之演講會及相關課程。相關課程資訊請洽官網：www.silkbook.com（新絲路）

- 因環保考量，大會不主動提供瓶裝水，請自行準備水壺或有蓋水杯。

- 每票只限一人進出使用。請妥善保存本書或此票券，作為入場證明，遺失恕不補發並請購票入場，影印無效。

- 如遇不可抗拒之因素無法如期舉行講座課程，將於官網公布，不再另行通知。

- 客服專線（02）8245-9896

北京 世界華人講師聯盟

王道增智會

新·絲·路·網·路·書·店
silkbook○com

世界華人八大明師課程 & 講座
詳細課程內容與講師介紹請上官網查詢
新絲路網路書店 www.silkbook.com

☯ 易經班及商薦大會

價值 **NT$13000**，憑本書本券可折抵 **NT$11000**

只需現場繳交 **NT$2000** 場地費（含下午茶及晚餐）

即可全程參與國寶級大師 **王擎天** 博士主持主講之

三易進階 & 絕對神奇應用班，以及 **Q4 商務引薦大會**

相關課程資訊請洽新絲路華文網 www.silkbook.com

★ 註～參加易經班時必須攜帶或現場購買《超譯易經》方可入場！　📞 客服專線：02 - 82459896

洪豪澤老師於北京 5000 人高端總裁論壇

年度一萬兩千人大型演講出場瞬間

洪豪澤老師課程現場

洪豪澤老師香港萬人演講

全中國書局、機場、
網路暢銷及長銷書

洪豪澤老師應邀全中國及亞洲各地演講

洪豪澤老師帶領中國企業家到美國舉辦總裁培
訓及高空跳傘

洪豪澤老師考察美國 NASA

美國 NASA「阿波羅 18 任務，未發射的神農 5 號運載火箭」

「複製 CEO」打造系統複製團

洪豪澤老師演講大會進場畫面

協助上市前集團顧問培訓

洪豪澤老師萬人演講，主題：愛與希望
地點：中國

參觀 思科公司美國總部

洪豪澤老師應邀到泰國演講

參觀谷歌公司 美國總部

1

生存法則29

2

生存法則29

3

生存法則29

4

生存法則29

5

生存法則29

6

生存法則29

游泳

生存法則35

7

生存法則52

8

生存法則52

9

生存法則62

10

生存法則88

11

生存法則88